家族臨床心理学
子どもの問題を家族で解決する

亀口憲治 ──［著］

東京大学出版会

Clinical Family Psychology
Kenji KAMEGUCHI
University of Tokyo Press, 2000
ISBN4-13-012033-6

目　次

序　章　家族臨床心理学への招待 …………………………………………… 1
　1　現代家族と家族臨床 ……………………………………………………… 1
　2　家族療法との出会い ……………………………………………………… 4
　3　家族臨床心理学の視座 …………………………………………………… 5

第1章　家族の現状と家族臨床 ……………………………………………… 7
　1　生涯発達と家族臨床 ……………………………………………………… 7
　2　精神保健と家族臨床 ……………………………………………………… 14
　3　看護・介護と家族臨床 …………………………………………………… 22
　4　社会福祉と家族臨床 ……………………………………………………… 26
　5　学校教育と家族臨床 ……………………………………………………… 33
　6　司法・矯正と家族臨床 …………………………………………………… 40
　7　産業・労働と家族臨床 …………………………………………………… 45
　8　コミュニティと家族臨床 ………………………………………………… 49
　9　ジェンダー論と家族臨床 ………………………………………………… 53

第2章　家族臨床心理学の理論 ……………………………………………… 59
　1　心理療法の進化と家族の崩壊 …………………………………………… 59
　2　家族療法と家族研究の相補的関係 ……………………………………… 66
　3　進化する家族システム論 ………………………………………………… 71
　4　家族療法各派の理論とその中心概念 …………………………………… 79
　5　家族臨床心理学の理論モデルに向けて ………………………………… 103

目次

第3章 家族臨床的援助の方法 …………………………………129
1. 家族コミュニケーションの改善のための技法 …………130
2. 家族関係の構造的理解を促がす技法 ……………………136
3. 家族の問題解決能力を高める技法 ………………………147
4. 家族の認知構造に働きかける技法 ………………………150
5. 家族の心を癒す技法 ………………………………………164
6. 夫婦療法の技法 ……………………………………………173

第4章 家族臨床心理学の臨床事例 …………………………179
1. 不登校の家族療法事例 ……………………………………179
2. 家庭内暴力の家族療法事例 ………………………………187
3. 低身長児の家族療法事例 …………………………………201
4. 摂食障害の家族療法事例 …………………………………205
5. 無気力青年の家族療法事例 ………………………………212
6. 三世代同居家族の不登校事例 ……………………………222
7. 再婚家庭の非行事例 ………………………………………232

終章 これからの家族臨床心理学 ……………………………241
1. 複雑系の心理臨床 …………………………………………241
2. 予防科学・予防研究の時代における家族臨床 …………244

文 献 ……………………………………………………………247
あとがき …………………………………………………………259
人名索引 …………………………………………………………261
事項索引 …………………………………………………………263

序章

家族臨床心理学への招待

1 現代家族と家族臨床

　1995年という年はちょうど戦後50年の節目であったが，われわれはこの年を「カオスの時代」の幕開けとして決して忘れることはできないだろう．阪神大震災とオウム真理教の毒ガス事件は，いずれも大多数の日本人が予想だにしなかった出来事であった．戦後，欧米の近代合理主義に立脚した科学技術や高等教育のシステムを導入し，それをひたすら追い続け，分野によっては追い越すほどの発展を遂げた日本社会の，まさに足下がぐらつき始めたかに見える．

　オウムにいたっては，人命を救うはずの医師が，教祖への忠誠心の証しとして多くの人々を傷つけ，死に追いやるという暴挙を犯した．この奇怪な宗教集団の幹部の多くが，人もうらやむ（とりわけ受験期の子どもを持つ親にとって）有名大学出身者だったことも，われわれにとっての大きな衝撃であった．数年前に起こったバブル経済の破綻を前ぶれとみなせば，1995年前半のできごとは，戦後日本人が営々と築きあげ，維持してきた平均的な価値観を，今こそ根本的に見直すべき時期であることを暗示しているのかもしれない．

　家族臨床の今後もこの「カオスの時代」の到来と無縁ではありえない．オウムの教祖が，自身は「家族」を維持しながら，信者には家族との縁を絶ち切らせようとしたことなどは，その象徴的なできごとのように思われる．しかし，同時に，大震災にあった人々が家族の絆を見直したり，多くの若者がボランティアに参加するなどのこれまでなかった展望を開いたことも忘れることはできない．われわれも，家族への心理的援助について従来の固定した視野や価値観

に因われず，柔軟な発想と行動を獲得できることが求められているのではないだろうか．

1950年代に登場した家族療法は，個人が過去に受けた心的外傷を病因とする精神病理論に替えて，単なる個人の寄せ集めではない，独自の心身の関係を有する「家族システム」という集団に，新たな病因を定めようとした．しかし，初期の家族療法家たちはすぐに，個人か家族かということの違いよりも，もっとその基底にある病理的，あるいは病因論的な発想法や思考法そのものに限界や矛盾があることに気づき始めた．クライエント個人を，日常の生態系から一時的に切り離して診断・治療することはできるにしても，家庭生活の現実は原因（病因）と結果（症状）が相互に影響しあう，きわめて複雑な相互因果的な事象の系列によって構成されていることに注目せざるをえなくなった．

家族療法家は家族を一つの複雑系として扱うことによって，それまでの単純な直線的因果論や還元主義的な思考法の限界を突破しようと試み始めた．家族療法の誕生から40年ほどを経た現在では，第2世代あるいは第3世代の家族療法家が活躍するようになってきている．また，米国中心であったものが，ヨーロッパ全域，アジア，南米，豪州と国際的に広がるにつれて，文化差や社会体制の差異あるいは民族的差異などのマクロな社会的要因を無視することは不可能になりつつある．つまり，控えめで平均的な家族療法家も，目の前の家族だけに視野を限定して臨床実践を完結させることがしだいに難しくなってきている．勢い，家族が日常的に影響を受け，また影響を与えている社会システムに内在する問題について，家族援助の専門家として家族療法家は言及せざるをえなくなっている．

このような家族療法の現状について，家族療法の歴史家であるホフマンは，現代の家族療法が「社会療法」（social therapy）と呼ぶべき新たな専門領域へと進化しつつあると指摘している（Hoffman, 1993）．家族療法の主要な指導者たちが設立した米国家族療法アカデミー（AFTA）は近年，民族差別や性差別あるいはエイズ患者への差別といった社会的あるいは政治的ともいえる問題にかかわる学会活動を活発に展開している．

家族療法がその発展とともに，個々の家族システムを取り巻く拡大システムに対象の範囲を広げはじめた主たる要因は，理論的な論議の結果というより，

むしろ多くの臨床家が日常の臨床場面で体験した無数の事例の累積によってもたらされたものではないだろうか．とはいえ，家族療法家の体験過程が全く同じように進行したとは考えられない．なかには，家族療法家の活動が社会運動あるいは政治運動的な色彩を強めることに対して，拒否的な態度を示す者が出てきたとしても不思議ではない．臨床家に対する社会の側からの一義的な要請は，やはり症状（問題）除去にあると理解する立場に立てば，むやみに視野を拡大せず，効率的な当面の問題解決に焦点を絞るはずだからである．

　この視座に立つ臨床家のグループは，戦略的あるいは短期的アプローチと称される手法を重視している．その特徴は，効率主義にあるといえるだろう．つまり，最少の治療的援助によって最大の治療的成果を達成しようとするアプローチである．これについても，相反する二通りの受け取り方や評価が可能だと言われている．一つは，過度の操作性や速効性に陥る危険性を指摘する見方であり，他方は，臨床家としての限界や本分を十分に見極めたうえでの高度な技法の集積と見る見方である．おそらく，ここにも家族療法家自身の体験過程の内実をどのように意識化していくかという問題が潜んでいるように思われる．つまり，臨床家としての自身の治療スタイルをどのように選択し，それをいかに洗練させていけばよいかという課題である．

　見方を変えれば，家族療法家個人のあり方に注目することでもある．それは，同時に異質な個性をもった臨床家の集まりである治療チーム内の連携の問題や，対する家族システム内の個人の差異とその連携という問題にもつながっていく．ここで，ふたたび「個人」が焦点化されていることに気づかされる．家族療法の実践においても，最近は家族全員が同席して行う面接の形態にはこだわらず，場合によっては個人を対象にした家族療法が登場しつつある．このように，最近の家族療法は地球規模での社会事象へ視野を拡大するとともに，個人の個性や内的世界の尊重という正反対の方向にも深まりを見せている．この家族療法の多様化の進展が，初心者にとってはむしろ理解を難しくさせる要因ともなっているようだ．

2　家族療法との出会い

　筆者自身は，1981年から82年にかけて米国で家族療法の臨床的訓練を受け，帰国直後から登校拒否の事例をはじめとしてさまざまな心理的問題をかかえた家族に対する家族療法を実践してきた．その基本的な枠組みは，家族療法の諸学派のなかでも最もシステム論的に洗練されているとされるミラノ学派のものを採用した．また，家族療法の体験過程をできるだけ純粋に把握するために，個人や集団を対象とした臨床的な接近法をいっさい放棄し，家族療法に専念することにした．以後18年を経過した現在，ようやく自分なりに家族療法の体験過程を振り返り，再確認できる段階にきたのではないかと感じているところである．米国で家族療法の訓練を受け始めた頃に，家族療法に習熟するには12年は必要だと聞かされていたが，まさにそのとおりであった．しかし，家族療法を実践し始めた当時の筆者は，そのような気の長い話ではなく，最新の家族療法の技法や設備を駆使して効果をあげたいと渇望していた．初期の5〜6年は，逆説技法やリフレーミング技法の手応えに夢中になっていた．その後は，より困難な境界例の事例やさまざまな年齢段階のクライエントや家族を扱うようになり，米国直輸入の技法だけではなく，粘土造形やイメージを活用した技法を独自に取り入れるようになった．このころから，日本の家族に特有のコミュニケーション・パターンの特徴を体験的につかみ始めたように思う．同時に，日本の家族内部の世代間の差異に注目することになった．おそらく，日本では米国以上に各世代の人々の間の体験内容に大きな差があるからではないだろうか．一つの家族のなかでも，価値観や性役割観に歴然たる世代間の差異が見受けられるところに，潜在的な問題の芽を感じることが少なくなかった．家制度や血縁による束縛や絆が緩くなっている現代の家族にあっては，この差異は世代間の分裂や対立に容易につながる危険性をかかえているからである．

　とくに，3世代同居の家族では，その傾向が顕著に現れていた．典型的な中年の親世代の場合には，戦前の日本の価値観を引きずっている祖父母世代とのズレに加えて，すでに生れたときからマスメディアの影響下におかれている自分たちの子ども世代とのズレにも対応しなければならないからである．また，

狭い国土のわりに，通信・交通の手段が発達したわが国では，別居の場合でも3世代間の相互作用を軽視することはできない．それぞれの世代の「常識」が違っていることは，社会への適応条件を考えるうえでも，やっかいな問題となることは言うまでもない．筆者自身は，ここに日本の家族関係における「カオス」の発生の一因があると見ている．また，その傾向は21世紀においてさらに加速されることも予測される．

わが国における家族臨床を真に根づかせるためには，欧米で発達した家族臨床の理論モデルをそのまま持ちこむことは，必ずしも得策だとは言えないだろう．日本の社会システムの功罪両面を歴史的・生態学的観点から再考し，さらに各領域の独自性や特異性にも配慮したきめこまかな理論の形成と実践モデルを真摯に模索していく必要がある．

3　家族臨床心理学の視座

本書においてわが国で初めての体系的な紹介を試みようとする家族臨床心理学は，臨床心理学のなかでも比較的新しい領域であり，専門家の間でもまだあまりその存在を知られていない学問領域である．この分野は，精神医療と深い関わりのある家族療法と，やはり心理学の最新領域である家族心理学の融合から生まれ，近年徐々にその姿を見せつつある，文字どおりの「フロンティア」である．しかし，その成立には，哲学者の中村雄二郎（1992）の主張する〈臨床の知〉の発想の先駆けとも言える，新しい認識論，つまり「円環的認識論」の登場が深く関わっていた．

1950年代に，のちに家族臨床心理学の母体となる分裂病の家族研究を推進したベイトソン（Bateson, 1979）は，前述した中村の主張と同様の指摘を行い，その発想の根拠を円環的認識論（circular epistemology）と呼び始めた．彼は，二元論や還元主義的思考を一まとめにして，直線的認識論と称して批判し，それを超克する思考法として円環的認識論を位置づけた．その主張によれば，記述しようとする現象の部分や小片を取り出して，ある部分が他を統制する，あるいは，ある特定の部分が他の現象を引き起こす「原因」になるなどと結論づけることは，直線的認識論に縛られたものにすぎない．そのような認識

論的態度や傾向は，一見，科学的ないし論理的に見えているが，実は自然なひとまとまりの「生態系」を切り刻むことにしかならず，科学研究者としてはむしろ，避けるべきだと言うのである（亀口，1997）．

このベイトソンの主張を家族臨床心理学で扱う心の問題に当てはめると，次のようになる．たとえば不登校を例にとると，直線的認識論では，不登校という「結果」は，母親の養育態度の誤りなどの特定の「原因」から生じていると認識する立場に立つことになりやすい．いわゆる「母原病論」に特徴的な発想である．このような認識論的な態度を持つセラピストは，当然，母親の養育態度を改善させるべく働きかけることになるだろう．しかし，現在ではこのような単純な因果論では，不登校の問題を理解できないことは，周知の事実となりつつある．このような限界のある直線的認識論に対比して，円環的認識論では，原因（母親の養育態度）と結果（子どもの不登校）とは相互に影響を与え合っていることを強調する．つまり，母子のいずれか一方の個体要因のみに力点を置く観点から，母子間の相互作用やコミュニケーション過程を重視する見方への転換である．これは，母子間相互作用を重視する現代の発達心理学の基本的な認識論とも一致している（久保，1998）．

家族臨床心理学では，これを一歩進めて，両親間の相互作用や父子間相互作用といった他の2者間相互作用はもちろん，家族療法を用いる場合のように全家族成員間の相互作用までを視野に入れた接近法を模索している．これは，ある意味では「複雑系」としての家族システムを研究対象とする心理学が誕生しつつある，と言ってよいのではないだろうか．

現代では，家族の多様化が急速に進んでいる．アメリカでは，典型的ではない家族の数がもはや少数派とは言えないほどに増加している．たとえば，離婚したのちも相互に親役割を補完しあっている「双核家族」（binuclear family）などの多彩な家族に対して個々に対応した家族療法が開発されている．わが国の家族療法も，これからは家族の多様化に対して柔軟に対応できる体勢作りが要請されるのではないだろうか．また，阪神大震災やオウム真理教事件に見られるような予想を超えた非常事態に遭遇した家族に対しても，カオス理論等の複雑系の科学で生み出された視点を活用した，家族への臨床的接近法が工夫されていく可能性がある（亀口，1998）．

第1章
家族の現状と家族臨床

　すでに述べたように，家族臨床心理学という専門領域は，まだ萌芽期にある．親領域ともいえる臨床心理学に比べれば，その体系化は始まったばかりの状況にあるといっても過言ではない．しかも，家族臨床心理学は，その性格上，狭義の心理学の枠組みにとどまらず，医療や福祉あるいは教育，労務管理など幅広い現実世界での実践領域と多くの接点を持っている．したがって，実践学としての家族臨床心理学の現状を理解するにあたって，その基礎を構成する学際的な関連領域での問題群を視野に入れておくことは有益である．ここでは，生涯発達，精神保健，看護・介護，社会福祉，学校教育，司法・矯正，産業・労働，コミュニティ，ジェンダーの各領域において，家族の臨床的問題がどのように捉えられてきたかを個別に見ていくことにしたい．

　各分野ごとに，さまざまに異なった側面から家族のかかえる問題に焦点が当てられ，個々の課題，概念や用語，あるいは実証的知見が提供されつつある．しかし，外見上の差異にもかかわらず，そこには何かしら共通する課題や概念，あるいは接近法が浮かび上がってきているようにも思われる．家族臨床心理学は，その有力なモデルのひとつとなりうるのではないだろうか．なかでも，家族療法の理論と技法は，その中核を担うものと期待されている（図1-1参照）．

1　生涯発達と家族臨床

　多方面に専門分化しつつある現代心理学の下位領域のなかでも，発達心理学は臨床心理学と並んで発展の著しい領域だとみなされている．この領域は，最近では，児童期や青年期の発達を対象とする心理学から「生涯発達心理学」へ

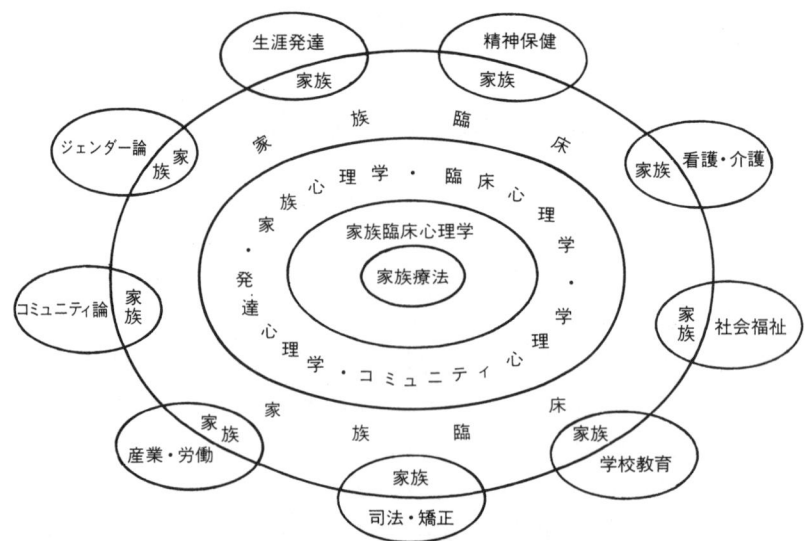

図1-1　家族臨床心理学の関連領域

と変化しつつあると言われている（やまだ，1998）．これまで，発達とは「完成体」に向かうことだと考えられていたために，「成人になるまで」が扱われた．それに対して生涯発達では，成人期や老年期などを含む人間の一生涯の変化の過程が扱われることになったのだという．

　発達心理学が成人期の発達を視野に入れ始めると，家族の問題を無視するわけにはいかなくなる（岡本，1998）．成人中期では，エリクソン（Erikson, 1950）のいう「世代性」が，発達課題となる．自分が持てる力を家族に注ぎ込み，家族を支え，育てること，つまりケアの能力がことさらに求められる時期である．むろん，そのことによって自分自身もさらに発達していく時期でもある．

　このように，生涯発達の分野でも，家族への関心は高まりつつあるが，その前提はやはり，「個人」の発達メカニズムの解明にあるとみてよいだろう．一方，「全体としての家族」の発達を対象とする家族臨床心理学の分野で，家族の心理過程やその発達段階を最初に明示したのは，家族療法家のヘイリー（Haley, J.）であった（亀口・岡堂，1998）．

　家族の発達過程がなんらかの理由で妨げられると，家族の人々にさまざまな

悩みや心身両面での症状が現れる．しかし，20世紀の心理学や精神医学はあくまでも個人を対象として，アイデンティティの問題，妄想の形成，無意識の力動，知覚のメカニズムなどに関心をもちつづけた結果，一組の男女の出会いに始まる結婚とその後の過程や子育ての悩みなどの現実世界での「全体としての家族の問題」にはあまり注目しなかった．

一方，全体としての家族がかかえる心理的問題に，家族療法家として向き合ってきたカーターとマクゴールドリック（Carter & McGoldrick, 1980）は，実践上も有益な家族発達論を提示している．ここでは家族発達の順序に従って，各段階における発達課題と危機の要点を見ていくことにしよう．

(1) 家族の誕生

ひとりの人間が生まれ，各発達段階を経て，人生のコースをたどり，やがて老いていくように，家族も一組の男女の結婚によって誕生し，第1子の出産，第1子の家族外社会への参加，末子の家族外社会への参加と父母関係の再構成，第1子の結婚や別居，末子の結婚・別居および父母の祖父母化などの段階を経て変遷していく（表1-1参照）．

いうまでもなく，家族ライフサイクル（family life cycle）は個人のライフサイクルをその内部に織り込みながら，展開していく．比喩的に表現すれば，家族ライフサイクルは，個々の色合いを持った糸としての家族員が織り成す「綾」のようなものであろう．家族員は，個人としての成長・発達とともにその色合いを変えるだけでなく，家族全体が構成するパターンの変化にも寄与していくからである．

ある家族の誕生を結婚の時点から順に見ていくと，夫と妻のそれぞれの結婚の動機とその相互作用は，家族ライフサイクルの重要な鍵になっていることが分かる．その際，①両者の実家との関係，その社会的・文化的背景はどうであるか，②夫婦間の価値観・目標追求は一致しているか否か，③相互の性的・社会的・情緒的レベルでの役割分担はどのようになされているか，④両者の問題解決の仕方はどうか，⑤夫婦のパーソナリティの相互適応性はどうか，などの要因に注目する必要があると言われている．

表1-1 家族システムの発達段階とその課題(岡堂，1986より作表)

発達段階	心理的な移行過程	発達に必須の家族システムの第2次変化
第1段階 親元を離れて独立して生活しているが，まだ結婚していない若い成人の時期	親子の分離を受容すること	a. 自己を出生家族から分化させること b. 親密な仲間関係の発達 c. 職業面での自己の確立
第2段階 結婚による両家族のジョイニング，新婚の夫婦の時期	新しいシステムへのコミットメント	a. 夫婦システムの形成 b. 拡大家族と友人との関係を再編成すること
第3段階 幼児を育てる時期	家族システムへの新しいメンバーの受容	a. 子どもを含めるように，夫婦システムを調整すること b. 親役割の取得 c. 父母の役割，祖父母の役割を含めて，拡大家族との関係の再編成
第4段階 青年期の子どもを持つ家族の時期	子どもの独立をすすめ，家族の境界を柔軟にすること	a. 青年が家族システムを出入りできるように，親子関係を変えること b. 中年の夫婦関係，職業上の達成に再び焦点を合わせること c. 老後への関心を持ちはじめること
第5段階 子どもの出立と移行が起こる時期	家族システムからの出入りが増大するのを受容すること	a. 二者関係としての夫婦関係の再調整 b. 親子関係を成人どうしの関係に発達させること c. 配偶者の親・きょうだいや孫を含めての関係の再編成 d. 父母（祖父母）の老化や死に対応すること
第6段階 老年期の家族	世代的な役割の変化を受容すること	a. 自分および夫婦の機能を維持し，生理的老化に直面し，新しい家族的社会的役割を選択すること b. 中年世代がいっそう中心的な役割をとれるように支援すること c. 経験者としての知恵で若い世代を支援するが，過剰介入はしないこと d. 配偶者やきょうだい，友人の死に直面し，自分の死の準備を始めること e. ライフ・レビューによる人生の統合

(2) 幼い子どものいる家族

　家族ライフサイクルの次の段階は，子どもを持つことであり，それは妻の妊娠によって始まる．子どもの誕生により，大人だけの2者関係から，発達段階が異なり，互いの意思疎通もままならず，行動様式もまったく違う家族成員（乳児）が加わった特異な3者関係が，家庭生活の主軸になっていく．妊娠・出産という直接的な身体経験を通じて親になる妻に比べて，夫の側は，観念的レベルでしか親になる準備ができないことが多く，親役割の分担にズレが生じる危険性も多い．

　子どもが幼児期になると，部屋の割り振りや，食事の世話，衣服の好みや季節や気候に応じた調節など生活全般についての配慮を，母親はしなければならない．そこから，身体面，心理面，家計面などのストレスが生じてくる（岡堂，1986）．

　これらのストレスをはねかえす強さが親に求められている．しかも，身近に相談できる育児経験者がいない若い母親は，種々雑多な育児知識や情報に振り回されて混乱し，自信を失う可能性も少なくない．かつてのように，単純に妻の母性本能を当てにして，育児の責任を押し付けるわけにはいかなくなっている．最初の子どもを出産する前に，子守りなどの育児に関連する先行経験をほとんど持たなかった若い母親が，育児マニュアル通りに反応してくれないわが子に当惑するのも無理はないからである．

　何らかの形で，夫が父親として子育ての一端を積極的に担う必要性が高まっているといえよう．たとえば，排泄の訓練がうまくいかないことは，幼い子どもをもつ家族の典型的な悩みであるが，夫が妻の苛立ちに理解を示し，時には役割を交替してその難しさを実感するようであれば，問題解決の見通しは明るいといえる（亀口，1992）．

(3) 思春期の子どもと家族

　子どもが思春期に達した段階の家族では，子どもの親離れ，そして親の側の子離れが主要な課題になる．子どもたちの活動範囲や友人関係が広がるにつれ，家族の境界も急速に拡大していく．しかし，一方で子どもたちは依然として親への依存を放棄するわけではない．この葛藤と矛盾に満ちた関係を再構成して

いくことが，親子双方にとって通過すべき関門になる．第2の発達課題は，両親の夫婦関係の葛藤や，社会的あるいは職業上の問題にどう対処するかである．結婚後十数年を経て，新婚当時に抱いていた期待感や配偶者の将来像を現実の姿と比べる機会も増えてくる．

互いに期待通りの配偶者を再発見できた夫婦も無くはないであろうが，多くは何らかの失望感や挫折感を覚えているものである．夫婦がその落差をどのように認め，そしてどのように対処するかによって，その後の家族の発達は大きく変わるはずである．第3の発達課題は，祖父母との関係である．老父母の病気や死に伴う同居や，看護の問題から生じるストレスが家族に負わされる可能性も高くなる．老いや死という生涯の締めくくりの問題に対処するのは，老親のみでなく孫世代を含む家族全体の課題でもある．

(4) 子どもの自立と家族

子どもが進学や就職によって巣立ち，やがて親も定年退職によって家庭にいるようになれば，夫婦だけで過ごす生活時間が長くなる．それまで，夫婦の間には絶えず子どもの存在があった．それによって，良くも悪くもとれていた夫婦のバランスが，要としての子どもを失うことで壊れ，不安定になる夫婦も出てくる．そのような夫婦は，子どもという緩衝地帯なしで向きあわざるをえなくなる．そこで，始めて互いに共通する生きがいや話題が少ないことに気づいて驚くことが多い．静けさの戻った家の中で，夫婦が互いに孤立感に支配されるようになる．

したがって，この段階の主要な精神保健の課題は，父母が夫婦としての親密な協力関係を再構成することである．この場合，新婚当時との違いは，日常の家庭生活では夫婦関係が基本になるものの，家族の境界はもっと拡大しているところにある．一方では，人生の最終段階に達した祖父母がいて，他方にはすでに自立した子どもの家族がいるからである．とくに，嫁と姑の関係に代表される義理の親子関係を良好な状態に保つためには，双方の努力や工夫が不可欠である．

(5) 親の祖父母化

　平均寿命の伸びに伴い，かつてとは比べものにならないほど祖父母世代の層が厚くなり，しかも平均して30年近い祖父母時代をおくる人々が多数出現し始めている．年ごとに膨張するこの祖父母層が，社会あるいは家庭で果たすべき役割は，実は不明確である．一昔前であれば，文字どおり隠居の身でおとなしくしていればよかったものが，現在ではかならずしもそうはいかなくなっている．また，祖父母世代の人々自身がそれを望まず，少なくとも60歳代の祖父母層は親役割でも職業的役割でも現役意識を失ってはいない．一方で，痴呆症状を呈する祖父母層も増加し，この場合には多くの人手を要することになる．したがって，一口に祖父母層といっても，その内実はきわめて多様であり，子ども世代としても紋切り型の対応でことを済ませるわけにはいかない．

　一般には，核家族化が進行して子ども世代が祖父母世代と別居して暮す生活形態が主流になっているために，戦中までのような3世代同居家族で生じていた問題は解消されたと見る向きが多いようである．しかし現在では，電話やファックスなどの通信手段，航空機・新幹線・高速道路などの交通手段の整備により，別居していても祖父母と子世代家族の心理的な関わりの深さを保つことができるようになっている．逆に，同居家族では，2世帯向きの住宅の普及により，両者の独立性が尊重されるようになってきている．

　したがって，物理的な同居・別居の差異よりも3世代間の心理的距離の遠近や関係の質が重要性を増していると考えられる．それだけに，3世代家族の関係は，外部からは知ることが難しく，そこに何らかの問題が発生していても早期に適切に対処することは困難である．いわゆる家族危機の状態になって，初めて問題の存在が周囲に知られるようになることも多い（亀口, 1992）．

(6) 人生の晩年と家庭生活

　個人の人生がさまざまであるように，晩年に達した夫婦の家庭生活も多様である．子どものいない夫婦，子どもや孫世代と同居している夫婦，別居しているが頻繁な交流のある老夫婦，まったく交渉のない夫婦など，その家族構造にも差が見られる．

　この段階では，職業上の引退によって社会的な役割を失い，人間関係は限ら

れたものになる．さらに，配偶者を失えば，家庭生活そのものも維持が困難になり，自殺の問題へとつながることにもなる．パークスら（Parks et al., 1969）は，死別後に残された配偶者の死因を調べている．その研究結果によれば，54歳以上で配偶者を失った夫または妻が，配偶者の死から6ヵ月以内に死亡する率が，同じ年代の対照群に比べて40％も高かった．その死因を詳しく調べたところ，原因の4分の3は心臓病，とくに心筋梗塞であったという．明らかに，これは配偶者との死別が心理的ストレスとなっていることを示唆する客観的証拠である．

2 精神保健と家族臨床

精神的な危機は，強い心身のストレスが比較的長い期間（少なくとも1〜6週間）持続した状態を指すとされている（越智，1970）．たとえば，入学試験に失敗したり，身近な家族や友人が死亡したり，突然に失職した時など，危機状態に陥る可能性は高い．

このような場合，人は自分の内部に起こる不安，焦燥感，落胆，怒り，悲哀といったさまざまな情動に突き動かされ，冷静な判断や合理的な行動ができなくなる．また，当然のことではあるが，他者とのコミュニケーションや人間関係にも支障をきたし，そこから二次的にストレスが加わり，いっそう混乱の度を強めるという悪循環に陥りやすい．キャプラン（Caplan, G.）は，危機状態を次のように定義している．

> 危機状態とは，人生上の重要目標が達成されるのを妨げられる事態に直面した時，習慣的な課題解決法をまず始めに用いてその事態を解決しようとするが，それでも克服できない結果発生する状態である．危機状態になると混乱と動揺の時期がしばらくつづき，その間，打開するための様々な試みがなされる．しかし結果的にある順応が，その人自身やまわりの人にとって最もよい結果をもたらすか，またはそうではないかもしれない結果で形成される（Caplan, 1961, 邦訳 Pp. 57-58）．

危機状況下では，人はそれまでに使ってきた問題解決法がどれも役に立たな

いことを思い知らされる．未熟で発達途上の子どものみならず，それは人生のあらゆる時期に起こりうるものである．平均して80年に及ぶ長い人生のなかで，精神的な危機を一度も経験することなく，生涯を終える人間などおそらく皆無に近いのではないだろうか．また，全体としての家族にとっても，人生危機と無縁でありつづけることは不可能にちがいない．本項では，精神保健の観点から人生危機と家族の関係について概観してみよう．

(1) パッセージ

人が自分の「人生」の有限性を自覚するようになるのは，成人以降の年齢段階に達してからだと考えられるが，実証的な研究が始まったのは，比較的最近のことである．1970年代以降，グールド（Gould, 1978），レヴィンソン（Levinson, 1978）らによって，それぞれの実証的研究にもとづく独自の発達段階説が発表され，人生全体を見通した危機論が展開されるようになった．これらの研究の多くは，集中的な面接調査や投影法検査を用いて，資料の質的分析を行い，成人期の心理的危機の構造を明らかにしようとしたものである．なかでも，図1-2に示したレヴィンソン（Levinson, 1978）の男性成人の発達段階論は，わが国でもよく知られるようになった．

また，シーヒー（Sheehy, 1974）は，発表当時にベストセラーとなった著書『パッセージ』のなかで，20代から50代の中流階級に属する平均的で健康な115名のアメリカ人と面接し，収集した生活暦をもとに人生危機の綿密な分析を行った．そこに登場するのは，いずれも成人に達した後，いったんは自己のアイデンティティを確立し，人生を肯定的に見る「やる気十分」の人たちばかりであった．しかし，このような一見すれば人生危機と無縁に思われる人々でさえ，女性は35歳前後で，そして男性は42歳前後に例外なく人生の岐路に立ち，アイデンティティを見失い，深刻な危機体験を持っていたのである．

シーヒーは，エリクソンの「危機」概念を下敷きにして，人生におけるある段階から次の段階への危険な移行期を，「パッセージ」という言葉で表現した．そこでは，節目，航路，通路の意味が強調された．危機にかわってパッセージという言葉を用いる利点のひとつは，正常と異常の区分を離れ，もっと普遍的な人生における節目とその意味を取り込むことができるからだろう．神経症，

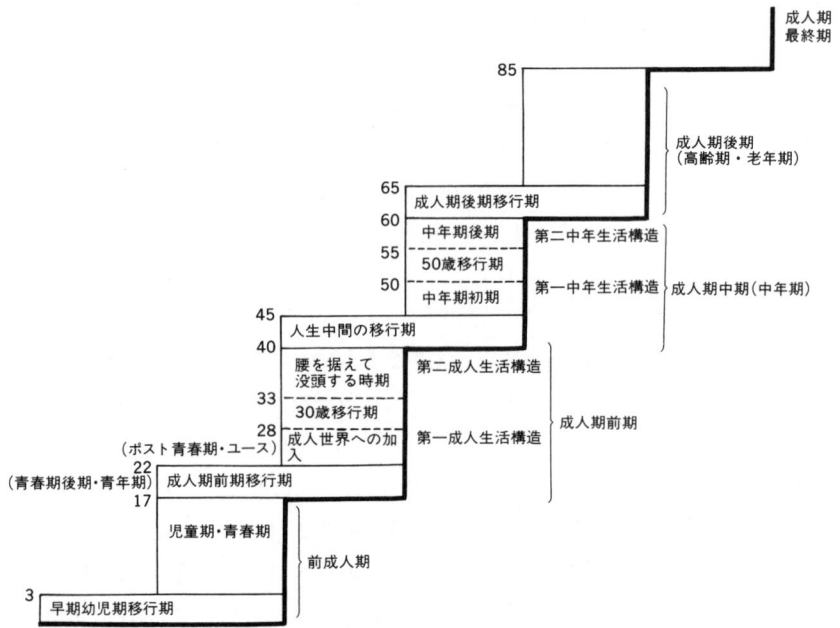

図1-2 レヴィンソンによる男性のライフサイクル論（Levinson, 1978）

精神病あるいは心身症といった医学的な診断名が与えられていない普通の人々の，「人生の転回点」の仕組みが，この言葉の使用によって明らかにできるのではないかとの期待がこめられている．

(2) 人生危機としての病気

　精神保健の観点から見た人生危機が，身体的な病気をきっかけに訪れることも少なくない．たとえば，それまで病気らしい病気をしたことがなかった人が，急に体調を崩し，行きつけない病院での診察の結果，ガンなどの疾患が発見されたような場合，強い鬱状態に陥り，そこから容易に回復できなくなることもある．自分の健康を過信し，普段は疲れを見せずに仕事を続けていても，いざ病床におかれ，受身の状態でいることが多くなると，身体的のみならず，精神的にも苦痛を感じるようになりやすい．

　患者は自分の体を医師の診察や種々の検査のために委ねなければならない．

しかし，健康であった人にとっては，必要な処置とはいえ，従属的・受動的な位置に置かれた自己を受容していくことは簡単ではない．生来，病弱で医療機関や薬物と縁が切れず，病気とともに生きてきた人よりも，むしろ長く健康であった人にとって突然の発病の衝撃は大きいかもしれない．なぜなら，病気がちの人にとって，治療を目的として他人に身を委ねることは，ある意味では生活の一部に組み込まれているからである．

このように，身体的な病気を「人生危機」という生涯を見通した視点から捉えなおすことで，精神的な健康の維持に与える影響の個人差を予測することもできる．また，他者への依存ということからすれば，家族関係の見直しも必要になる．実際，病気を機に職業や生活スタイルを一変させた人々の例は，前述したシーヒーの『パッセージ』等でも数多く紹介されている．疾病経験者が，それまで無視していた家族の重要性に気づいていく経過や心理描写は示唆に富んでいる．これらの事例は，生涯を視野に入れた精神保健と家族の関係を考えるうえでもおおいに参考になる．

(3) 家族ストレスと精神保健

家族ストレスの研究は，精神保健に深く関わる領域として，とりわけアメリカの家族社会学で異彩を放っている．ここでは，その主要な理論を概観しておくことにしよう（石原，1983）．

ヒル（Hill, 1949）の家族ストレス論は，危機的状況の発生を構造的に把握するABCX公式と呼ばれるものと，家族の適応過程を示すジェットコースター・モデルに集約される．

ABCX公式というのは家族危機あるいはストレス状況発生の因果モデルとして提唱されたものである．すなわち，「A要因（ストレス要因）は，B要因（家族の危機対応資源）と相互作用し，またC要因（A要因に対する家族の意味づけ）と相互作用して，X（家族ストレス）を生じる」という命題で表される．つまり，何らかの出来事や事件が直接に家族ストレスを生じさせるのではなく，同一のストレス源でも媒介変数としての二つの家族要因を経たうえで，ある場合には危機状況を呈し，他の場合にはそうならないという点に注目している．

ジェットコースター・モデルというのは，集団としての家族が危機に遭遇した際に，組織解体→回復→再組織化という過程を経て再適応していくことを示したものである（図1-3参照）．横方向にとった時間軸の進行のなかで，縦方向の組織化の水準が上下する様をジェットコースターの軌跡になぞらえたモデルである．

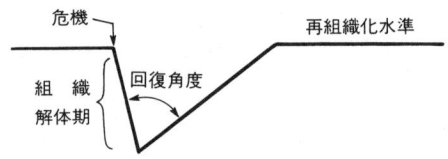

図1-3 家族適応のジェットコースター・モデル（Hill, 1949, p. 14）

マッカバン（McCubbin, 1981）は，ヒルの研究を継承し，ABCX公式をさらに推し進め，「二重ABCXモデル」を提唱している．マッカバンは，ヒルのA（ストレス源），B（家族資源），C（意味づけ）の3要因を前危機要因としたうえで，それらの相互関係の結果生じた危機に対して家族が適応していく過程を，後危機段階とみなし，また対処過程として押さえようとしたのである．この後段の対処・適応過程にも，前危機段階と類似した3要素が介在することから，二重ABCXモデルと名づけた（図1-4参照）．マッカバンは，戦時捕虜の家族研究の知見も踏まえ，危機状況といってもそれは進化する性質をもち，またその解決も一定の期間を要することに注目した．家族は，ある単一のストレス源を処理するのではなく，家族の死，家族役割の変化，自然災害，あるいは障害をもつ家族の世話や介護といった慢性的なストレス源を含め，主要なストレス源が生じた後に，ストレス源の累積を経験する．

　日本の社会学では家族研究は，比較的重視されてきた分野ではあるものの，家族ストレス論については，きわめて限られた取り上げられ方しかなされていない現状である（湯沢，1972）．石原（1983）も指摘するように，従来の日本の家族社会学研究は，構造論への傾斜が強すぎたのではないだろうか．社会関係論として行為者の主体・客体関係にもっと肉薄すること，とりわけ時間の経過のなかで，動態論的に捉える視点が強く求められる．日本の家族社会学は今後，個別の問題を抱える家族にアプローチする努力が必要とされているのでは

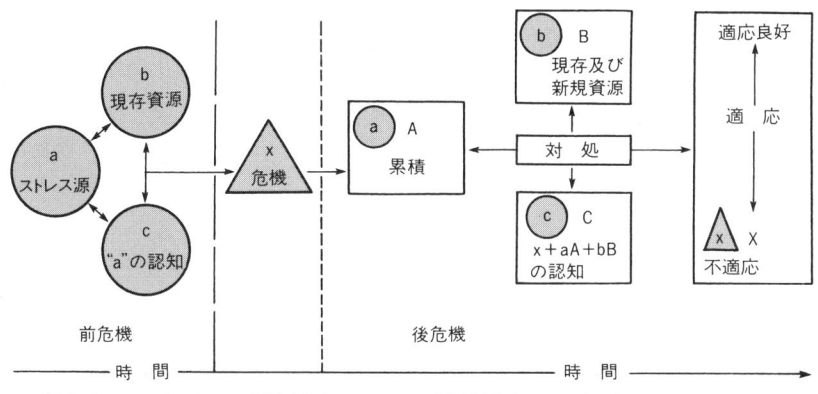

図 1-4 マッカバンの二重 ABCX モデル（家族適応モデル）（McCubbin, 1981, p. 9）

ないだろうか．その際，社会福祉，心理，精神医学等の関連領域との連携を深め，家族過程を個人の生涯発達と社会の歴史的変動の両者を重ね合わせながら捉える複眼的な見方を提供することによって，他の専門領域にも貢献しうるであろう．

家族療法の理論と技法が急速に発展した背景には，家族関係の病理的側面に力点を置くよりも，その自己組織化能力や自己治癒力，あるいは潜在的な資源に着目するように，大胆な発想や視点の転換を図ったことが要因として指摘されている．家族社会学の場合にも，家族を社会病理の一構成要素と見るばかりでなく，潜在的な問題解決能力を有した社会システムあるいは生態的システムの一部と見ることによって，新たなアプローチが切り開かれることだろう．オルソン（Olson et al., 1988）や立木（1994）らの一連の研究は，その具体例である．

(4) 感情表出と家族関係

精神保健や家族ストレスに関連して最も深刻に受け止められている問題は，統合失調症を初めとする精神障害への対応や予防である．家族の問題解決の有効性に関する初期の研究は，もっぱら家族の誰かに統合失調症を引き起こしてしまうような認知面や情動面でのコミュニケーションの病理に焦点が当てられ

ていた.「二重拘束」(double bind) 理論は統合失調症の病因論としてしばしば言及されてきた (Bateson et al., 1956). また, 統合失調症患者の両親の夫婦関係の「分裂」(schism) や「歪み」(skew) についてはリッツら (Litz et al., 1957) が, 統合失調症患者の家族内コミュニケーションにおける「偽相互性」(pseudomutuality) や「偽敵対性」(pseudohostility) についてはウィンら (Wynne et al., 1958) が, それぞれの理論を提唱している.

ウィンとシンガー (Singer, M.) によって行われた一連の研究では, 統合失調症の子どもを持つ家族と正常の子どもを持つ家族におけるコミュニケーションの過程が詳しく分析された. 彼らは, 統合失調症の子どもを持つ親が, 他のグループと比較して共同して興味を集中できないことを発見した. 彼らは, 曖昧で, 断片的な, 脱線した話し方をしていたのである (Wynne et al., 1977).

その後 1970 年代以降にイギリスを中心に発展した EE (感情表出) 研究から, 患者に向けられた否定的な態度は, 統合失調症者の将来における再発の最良の指標となることが実証された. 同時に, 患者に対する家族からの肯定的な言葉かけや暖かい態度は, 再発の抑止効果を持つことが見出された (Brown et al., 1972).

急性の統合失調症症状の患者を持っている家族の対処行動を分析したヴォーン (Vaughn, 1977) は, 再発率の低い患者の家族は冷静で, 客観的な, 時に創造的な方法で問題を解決する傾向があることを見出した. このような低 EE の統合失調症家族が使っている問題解決の方法を, 高 EE の統合失調症家族も利用できるように, 双方のタイプの家族が互いに話し合える機会を提供した.

ファルーン (Falloon, 1985) も指摘するように, 社会的な役割行動を促進していくための自然なサポート・システムは,「家族」である. 健康な家族は, その関わりのなかで, お互いに励ましたり, 予行演習をしたり, あるいは支持的なフィードバックを与える. このような学習環境は, それぞれの家族成員がストレスの原因となる事態に対処する能力をどの程度持っているのかが分かってくると, さらに充実してくる. 互いのストレス対応能力が分かってくると, ストレスの度合いに合わせて目標を設定し, 病気になっている家族成員に過剰な刺激を与えないように配慮することができるようになるからである.

家族は社会的能力の向上を支えるとともに, 外部からもたらされる人生危機

表 1-2 家族療法と個人療法を行った者の，9ヵ月後の精神医学的評価の結果 (Leff & Vaughn, 1985, 邦訳 p. 232)

評価基準	家族療法 ($n=18$)	個人療法 ($n=18$)
症状の臨床的悪化 （臨床的評価）	1（6％）	8（44％）**
標的症状評価（盲検） 　治療前の平均値 　毎月の評価の最大値	 2.22 2.25	 2.15※ 4.10***
9ヵ月後の症状「寛解」 （PSE での評価）	10（56％）	4（22％）*
地域ケア関連 　入院期間（平均日数） 　入院患者数 　全入院数	 0.83 2（11％） 2	 8.39 9（50％）* 16

※　$t=0.21$, $p>.05$.
* $p<.05$　** $p<.01$.　*** $t=3.80$, $p<.001$.

に対する緩衝帯として働く．効果的な問題解決は，家族がストレスの基となる人生危機に対処できる具体的な戦略を持てるように援助し，望ましくない結果を避けることができるようにする．ファルーンらが推進する行動主義的家族療法は，家族システムの効果的な問題解決能力を強化するように工夫されたものである．彼らによれば，これは統合失調症の治療だけに特異的なものではなく，精神保健に関わる問題解決能力に不十分さが認められるいかなる家族にも適用可能な臨床的接近法なのである．彼らの主張を実証するために行われた統合失調症の予後研究の結果が，表 1-2 に示されている．

　表に示すように，家族療法を行ったグループでは，統合失調症の急性症状がひどく悪化したと評価された者は有意に少なかった．盲検的評価の結果もこの結果と一致しており，標的症状の最高値は，家族療法グループの方が有意に低かった．さらに，家族療法グループの方に，9ヵ月時点で，すべての統合失調症症状が寛解している者が多かった．

　病的な急性統合失調症症状がなくなると，神経症症状，抑うつ，引きこもり，無気力的な陰性症状が多くなると考えられてきた．しかしこの研究ではそうしたことはなく，家族療法グループでは抑うつ状態を経験した者は少なく，陰性

症状の評価点も低かったのである．

3　看護・介護と家族臨床

　高齢化社会の到来を迎えて，高齢者のケアや寝たきり老人の介護などでは，看護・介護の専門家の支援がますます必要とされるようになった．また，障害児・者を抱える家族に対する在宅ケアもいっそう重視される傾向にある．とりわけ，在宅看護や在宅介護の専門家にとって，変貌する家族に関わる諸問題を理解し，具体的な対応策を身につけておくことが必須条件になりつつある．

(1)　家族看護学の視点

　高度な先端技術の導入で在宅医療を積極的に展開している北米では，家族看護臨床家（family nurse practitioner, FNP）がその推進役を担っている．たとえば，急性骨髄性白血病児の入院期間は検査と治療方針決定までの約1週間で，その後はFNPの訪問看護により在宅で抗癌剤治療が行われ，子どもの発達・教育上の問題を最小限にしている（石黒，1993）．

　北米の医療関係者は家族を一つの単位としてケアすることの意義に早くから気づき，1970年代に早くも家族看護学の概念を提唱している．すなわち，病人のケアのみならず，病人を抱える家族のもつ機能，あるいはこの機能を高める援助活動を看護の中の一つの分野として位置づけたのである．とくにケアを受ける病人自身が幼い場合には，受診や療養生活は家族が患者に代わりその大部分を担当するため，母子看護学や精神看護学の分野では早くから病人を含む家族を単位とした看護が展開されてきた．わが国においても，保健婦活動の中にその萌芽を見つけることができる．すなわち，母子保健活動の中の新生児訪問指導や未熟児訪問指導等の家庭訪問活動や精神保健活動がそれである．わが国においても家族看護学の必要性が認められるようになり，1992年には二つの国立大学に家族看護学講座が新設されている（杉下，1994）．

　障害児・者や患者を抱える家族の機能は個々の家族で大きく異なるため，これを評価し向上させるために，予防的・支持的・治療的な看護介入を行う学問領域が家族看護学である．フリードマン（Friedman, 1992）は，看護学にお

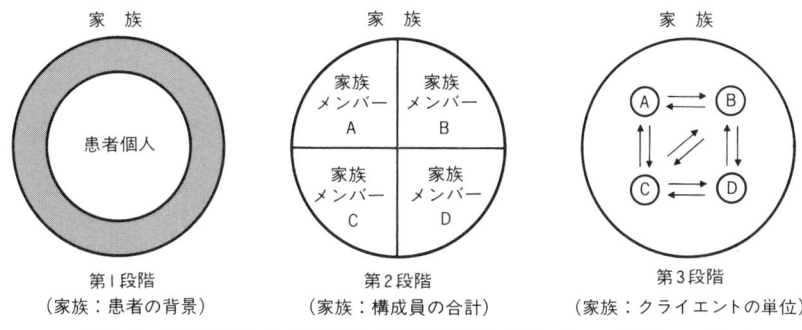

図1-5 家族看護における家族の把握3段階（Friedman, 1992, p. 23）

ける家族の把握法を以下の3段階に分けている（図1-5参照）．第1段階は家族を患者の背景と見る段階，第2段階は家族構成員の単純な足し合わせと見る段階，第3段階は家族構成員が相互に影響を与え合い一つの単位を構成していると見る段階である．いうまでもなく，家族看護学は第3段階のレベルの看護を対象としている．そこでは，家族構造・勢力関係論，家族周期論，家族システム・家族関係論，家族危機論等の理論を応用し，病人への看護を基本とし，家族全体を対象としたケア理論をセルフケア機能の向上を目標として構築することが課題となっている．

(2) 老人ケアと家族看護

1995年の総務庁国勢調査によると，65歳以上の親族のいる一般世帯数は，わが国の全世帯数の約30％を占めている．1990年から2010年への変化を見ると，高齢者の単独世帯が2.9倍に増え，夫婦のみの世帯が2.5倍となっており，今後は高齢者の単独世帯，夫婦のみの世帯への支援が必要であることを示唆している（図1-6参照）．

高齢者における子どもとの同居率の低下は，高齢者の側から見ると，公的年金制度などによって経済的自立の基盤ができたこと，元気で高齢期を過ごす人々の増加から，老後を子どもに依存しないで自主的に生きたいと考える人が増えていること，家制度の意識から解放された高齢者が多くなりつつあることを示している．しかし，現在の高齢者たちは，自分が元気なうちは別居がよく，病気になったり，配偶者と死別して一人になったら，子どもの家族と同居した

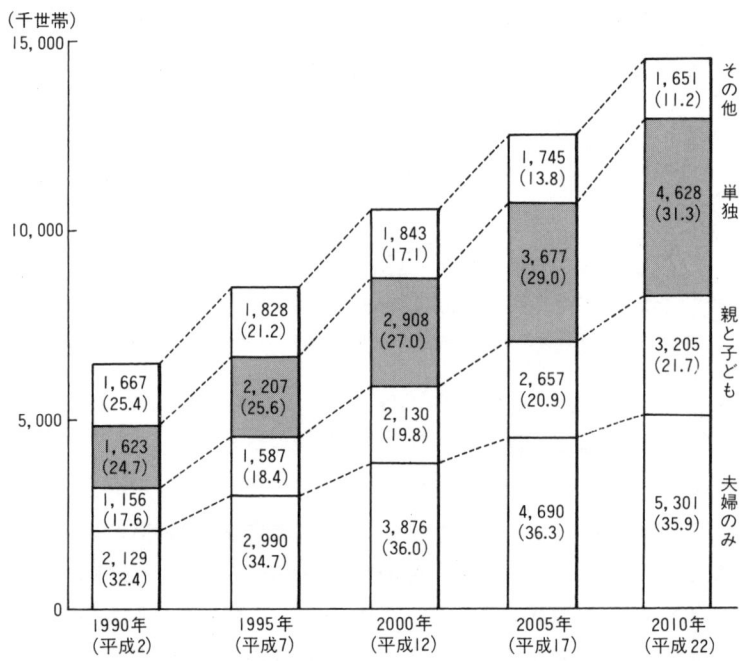

図1-6 高齢世帯の家族類型別の将来推計（総務庁『高齢社会白書・平成8年版』より）
資料：厚生省人口問題研究所『日本の世帯数の将来推計』（1993年10月推計）
（注）（　）内の数字は高齢世帯総数に占める割合（％）

いという希望をもつ者が多い（斎藤，1998）．

　高齢者にとって，子どもの家族との同居は孤独感から解放される利点があると考えられているが，生活感覚のズレなどからストレスが強まったり，むしろ孤独感がいっそう深まることもあり，同居がいちがいに問題解決につながるわけではない．中年世代の子どもの側でも，老親扶養に対する意識に年ごとに変化が見られ，次第に積極性が薄れつつあるとされている．

　子ども世代にとっては，住居費の軽減，資産継承の期待，幼児の世話を分担してもらえるなどの利点があるが，同居に伴うストレスや介護が必要になったときの負担の大きさが問題になる．とくに，孫世代の子どもが思春期に達した時点での家族内のストレスの高まりは，後述する不登校等の臨床事例に見られるような家族危機につながる場合が少なくない．

(3) 入院医療から在宅ケアへ

　わが国の保健医療制度は，この半世紀の間に，国民皆保険の理念のもとに充実し，あらゆる立場の人々が医療を受けられるようになった．しかし，医療費の膨張により保健医療制度は破綻の危機に直面している．なかでも入院の長期化が主要な要因として指摘されている．そこには，急激な長寿化に伴う慢性疾患患者の増加やいわゆる社会的入院の増加，医療技術の進歩に伴う診断・治療項目の増大，などが大きな要因をなしているものと考えられている（長谷川, 1998）．

　そこで，入院医療を圧縮し，在宅ケアへ転換しようとする動きが顕著になりつつある．すでにアメリカでは，疾患別医療費定額制として実施され，多くの問題点をかかえながらも在宅医療が急速に普及しつつある．わが国でも在宅ケアは今後ますます奨励され，推進されるにちがいない．また，在宅ケアの推進には，単に医療経済的な利点だけではなく，施設病を防ぎながら社会復帰を促進するという積極的な理由も含まれている．しかし，在宅ケアを推進するためには，受け皿としての家族の有するケア能力の向上，地域社会における在宅ケア・システムの整備，さらに，家族と地域社会との連携などの課題を着実に達成していかねばならない．

(4) 患者家族への看護ケア

　長谷川（1998）によれば，現代の都市型核家族は，患者に対するケア能力がきわめて乏しい．それは，核家族を構成する人数がただ単に少ないというだけでなく，地理的にも心理的にも親族相互の扶助体制が貧弱になり，多くの家族が地域社会との関係をもたないまま，閉鎖的な一単位として生活しているからである．

　多くの家族社会学者が指摘しているように，現代の家族は家庭機能を外部に委託するようになった．保健医療に関する機能も例外ではないのである．そこから，看護や介護についても専門家まかせの姿勢が強まってきている．わが国特有の現象とされる入院期間の長期化という問題も，患者が退院をしぶったり，家族が入院の継続を希望する例も多いとされている．現状では，ケア能力の乏しい家族が圧倒的に多くなっている．

現代家族におけるケア能力低下の原因については，さまざまな要因が考えられる．その一つには，家族が病状の変化に適切に対応できるか否かということである．病状が急変したり，未経験の症状が突然に現れたりすれば，家族は動揺する．終末期の患者をかかえた家族が入院を希望するのは，無理のない話である．

家族が病状の変化に応じて臨機応変に対応できるようになるためには，病気についての知識と最低限の看護技術を身につけておく必要がある．たとえば，床ずれを防ぐための注意点を事前に学ぶことによって，患者ケアの自信も得られるようになる．ホスピス・プログラムでは，ケア手順の指導が行われるが，そこには患者の死に備えて，「臨終の際の身体的な経過とそれへの対応策」，「死別への対応」，「悲嘆プロセス」などのわかりやすい手引きも含まれている．これらの知識を学び，必要とされる対応策を身につけることで，家族は安心して死にゆく患者の看取りができるとされている．このようなケア能力を高める「心理教育的アプローチ」に接する機会が，すでに患者をかかえた家族のみならず，一般の家族に対しても予防教育の観点から豊富に提供される必要がある．

最近では，病名や予後についてのかなり詳しい説明がなされるようになったが，悪性疾患，とくにガンについては曖昧な説明がなされていることが多い．ただし，患者には内密にしている医師も，家族には真相を伝える場合が多い．患者が自分の病気を知っている場合でも，家族が患者の心理を理解することは容易ではない．まして，患者が知らされていない状況では，家族は偽りの態度を取りつづけねばならない．病状が悪化すれば，日常のケアにあたる家族の心労はきわめて深刻なものとなる．この点でも，患者家族の心理的ストレスを軽減し，その精神保健を維持するための支援体制作りが望まれている．

4　社会福祉と家族臨床

社会福祉の分野では，患者や障害児・者をかかえた家族のみならず，広く国民あるいは地域住民の最低生活を保障し，よりよい生活を実現するための事業・施策・理念を推進している．福祉機関や施設などの現場で実践される，対象者（クライエント）に対する専門的な援助方法・技術の過程を，狭義の社会

福祉とする場合もある．そのうち，福祉ニーズをもつ人々への個別援助技術をケースワーク，小集団の場でメンバーの相互作用を活用して展開される援助活動をグループワーク，地域社会の組織化の過程で行われる援助活動をコミュニティ・オーガニゼーションといい，心理学領域からは臨床心理学や社会心理学，あるいはコミュニティ心理学の知見が応用実践される領域でもある．

　増大する高齢者を対象とする高齢者福祉が充実しつつあるのに比べ，児童福祉の現状は決して満足のいくものではない．むしろ，児童虐待の増加に見られるように，さらに状況の悪化が懸念される問題も少なくない．ここでは児童福祉を中心とした福祉ニーズと家族の関わりについて問題点を整理してみよう．

(1) 家族機能の変容と福祉ニーズ

　都市化，核家族化の進行，そして均等化社会への移行は，職業を持つ女性を中心に，出産や入院，冠婚葬祭，さらに夜間勤務，出張などに伴う短期的な施設利用，夜間保育，休日保育に対するニーズなど，これまでにない新しい福祉ニーズを生み出してきている．このような家族の福祉ニーズに対応する社会的支援施策として，さまざまな法令にもとづく制度が創設された．

　これらの社会的支援施策は，第1に子どもの養育をめぐる環境条件の整備や健全育成活動などを通じて家族の養育機能を支援していくための，もっとも基礎的で基本的な支援サービス，第2に医療，療育，職業訓練など高度の知識や技術を要する専門的援助を提供して家族の養育機能を補完する専門的サービス，第3に生活の全般にかかわる援助の提供によって家族の養育機能を全面的に肩代わりする代替的サービス，に大別されている（古川，1991）．

　現代社会と家族の変化，それに伴う家族や子どもの福祉ニーズの変化に照らして，いまもっとも必要とされ，しかも立ち遅れが目立つのは，第3の養育環境整備的，あるいは育児支援的な施策だと指摘されている．その背景にはさまざまな要因が考えられるが，そのなかでもとりわけ重要な意味をもつのは，児童福祉の発展を規定してきたわが国独特の家族観である．この家族観は，自営者家族に親和的な家族観であり，家業や家産の維持継承を重視し，家族間の扶養責任を強調する伝統的な家族観であり，扶養責任の範囲は直系家族間のみならず，成人した兄弟姉妹間やさらには甥や姪にまで及ぶものとされることがあ

る．古川（1991）は，わが国の社会保障や社会福祉施策の主要な部分は，いまでもこのような家族観を前提に展開されていると指摘している．

しかし，いま求められていることは，現代の家族とそれを取り巻く社会の急激で，深刻な変化を直視することだろう．また，それぞれの家族がそれぞれに多様な目標と方法にもとづいて，子どもたちに対する責任と義務を果たしていけるような養育環境条件を整備することであり，具体的かつ個別的な支援活動を展開させることが必要とされている．

(2) 臨床ソーシャルワークと家族

児童福祉の援助活動は，直接的援助活動と間接的援助活動に大別されている．それらの中で，直接的援助活動の方法と技術を総称して，直接援助技術と呼ぶことがある．この直接援助技術には，援助活動が個人と家族に対応していく場合には個別援助技術（ケースワーク），個人や家族から構成される小集団に対応していく場合に，集団援助技術（グループワーク）という名称の下で体系づけられてきているものが含まれている．両者は，これまで別々に取り上げられてきていたが，現在ではクライエント（サービス利用者）との直接的な対人関係を媒介にして展開されており，また，相互の有機的な関連づけも重要視されるようになってきている（小松，1989）．

このような動向は，アメリカの社会福祉援助活動においては最近，「臨床ソーシャルワーク」(clinical social work) という呼び方で促進され，体系化が進んでいる．ハルトマン (Hartman, 1983) は，臨床ソーシャルワークの対象領域を図1-7のように示している．

さらに，児童福祉を例にとってその実際の援助過程を示すと図1-8のようになる（古川，1991）．

Aの領域は，児童相談所にかかわる以前の地域社会の段階である．ここでは，まず第1に，子どもの育成を援助し，問題発生を予防することを目的とする児童福祉サービスが，家族の側から見て十分に提供されているか否かが問われている．第2に，児童相談所やその福祉事務所の機能やそこで提供されるサービスの内容が地域住民に周知されているか否かが問題となる．第3の問題は，福祉サービスを利用しようとする際の利便性の良否である．第4に，保護者が

4 社会福祉と家族臨床　　29

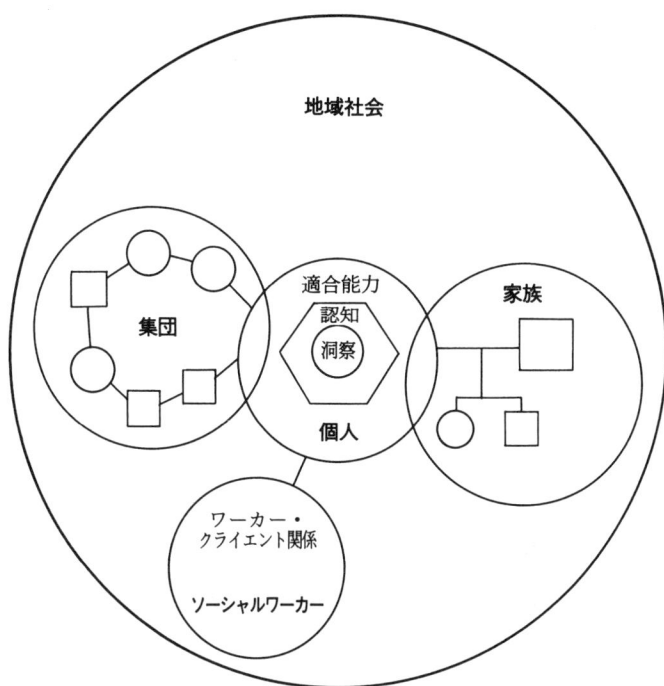

図 1-7　臨床ソーシャルワークの構成要素（Hartman, 1983, p. 102）

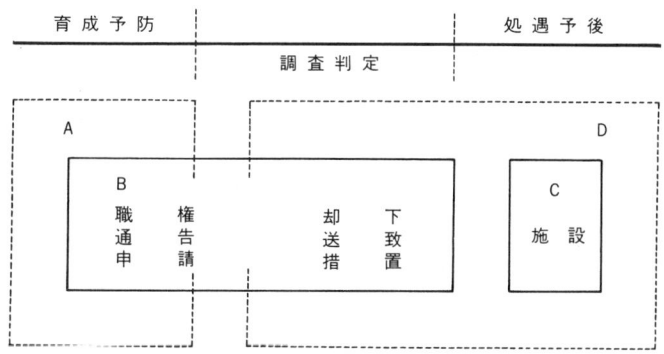

図 1-8　児童福祉援助の過程（古川，1991，p. 182）
　A 領域：地域社会（アクセス以前），B 領域：児童相談所，C 領域：サービス提供機関・施設，D 領域：地域社会（援助終了以後）．

さまざまな理由から児童相談所などの利用を拒否する場合も少なくない．

このように消極的ないし敵対的な潜在利用者をいかにして適切な児童福祉サービスに結びつけるかということも，重要な課題となっている．いずれにしても，地域社会の現状は，子育ての渦中にある若い母親や父親が，気軽に児童相談所の窓口に相談に来るという状況には程遠い．

B領域の問題は，申請の受理から援助の決定までの段階における問題である．児童相談所における受理は，実質的には保護者による利用の申し出によるものばかりでなく，警察や教育機関，児童福祉関連機関や施設，一般住民からの通告によるものも半数近くを占めている．児童相談所が，利用者中心の相談機関として機能できているかどうか疑問視されるところである．

C領域の問題は，福祉サービス提供機関・施設との関係において発生する問題である．利用者のケースが児童相談所の手から離れて以後，児童相談所が関与する機会があるのは，措置変更の手続きがとられる場合である．かつてと異なり，最近では児童福祉施設は高度の処遇を提供する通過施設に転換されようとしている．したがって，施設入所についても期限付きが一般的になり，よりよい処遇効果をねらっての転院（措置変更）も増加すると予想されている．

D領域の問題は，予後援助のあり方にかかわる問題である．これまで，児童相談所は社会福祉指導主事や児童委員の指導に委ねた児童や，施設に入所した児童の措置解除後の予後，すなわち地域社会のなかでの予後援助のあり方にかかわる問題については，ほとんど対応できていなかった．しかし，児童福祉サービスも地域福祉型に転換される状況のなかでは，この問題を避けて通るわけにはいかない．その際に，家族への継続的な支援体制作りが必要となるのはいうまでもない．

(3) 児童虐待と家族関係

児童虐待の問題は，わが国の児童相談所が担うべき社会的責任としては最も比重の高い問題になりつつある．厚生省の初めての全国調査によると，1997年度に児童相談所が対応した事例のうち，15人の子どもが親の虐待によって死亡している．これらの事例では，児童相談所が相談に乗ったり，指導したにもかかわらず，親の暴力などで死亡したものである．急増する子どもへの虐待

に児童相談所が十分に機能していないことが浮き彫りになり，厚生省も早期対応の重要性を認識し始めている．

児童福祉法では施設への入所は親の同意があることを原則としている．ただし，虐待がひどく，親子同居が危険であるにもかかわらず，親が同意しない場合などは，児童相談所所長が家庭裁判所に申し立てて，認められれば，親の意に反して子どもを施設に入所させることができる．しかし，家裁への申し立ては61件，親権喪失宣告の請求も2件にとどまっている（朝日新聞1999年3月31日朝刊）．

児童虐待への適切な対応が難しいことについてはいくつもの要因が指摘されている．定義の問題もその一つとされている．実は，児童虐待の定義そのものが，研究者によってさまざまに異なっている現実を知っておかねばならない．身体的な児童虐待を定義する際にも，広義にするか狭義にとどめるか，親の意思を考慮するか否か，また文化的な背景を考慮するか否かなどについての論議が残されたままとなっている．最近の研究では，これらの論点を迂回して，〈報告された〉，あるいは〈確認された〉といった注釈を用いる方法が使われている．これは確かに研究者にとって実用的ではあるが，報告や確認の基準が特定されないために，定義がさらに曖昧になる恐れがあるとの批判を受けている．

そこで，実践家にとって有益と思われるのは，定義を標準化することである．身体的な虐待であれば，重度，中度，軽度に分類をし，親の意図を斟酌するのではなく，その行動を特定し，そして子どもに及ぼす影響の範囲については各カテゴリーごとに記載しておくことにする．各グループを個別に調べると同時に，さまざまな要因についてグループの比較を行う．専門家によっては，虐待の定義に文化的背景を考慮すべきだと主張する者もいる．しかし，定義からは文化的背景を除き，この要因を独立変数として組織的に調べる方がより適切だと考えられている．ここでは「親または親に代わる養育者によって，子どもに加えられた行為で，子どもの心身を傷つけ，成長や発達をそこなうこと」と定義する．その特徴としては，①偶然に起こったものではなく，むしろ故意に行われた場合が多い，②長期間にわたって繰り返されたり，長く継続する，③通常のしつけの程度を越える，などが指摘されている．

最近の欧米の研究には，虐待する母親とその子どもとの2者間相互作用を調

べたものがある．ハイマン（Hyman, 1977）は，そのような母子は，対照群と比べて互いのやり取りが少ないことを見出した．ブーシャとトゥエンティーマン（Bousha & Twentyman, 1982）は，母子相互作用を比較した結果，虐待する母親は子どもに対して言語的および身体的な攻撃を，比較対照群よりも有意に多く向けることを観察した．放任する母親は，虐待する母親よりも子どもとの相互作用が少ないが，虐待する母親は対照群の母親よりも子どもとの関わりは少ない．被虐待児は，他児よりも母親に対して言葉による攻撃が多く，放任された子どもは他児よりも母親に対する身体面での攻撃が顕著であった．

　バーゲスとコンガー（Burgess & Conger, 1977）は，虐待，放任および対照群の家族を比較して，2者関係のみならず家族内での全般的な相互作用を調べた．その結果，虐待する家族にあっては，家族成員すべての間で脅しや拒否的な行動が目立ち，相互的な行動は少なかった．虐待家族の母親は，他の家族成員に対して自発的に働きかけることがなく，子どもと関わる際には否定的なふるまいが多かった．虐待家族の父親は，子どもに対しては母親よりもやや多めの接触をしており，対照群とは逆のパターンを示していた．虐待家族の個人は，互いに身体的に触れ合うことが少ない．虐待家族の子どもは，家族に対して否定的かつ威圧的にふるまう傾向が顕著であった．放任家族においても同様の傾向が確かめられた．

　これまで見てきたように，子どもの側の要因によっても虐待が促進される可能性があることが実証されつつある．さらに，虐待は孤立した出来事ではなく，家族内で進行中の相互作用の一定のタイプのパターンを背景として生じるのかもしれない．大多数の虐待事件は，親によるしつけの形を取って発生する．虐待する親は，子どもを扱うスキルが欠けており，虐待家族でのしつけは一貫性を欠き，過度に懲罰を用いる傾向があるようだ．家庭での観察によれば，虐待家族の子どもは，反社会的行動に仕向けられるような強化を受け，親の介入は言葉でも身体的にも攻撃的であった（Reid & Taplin, 1976）．虐待および放任家族でのしつけの方法は，一貫性がなく，子どもに理解できる明確な構造を持っていなかった．ディスブロウら（Disbrow et al., 1977）は，虐待する親は罰を与えることが多く，同じ子どもの行動に対しても両親の間で扱いかたが異なることを明らかにした．

一貫性のないしつけをする親は，しだいに子どもの行動を統制することが難しくなり，その結果子どもを統制するためにさらに強烈な罰を与えることになる．このようにして，虐待家族の親子は悪循環に追い込まれることになる．しつけの方法は，児童虐待の研究では重要な分野とみなされているが，今後はわが国でのデータが蓄積される必要がある．

5 学校教育と家族臨床

　子どもが示す問題を解決するために家庭と学校の連携が不可欠だとの指摘は，誰しもが口にする決まり文句となった観がある．子どもが生活する空間と時間の大部分が，家庭と学校で占められていることを考えれば，当然のことであり，誰もこの主張を否定できるものではない．しかし，その実行となると話は別である．連携がうまくいかない場合に責任を取る「責任者」もはっきりしない．専門家であるか非専門家であるかを問わず，人は家庭と学校のいずれかに意識的あるいは無意識的に肩入れしており，連携の失敗は肩入れしない側に責任転嫁される傾向が強いのではないだろうか．

　われわれが家庭と学校の連携の問題に直接に関与しようとすると，たちまち直線的因果論者（問題には特定の原因があると考えるが，そこに自らを含まないためにほぼ自動的に何らかの仮想敵を見つけ出す思考的習性を持つ人物）に，逆戻りせざるをえない現実にぶつかる．連携を推進するつもりの言動が，双方の当事者から揶揄されかねないのである．それよりは，「敵・味方や白黒をはっきりさせる」言動，つまり肩入れする側を明確にするほうがはるかに支持を得やすい．結果として，各論レベルでの連携は少しも達成されず，現状の問題は残されたままとなる（亀口，1998）．

　家庭と学校の連携の一般的な現状をこのように理解すれば，見せかけではない持続可能な両者の「真の連携」を達成することは容易ではない．そこで，その可能性につながる展望を切り開くことができればと考えて，いくつかの論点を整理してみた．

(1) 建て前としての「連携」と本音での「責任転嫁」

子どもの健やかな成長を促すために，生育環境を構成する基本的なシステムとしての学校・家庭・社会の間で，緊密な連携が必要である点については誰しも反論するものはない．しかし，それは建て前のうえのことであり，われわれ各自の〈本音〉では，どこかに問題を引き起こしている「主犯」と目すべき対象を想定し，そこに責任転嫁しようとしているのかもしれない．

まず，異質なシステム間の連携は，普通考えられている以上にきわめて困難な課題であるとの理解がなされていないところに，問題の一因がありそうだ．家族システムと学校システムの構造や機能は，根本的に異なると考えてもよいほどに「異質」である．しかも，戦後50余年の間に，両システムの質的な差違は縮小するどころか，拡大するばかりであった．学校の現状は，小学校の低学年の学級でも授業が成立しない「学級崩壊」と呼ばれるような現象が各地で報告されるほどであり，不登校の生徒数が12万人を突破した（平成10年度学校基本調査による）ことと合わせて，教育荒廃の進行に歯止めはかかっていない．

そもそも学校という文化伝達のシステムは，近代科学という今までよりいっそう伝えやすい文化の成立とあいまって，近代社会全体に広がり，大きな影響を与えるようになった．それはたとえば交通運輸システムの発達にみあうほどの巨大なものとなり，今日のわが国でも，全人口の実に4分の1に近い人々が，何らかの意味でフルタイムでかかわりをもつほどの巨大なシステムとなっている（大田，1995）．それまでは，子育ては親と地域の人々によるいわば手作りの仕事だったものが，一挙に制度として短期間に成立し，多くの人々がさまざまな利害によってこのシステムを利用するようになることで，弊害が生れる．つまり，学校は巨大システムの一部に組み込まれ，家族規模で等身大サイズの人間関係とはきわめて異質なシステムの特徴を持つことになったと理解してよいだろう．

一方，家族の側は家族制度の変更に伴って核家族化が進行し，平均の世帯構成人員は，3人に満たないほどの規模のシステムに極小化してきた．子どもにとっては，保護装置としての大人は，両親それも実質的には母親だけとなった観がある．その母親も，現代社会が生み出す多くのストレスからわが子を守り

きれない不安をかかえている．個人の力の及ばない国家レベルにまで巨大化した学校システムと，母と子の2者関係にまで極小化した家族システムが互いに正反対の方向に変化する狭間で，子どもたちが引き裂かれそうになっている現状に，臨床心理士などの専門家は多くの不登校事例を通じて直面している．不登校に限らず，いじめや家庭内暴力，非行，あるいは拒食症など，子どもの問題の現れ方は異なるものの，両システムが深部でかかえる問題発生のメカニズムには共通したものがあると判断している．したがって，これらの問題の根本的な解決をめざすとすれば，学校システムと家族システムという異質なシステムをあえて同時に視野に入れた新たな接近法を模索する以外に道はないのではないだろうか．

(2) 連携を困難にする儒教的文化の潜在的影響

ここで，心理臨床家を含む専門家の間でもこれまであまり本格的に取り上げられなかった，戦後の日本の家族や学校に潜在する儒教的文化の影響について言及しておきたい．その動機としては，今後，家族と学校という異質なシステム間の連携を促進するうえで，儒教的文化の潜在的な影響力と直面することが避けられないのではないかと考えられるからである．まず，儒教社会そのものの特質について見なおしてみよう．

中国女性史の研究者である下見（1997）は，中国の『列女伝』などの伝記資料や種々の女性教導関係資料の分析・整理による研究を続け，儒教社会における女性の存在意義や役割について考察している．そして，親への服従・奉仕を本質とする「孝」の観念の形成に，母（母性）が重要な役割を果たしていることをつきとめた．下見は，その要点を次のように整理している．

> 儒教社会における母は，母性による慈愛・保護を通して，まず子のこころに親への信頼・依存・親愛の情を形成する．さらには，母は，この母性の威力に依拠して，厳正な管理・教訓指導で子に対応して，親への服従奉仕たる孝を教示する．
> 孝の精神を確立した子は，成人して妻を迎えて家長となる．妻は，母の母性をさらに発展的に展開して夫に施行する．すなわち，貞節と女卑従順

を自覚し，この姿勢を堅持して夫を支援し，夫に男尊の自覚を持たせて，独断専行をうながし許容する．このようにして，かれを家族制における主導責任者に定め置き，家と親（祖霊）への孝である服従・公への忠義実践をうながし導くのである．

　また，娘と父との間にも，親子の関係としての孝の要素が混在するが，基本的に，妻と夫の対応にほぼ類似した関係が認められる．

　孝（忠）は，母性によって養成される観念であり，それは，子においても夫や父においても，個の権利や主張を抑圧して，家や一族・血縁（また公の権力）のために奉仕する精神として機能しているのである（下見，1997, Pp. 12-13：傍点は筆者）．

　要するに，下見の結論によれば，「孝」の実践を要請する儒教社会は，本来，子の自立・独立を拒絶して抑圧し，個の権利の主張を許容しない社会であり，したがって，基本的に子が親に従属・依存して，これから自立しないことを人間的理想とした社会だということになる．

　以上のような視点に立つと，忠孝による社会の構築を企図した儒教社会である，とくに近世の日本で，なぜ母なるものへの特殊の扱いが必要とされ，母系社会と称されるのかが理解できそうだ．そこから，下見は，教育問題である過保護や子の親からの精神的自立，家庭や夫婦関係などの諸問題の根底に潜在する諸因にはおおむね，意外にもなお「孝」観念を中核とする儒教の人間観が何らかの関わりを持っているのではないかとの仮説を導き出している．戦後の社会の発展・変化を推進した個人の力も，実は，儒教社会的な母性につちかわれる「孝」と同様の服従・奉仕の精神に発するものであったろうと推測している．

　このような下見の着眼は孤立したものではなく，また唐突なものでもない．経営学者の三戸（1994）は経営学の観点から，日本的経営の本質が「家の論理」にあるとし，経営システムの分析から同様の主張を行っている．ドイツ人ジャーナリストのファーレフェルト（Vahlefeld, H. W.）も，現代の日本人がいまなお儒教的な雰囲気のなかに無意識的にどっぷりつかっている構造を，明確に分析している（ファーレフェルト，1992）．さらに，オランダ人ジャーナリストのウォルフレン（Wolferen, K. V.）は，儒教文化という概念や言葉を

直接には用いていないものの，まさに同種の特性を日本的システムのなかに見出し，個人や家族の幸福追求が阻害されてきた経緯を解き明かしている（ウォルフレン，1994）．また，心理臨床の領域での類似の主張が，河合（1976）によってなされていることもよく知られている．

　ここで，ふたたび家族と学校の連携の問題に論点を戻すことにしよう．論議のポイントは，両者の連携にとって儒教文化の潜在的影響との直面化がなぜ必要なのかということだ．下見の主張にしたがって儒教文化の根底が母性によって支えられていると仮定すれば，文化伝達システムとしての学校システムも，母性によって支えられていると理解できるのではないだろうか．今では使い古された「教育ママ」という言葉にも，母性と学校教育との密接な関連が象徴的に示されている．つまり，儒教社会では，家族システムのみならず，学校システムを根底で支えている原理も，実態は母性が支配的だということになる．

　このような理解に立てば，子どもたちが家庭では母親そのものに保護的に支配され，加えて学校でも母性原理による教導を受けてきたメカニズムが浮かび上がってくる．そこには，父性原理が入り込む余地はない．現実的に見て，学校教育への個々の父親の影響力は微々たるものではないだろうか．「存在感の薄い父親」というのは，何も不登校児の父親に限ったものではなく，わが国の平均的な家庭全般に及ぶ現象であろう．

　家族と学校の連携をはかるうえでの問題点は，母性原理に独占された子育てや教育の現状に，いかにして父性原理を「適切かつ適度に」持ち込むかという課題につきるのではないだろうか．具体的には，スクールカウンセラーなどが父親とその子どもの学級担任がさまざまなレベルで交流を深めるプログラムを提案し，実行の手助けをする．たとえば，担任が受け持ちクラスの子どもたちに，各自の父親が担任の名前を正確に記憶しているか否かを確かめさせるのである．青少年白書などいくつかの調査結果から予測される父親の正答率は，おそらく50％台だと見てよいだろう．各自の調査結果の意味するところを，家庭や学校あるいは職場で話し合うことから，異質の連携を阻む見えざる壁の存在と，それを打破する「新しい父性原理」の導入の可能性が次第に明らかになるのではないだろうか．

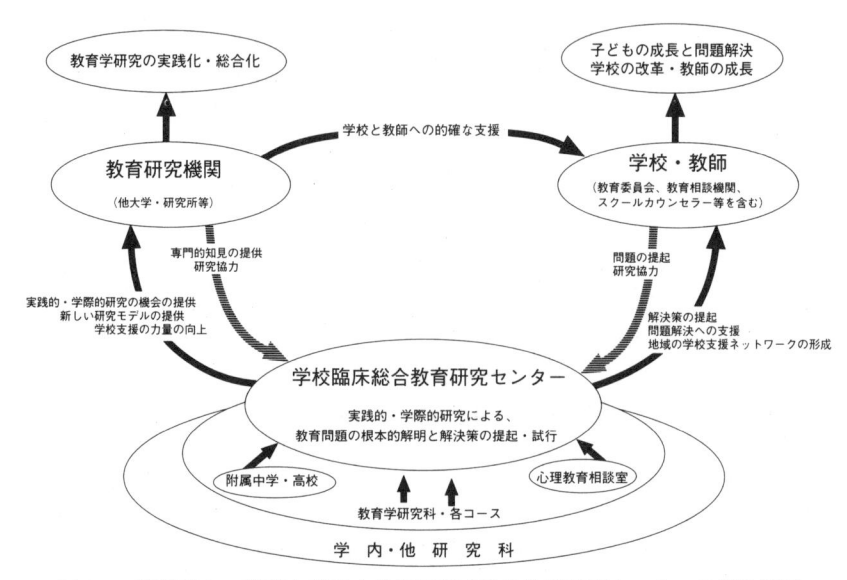

図1-9 諸機関との連携と東京大学学校臨床総合教育研究センターの活動概要（『東京大学学校臨床総合教育研究センター概要』より）

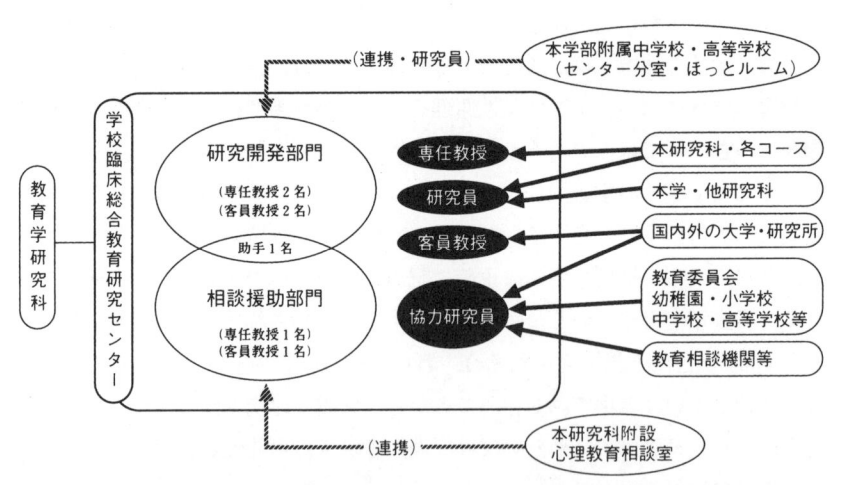

図1-10 東京大学学校臨床総合教育研究センターの組織図（『東京大学学校臨床総合教育研究センター概要』より）

(3) 子どもの視点に立った「連携の促進」

　これまでわれわれ大人が示してきた言動は、すでに感受性の強い子どもの目には鋭くとらえられてきたにちがいない。しかし、大人が作り上げた巨大システムの運営上の弊害と子どもたちが受けてきた影響について、子どもたちは十分な発言権を行使できていない。

　家族臨床の専門家は、これまで家族療法の実践を通じてとりわけ「連携できない両親（夫婦）」の問題に直面し、その解決の糸口をいくつか手にしている。そのひとりでもある筆者は、東京大学に1997年に新設された「学校臨床総合教育研究センター」という新たな臨床実践の場で、本格的に学校と家族の連携を促進するスクールカウンセリングの開発に取り組んでいる。このセンターの基本理念と目的について詳述する紙面の余裕はないので、ここでは図示するにとどめたい（図1-9, 図1-10, 図1-11参照）。これまで類似の公的機関がなかっただけに、本センターがどれほどのことを達成できるのか、見通しは定かではない。しかし、少なくとも「連携」を単なるスローガンにとどめず、臨床実践の一形態として確立しようとすることについては、関係者の合意を得ている。その第一歩として、現在、東京大学教育学部附属学校でのピア・ヘルパー（ピ

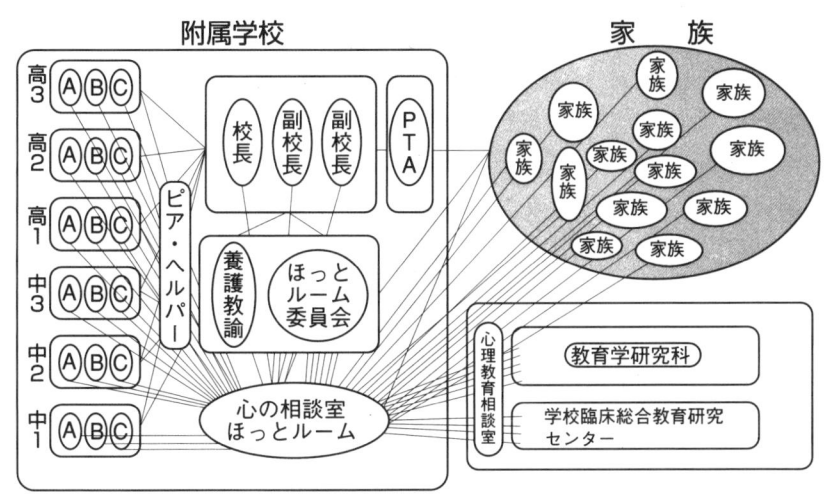

図1-11　東京大学附属学校カウンセリング・システム
（『東京大学学校臨床総合教育研究センター概要』より）

ア・カウンセリング）活動の立ち上げを準備中である（亀口・堀田，1999）.

6　司法・矯正と家族臨床

　先進諸国が抱える社会問題の中でも暴力や犯罪の増加は，無視できない問題となっている．インターネットの急成長に見られるような驚異的な情報化の進展は，さまざまな利便性の提供と同時に，インターネットを通じた毒物の販売など，かつては考えられなかったような新種の犯罪を生み出している．また，大人以上に青少年は情報化の影響を受けやすく，また暴力や犯罪へと駆り立てられる潜在的な危険性を有している．

　では，現実に犯罪や非行を犯した青少年にかかわる司法や矯正機関においては，どのように彼らに対処しているのであろうか．一般の人々にとって，その内実に触れ実状を詳しく知る機会はきわめて少ないと考えられる．そこで，この領域の専門家が犯罪や非行の動向をどのように理解し，実際に対処しようとしているのか，またその予防策をどのように考え，家族臨床の課題に取り組んでいるのか，見ていくことにしよう．

(1)　司法・矯正における心理臨床

　司法・矯正に関係する機関は多岐にわたる．それらを列挙すれば，警察，児童相談所，検察庁，地方裁判所，家庭裁判所，拘置所，少年鑑別所，刑務所，少年刑務所，少年院，婦人補導院，教護院（平成10年より児童自立支援施設に名称変更），保護観察所等である．それぞれの機関の位置づけや相互関係を理解するうえで，犯罪（非行）者や事件がどのような流れに沿って扱われるのかを理解する必要がある．とくに，成人と少年ではまったく異なる経路になっている．それを表したのが図1-12である．

　言うまでもないことであるが，司法関係の機関はすべてその設置から相互の関係までが法的根拠によっており，心理臨床業務もそれぞれ所属する機関の権能の範囲内において，限定された具体的目的に沿って行政的な行為として行われることがほとんどである．これらの機関に所属し，心理臨床的業務についている職員の数は正確に把握されていないが，犯罪（非行）の防止活動から，犯

罪の捜査・調査，犯罪（非行）者の処遇，矯正教育，社会復帰，さらに犯罪（非行）の調査研究までの広範囲にわたって，心理臨床家として活躍している（池田，1991）．とりわけ，少年非行の問題については親子関係を無視することができないために，心理臨床家が家族臨床において果たすべき役割は大きい．

(2) 非行問題と家族関係

一般に非行臨床においては，非行という行為を行為者の内的心理過程にもっぱら焦点を当て，行為の意味内容を理解することで，行為者を援助するのが常

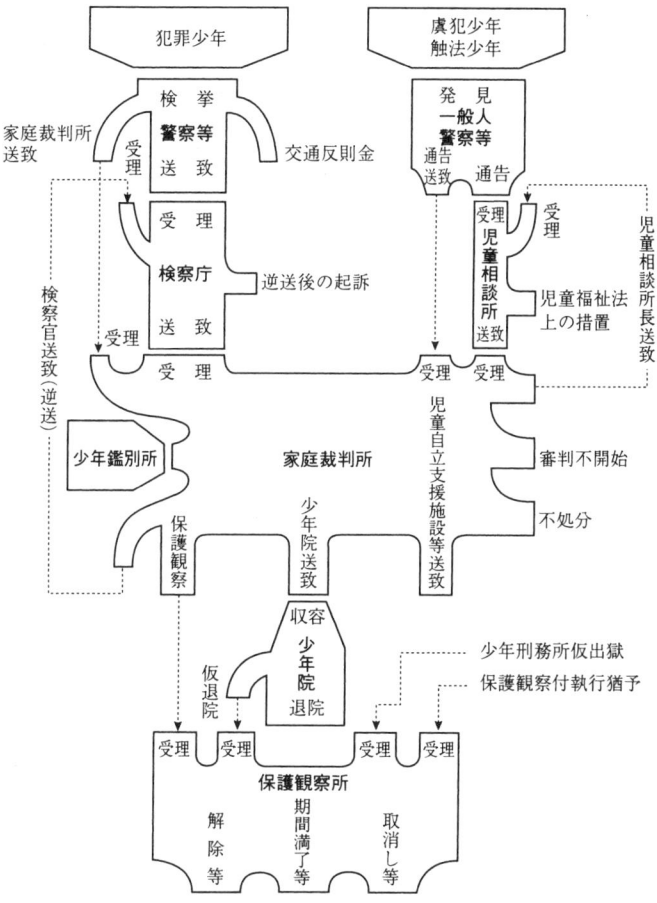

図1-12 非行少年処遇の流れ（『平成10年版犯罪白書』p. 224より）

道となっている．しかし，思春期にある彼らはともに生活する家族からの影響を良くも悪くも受けている．したがって，少年が非行から立ち直るためには，家族の問題解決能力を最大限に利用することが重要になる．

　子どもが非行を繰り返す場合には，親は最初のうちこそさまざまな解決策を試みるが，やがて無気力となり，放任したり拒否的となることが多い．父親は母親を非難し，非難された母親は父親の無関心さを非難する．互いの責任転嫁は珍しいことではない．これも自然の成り行きであると考えておく必要がある．家庭裁判所調査官である村松（1991）は，以上のような認識に立って，非行少年の家族への援助を考えねばならないと主張している．

　非行臨床にかぎらず，子どもの問題行動を理解するうえで「家族」に着目することは，とくに目新しいものではない．これまでにも，母子分離不安や過干渉・放任などの「母子関係の歪み」が繰り返し指摘され，「父親の不在」も問題視されてきた．理論面でも心的現実としての家族を扱う精神分析理論，発達心理学における母子関係論などに依拠して，非行の理解が試みられてきた．しかし，非行化要因の分析を家族病理の視点から追究するにとどまり，非行の理解を基礎として，具体的な家族への働きかけが，臨床現場で体系的になされてきた例はけっして多くはなかったのである（生島，1999）．

　その数少ない先進的な臨床例として，1960年代に東京家庭裁判所において実施された「家族集団療法」は，歴史的な意義を持っている．そこでは，家族のコミュニケーションに見られる病理の解明とその機能回復を主なねらいとしていた．まず，数人のセラピストが治療チームを形成し，家族全員との合同面接，家族成員それぞれとの個別面接，複数の個別面接を行うなどの面接形態を有機的に連関させながら，数時間の集中的な治療的アプローチを1ヵ月間隔で計2回実施した．8事例が2年半を経過した時点で，家族自身の評価により7事例で効果が認められた，と報告されている（新井ほか，1969）．

　同様のアプローチは，「全体としての家族」への介入という視点をより明確にして，法務省法務総合研究所が主体となり，家庭裁判所で保護観察処分となった少年とその家族に対する実践研究として試みられたことがある．その中で得られた臨床的な知見は，非行臨床において家族への治療的関与を行う際に必要な基本的事項を示唆している（仙田ほか，1970）．

(3) 少年による暴力と家族病理

影山 (1997) によれば，ここ 20 年ほどの間に，わが国における殺人は絶対数でも，人口 10 万人あたりの殺人者率でも減少してきている．とくに，若者においてこの傾向がいっそう顕著で，かつての 1 割ほどにまで極端に減少している．これは欧米やアジア諸国にはみられない，日本独自の現象だという．また，殺人以外の暴力犯罪である傷害や暴行，強姦もわが国では減少し，とくに男性の若者では顕著で，たとえば強姦では，10 代の強姦者率は昭和 30 年代に比して昭和 60 年以降は 4 分の 1 に激減しているという．

また，少年非行件数全体をみると，第 2 次大戦後，これまでに日本では三つのピークがあり，現在第 4 のピークを迎えていると言われるが，少年非行の波に下降期を持つこと自体，先進諸国ではまれなことなのである．ただし，刑法犯全体に占める少年の比率が約 5 割ときわめて高いことは日本に特異的であり，注意を要する．事実，1997 年には，少年非行の総量が前年に比べ 10% 近く増加している（図 1-13 参照）．

一方，文部省による「生徒指導の諸問題調査」によると，校内暴力の発生件数は，ここ 10 年連続して増加しており，1996 年度には前年度比で約 30% 増加し，1 万件を超えている．なかでも，中学校における対教師暴力は，前年比で 1.5 倍に上っている．また，98 年 1 月に起こった栃木県の男子中学生による女性教師刺殺事件をはじめとするナイフによる傷害事件の続発など，少年による凶悪犯罪の増加は，社会的な注目を集めている．少年の暴力をめぐるこれらの状況変化の社会的背景について，富田は，次のような見解を示している．

> 見たとおり，日本では長期に渡って攻撃性の抑圧に成功してきた．合衆国の年間殺人事件被害者数約 2 万人に対して日本のそれが千数百人という違いは，生物として持つ攻撃性にさほど違いがあると思えないことを考えれば驚くべきことであり，それが何によるのかということもきわめて興味深い問題だが，それはひとまずおくとして，現象としての攻撃性，暴力に触れる機会が，日本ではそれに比例して少ないであろうことは容易に推測され，しかもその状態が長期に渡って続いているのである．

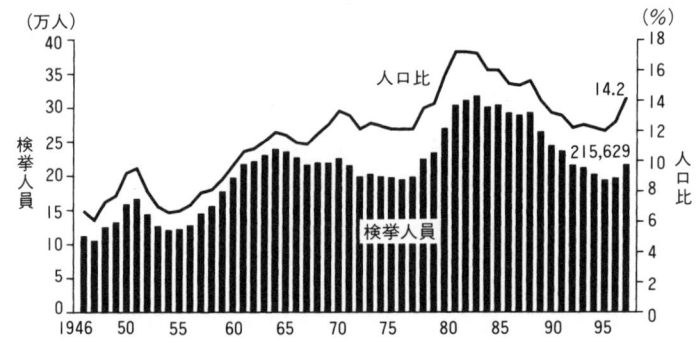

図 1-13 少年刑法犯の検挙人員及び人口比の推移（1946～97 年）
（『平成 10 年版犯罪白書』p. 181）
注1）警視庁の統計及び総務庁統計局の人口資料による．
注2）1970 年以降は，触法少年の交通関係を除く．

　攻撃性の表出としての暴力は，生物としての本能行動であるから，完全な抑制はもとより不可能であるが，それを対人関係においてどのような形で処理するかは，人間の場合，多くは学習によっているものと思われる．しかし，近年の日本においては，その学習の機会が諸外国に比べて極端に少ないのである．現在の中学生の親でさえ，戦後の混乱によるとされる少年非行の第1の波が終息し，また殺人，強盗，放火など凶悪犯の件数のピークも過ぎてから出生しており，攻撃性の処理に対する学習の機会はすでに少なかったはずである．つまり，現代の日本の少年たちは，攻撃性を社会的にうまく処理する方法の学習を直接する機会もなく，その親からの伝承も期待できないまま，生物学的に最も攻撃性が高まる時期を迎えてしまっているのだと考えることができる（富田，1998, p. 84）．

　同じように暴力的要素を含みながらも非行との区別が難しいとされているいじめの問題も無視することはできない．なぜなら，限られた数の非行少年に比べ，いじめにかかわる可能性を秘めた子どもの数には限定がなく，無限の広がりを持っているからである．しかし，何らかの攻撃性なしに人が「生きる力」を発揮することは困難ではないだろうか．より強く生きようとする心の働き，つまり競争心は，攻撃性そのものだからである．いじめや暴力の問題の解決が

容易でないのは，ここに原因があるともいえる．

しかし，どれほど競争に強い者でも，生涯を通じて挫折や負け無しというわけにはいかない．どこかで，心に傷を負うことから逃れることはできないはずである．人が何らかの心の傷を負ったときに，それを暴力やいじめという形で他者に向けるのではなく，互いにその傷を癒すことの大切さを学ぶこと，つまり「癒しの学習」が求められているのではないだろうか．「癒し，癒されるための生涯学習」の最初の舞台は，泣く子をあやす母親の姿に象徴される家庭での人間関係にほかならない．その際に，癒されるのは子どもだけではなく，同時に親自身もあどけない笑顔を見せるわが子から癒されていることを忘れてはならない．乳幼児期に癒し・癒された体験学習が不足していた非行少年とその親に対し，それを補う支援体制を整えることは，再発防止のために必要であり，家族臨床の重要課題でもある．

7　産業・労働と家族臨床

家庭と学校の連携の難しさや父性原理の乏しさのいずれの場合にも，「父親の不在」は常に識者によって指摘されながら，依然として改善困難な課題として残されたままである．日本社会の構造的問題が根本原因としてあるからだと理解する以外にはないのではないだろうか．とりわけ，産業構造や労働慣行といった，心理臨床家にとってはこれまで比較的なじみのなかった世界にかかわる問題であり，しかも相手は巨大な社会システムという「怪物」であるだけに，最初から戦意喪失もしくは不戦敗の状態にあるのも故なしとしない．

ところが，バブル期には「ナンバーワン」とまで豪語していた日本経済が，90年代に入って長い不況から脱出できないまま，構造変革を迫られるようになったのである．しかし，それによって父親不在の問題が解消されたのではなく，むしろ「母親不在」の問題が付け加わりつつある．あるいは，それを未然に回避するために，「母親にならないでおく」選択が増える傾向にある．少子化の進展は，その累積的な結果でもある．

ここでは，戦後の日本の産業構造や労働慣行が軽視してきた「家庭生活」の質的向上や，「こころの問題」に焦点を当て，家族臨床がこの分野で果たすべ

き諸課題を整理しておきたい．

(1) 働くことと家庭生活

中年になるとサラリーマンはよりいっそう忙しくなり，家族と接触する機会が減ってくる．家族との心の交流が乏しくなり，子どもの不登校や妻との不和が生じ，その結果，仕事の能率も低下する．実際，企業内に設置されたカウンセリング・センターのカウンセラーにとって，相談を受ける中年サラリーマンの悩みには家族の問題が含まれていることが多い（森谷，1993）．

高度経済成長期に結婚し，家庭を築いてきた夫婦が，現在では中年期から初老期へと向かいつつある．彼らの結婚は，一方では「家制度」から解放され，愛情と恋愛の価値に基づく結婚の可能性を拡大してきた．しかし，収入の確保のために，自分も家族も犠牲にして働かざるをえない父親，夫の帰宅が遅く会話さえままならないと不満をかこつ妻，夫婦関係の歪みの影響を直接に受けて育つ子どもたちの問題を生み出した．

とりわけ，会社人間や組織人間と呼ばれる人々にとって中年期になってからの家族問題は，大きな危機要因となっていく可能性が高い．それまで会社や組織に忠誠を尽くし，適応の良すぎる中堅サラリーマンのなかには，鬱状態や無気力状態に陥る事例も少なくない．組織人間の危機は，たんに個人の問題だけではなく，その家族の問題とも密接に絡み合っている．

(2) ある支店長の事例

ここでは，ある中年サラリーマン（42歳）を対象とした臨床事例を紹介し，働くことと家庭生活のバランスの維持がいかに大切であるかを理解する手がかりとしたい．

　　Aさんの症状は，「気力がない，何ごとにも関心がなくなってきた．なんとか仕事には行っているものの机に向かっているのがせいいっぱい」というものであった．
　　Aさんは勤続20年以上の優秀な銀行員だった．何回かの転勤を経て，某都市銀行の支店長に就任して2年目に入っていた．部下の評判も悪くな

かったし，仕事上のミスも少なく，上司からは信頼されていた．……

40歳で支店長に就任したAさんは，その職務も懸命にこなそうと努力した．……前任者からの仕事の引き継ぎも加わり，連日，夜遅くまでの仕事が続いた．Aさんが支店長になってから1年後の春，当時中学に入学したばかりの長男が登校拒否をはじめた．ひどい家庭内暴力も伴っていた．Aさんの危機は，支店長という仕事の責任の重さと，それに加えて長男の問題という圧力が加わったために訪れたといえる．……

結婚当初から，Aさんは家庭的な夫とはいえなかった．家庭はすべて奥さんにまかせきりで，Aさんのほうは仕事に邁進していた．そうしていないと，職場での競争に遅れをとってしまうし，Aさん自身も自分の社会的成功が家庭の幸福をもたらすのだと信じていた．そして，長男の登校拒否，家庭内暴力が出現するまで，Aさん夫婦の，あまりにも明確な役割分担が維持されてきた．……

Aさん夫婦は，長男の問題に対処する能力をまったく欠いていた．奥さんは，なぜ長男が些細なことで興奮し，暴力を振るうのか理解できず，長男の暴力をできるだけ避け，暴力にもひたすら耐えることしか知らなかった．Aさんは，長男の奥さんに対する暴力を，見て見ぬふりをしていたという．それに，Aさんが夜遅く仕事から帰宅するころには，長男は昼間の暴力に疲れきって眠っていたし，Aさんが出勤するために家を出るころ，長男はまだ自室から出てこれなかった．長男とは顔を合わさない日が多かった．

それでも，同じ屋根の下に住みながら，いつまでも長男と顔を合わせずにすむわけはなかった．あるとき，Aさんが見かねて長男の暴力を戒めたところ，長男は一層興奮し，タンスからAさんの背広を引き出し，ハサミでズタズタに切り裂いてしまった．そして，「おまえなんか父親じゃない！」と叫んで，包丁を持ち出してAさんを追いかけた．Aさんは家の外に逃れた．その後，Aさんの無気力，無関心などの症状が出現した．

病院に相談に来た時点でAさんがハッキリと自覚していたわけではないが，Aさんは，支店長就任と長男の問題とを契機として，それまで何の疑いもなく続けてきた仕事中心の生活を考え直し，あらためて家庭での

役割を再編成しなくてはいけない時期にさしかかっていたのである．そして，それは夫としての無力さ，父親としての無能さ，家族の中での孤立を意識化することなしにはなしえない問題であった（坂野，1989，Pp. 227-230）．

このような事例は，けっして稀ではなく，むしろ産業臨床にかかわるカウンセラーや臨床心理士なら日常的に数多く出合っているものである．

(3) 家族システムを分解する労働環境

よく知られているように，わが国の労働時間は先進国中で最長である．欧米では，残業するのは能力が低いとみなされるのに対し，わが国では残業しない者は労働意欲に欠けるとみなされる傾向がある．有給休暇も周囲に遠慮して取りづらいのが実状である．サービス残業という，無給，無届の残業が行われている．家庭生活や睡眠時間よりも仕事を優先する傾向が一般的にみられる．研究開発部門，建設業界あるいは，コンピュータ・ソフト部門に勤める患者のなかには，数ヵ月間1日も休まず，毎日深夜近くまで働いたと答える人たちがいる（喜多，1989）．

中高年サラリーマンの突然死が注目されているが，これらも無理な配置転換や過酷な仕事上の精神的ストレスによるところが大きいと考えられている．従来の年功序列制度が崩れ，職能資格制度の導入による能力主義への転換は，企業モラールの低下を生まない有効な手段ではあるが，評価を気にしやすい優等生人間にとっては大きな心理的ストレスとなる．儒教文化が残存し，個人主義が未確立なわが国で能力主義を急速に導入することは，サラリーマンの性別を問わず，また，その家族にまで新たなストレスを与えることになる．ある限度を超えれば，それでなくとも脆弱な核家族のシステムは容易に崩壊する危険性を孕んでいる．

しかし，地球規模で進行する産業の国際化に対応するうえで，その変化を押しとどめることはできない．そこで，職場で生じるさまざまなストレスに適切に対処できるように，サラリーマンとその家族を支援する「産業心理臨床」の充実・発展が望まれている（乾，1993）．

8 コミュニティと家族臨床

　産業構造の変化は，個々のサラリーマンやその家族の生活に影響を与えただけではなく，生活環境としてのコミュニティ（地域社会）にも多大な影響を及ぼしてきた．第3次産業の肥大化と職住分離の進行，中山間地域（山間部と平野の中間部）の過疎化と都市の過密化，消費行動の家族化・個人化への傾斜など，コミュニティというフィルターを通さなくても生産・消費の活動には何ら支障がなくなった．その結果，家族は核家族化しても家族機能の多くを「外注」することによって，他の家族やコミュニティとかかわらなくとも生活が可能になった．

　しかし，そのツケは小さくなかったといえよう．街路は地域の大人や子どもたちが出会い，そして語らう，人間的な「交流の場」ではなくなった．空き地や路地裏を駆け回る子どもの群れも消えてしまった．学校・塾と子ども部屋との間にあった「地域社会」は，真空地帯になってしまった感がある（安藤, 1998）.

　このようなコミュニティの構造的変化が人々にもたらす心理的影響を実証的に調べたり，具体的な改善策を提供する分野としてコミュニティ心理学は，1965年のボストン会議において誕生した．初期のコミュニティ心理学は地域精神保健と密接に関連しながら発展し，両者の差異はあまり明確ではなかった（山本, 1986）.　しかし，コミュニティ心理学ではその視野が個人の内面から，一挙に大規模なコミュニティ・レベルへと拡大したためか，その中間に位置する家族を見落としがちであることは否めないだろう．そこで，本項では，コミュニティの視点から家族臨床が取り組むべき課題を拾い出してみることにしよう．

(1) コミュニティ意識の崩壊と家族の変化

　そもそもコミュニティとは何を意味しているのだろうか．マッキーバー（MacIver, 1924）は，科学的概念としてのコミュニティを，地域性，コミュニティ感情（われわれ感情・役割意識・依存感情）をもち，ある程度の社会的凝

集性を持つ共同体生活の一定領域と定義している．しかし，山本（1986）も指摘するように，現代生活を営んでいる人々は，一定の地域性という領域の中ですべての生活を充足しているわけではない．国際化の進展とともに，人々の生活領域が国境さえ越えて，拡大あるいは拡散し始めているからである．その意味では，物理的所在に依存しないコミュニティに当てはまるとらえ方が必要となりつつある．

地域社会の構造的変化は，住民の精神保健状態にさまざまに影響を及ぼすと考えられている．荻野ら（1973）は，奥能登の過疎地域の変動をとらえ，うつ病のうちの多くが奥能登内で発病していることを見出し，そのうつ病的症状の原因ないし誘因が奥能登文化の変化によるものであることを考察している．また，国立精神衛生研究所（現国立精神・神経センター精神保健研究所）は1972年から74年にかけ，「都市生活における精神健康に関する総合研究」を行った（加藤，1976）．研究分担者であった小林ら（1977），石原ら（1978）が鈴鹿市における調査を報告している．8〜15歳までの子どもをもつ家庭の主婦を対象に，地区別の調査が行われた．その結果は，各地区の主婦が受け止めている社会的ストレス総量を測定すると，過密地区に来住してきた者がもっとも社会的ストレスが高く，次に過密地区地つきの者，過疎地区地つきの者の順で社会的ストレスが少なくなっている．過密地区に住んでいる来住者，地つき者はとくに過疎地区の地つき者よりも有意に社会的ストレスを高く受けていた．

このような地域社会の変化が個々人へ影響を与えるだけではなく，家族構造や家族成員相互の関係性が質的に変化することも指摘されている．そこで，つぎに身近な生活環境やその変化と家族病理との関連に焦点をあてることにしよう．

(2) 生活環境と家族病理

都市化の影響をもっとも鋭敏に受けるのは，幼い子どもである．とりわけ，身辺自立がほぼ確立し，行動範囲が徐々に広がりはじめる3歳児の段階は，発達的に見てきわめて重要な時期とされている．ところが，都市化の象徴ともいえる高層階の集合住宅に住む3歳児が，1人だけで戸外に出ることは困難であり，母親の介助が必要になる．しかし，子どもが外出を欲するときに母親がい

つでも同伴できる保証はなく,おまけに下にきょうだいができれば,常に室内で遊ばなくてはならない.そのために,母子分離に支障が生じる事例も少なくないと指摘されている.

山本・渡辺(1985)は,母親にアンケートで居住形態,集合住宅の場合は居住階,住居の広さ,居住年数,家族構成,きょうだい数と順位を聞いている.その結果,男の子の場合,20坪未満の住居や集合住宅4階以上の住居では,母子分離に問題がある場合が多いという傾向が見られている.女の子の場合も同様な傾向が見られるが,男の子ほど顕著ではなかった.居住階が4階以上の場合,男の子が母子分離が悪いのは,女子に比して活発で動きが激しいことが要因として推定されている.実際,4歳までの男の子の墜落死は,同年齢の女の子よりも3倍多いという調査結果が報告されている.

したがって,母子分離の障害を母親の性格や養育態度の問題としてのみとらえることは,必ずしも適切ではない.家族病理の発生に及ぼす多様な生活環境要因の影響は,けっして軽視されるべきではないからだ.

(3) 変容する家族への社会的支援(ソーシャル・サポート)

社会的支援はきわめて広範な学問分野の関心を引いてきた主題である(Boyce et al., 1988).社会学では,コミュニティの社会的統合の問題と関連して以前から関心が持たれていた(Turner, 1981).心理学においては,社会的支援に関心が持たれるようになったのは比較的最近のことである.たとえば,カーンら(Kahn & Antonucci, 1980)は,社会的支援の問題を生涯発達の観点から取り上げ,その必要性と入手可能性が人生段階のなかでどのように変化するかを調べた.その結果,人が人生のさまざまな局面で与えられる役割の問題と社会的支援の問題が密接に関係していることが明らかになった.彼らは,役割が個人を社会と結びつけるものだと理解し,コミュニティ,組織,集団,拡大家族のいずれも役割の構造だと主張する立場をとった.同時に,個人の生活も役割の観点から概念化すべきだと考えた.ヒルシュ(Hirsch, 1981)も人生段階の観点に賛成したが,彼は社会的支援を個人のアイデンティティの概念と関係づけるべきだと主張した.

カーンらは,当該人物(P)は,その人の生涯を通じて旅をする協力的な

人々の「コンボイ（護衛隊）」に取り巻かれ，そのコンボイは時が経つにつれて成員が入れ替わると仮定した．図1-14にその仮説が示されている．コンボイはPを中心とする三つの同心円によって描かれる．図の中心に近いところに，Pにとって最も重要で，潜在的には最も頼りになる配偶者やその他の家族との関係性が描かれている．図の中心から最も遠いところが，現在の社会的役割（隣人，あるいは同僚など）に直接結びついており，変化しやすい関係性である．コンボイの概念は，時間的変化に伴うすべての重要な次元を加え，社会的支援の課題と役割の課題を結びつけることにも役立っている．これは，近年盛んになりつつある各種のネットワーク・アプローチの目的とも合致するものである．

最近では，社会的支援と家族の健康との間の相互作用について，より実証的な研究が行われるようになっている．たとえば，ターナーら（Turner et al., 1990）は，カナダのオンタリオでの10代の250人を対象とした妊娠結果についての研究を行っている．この研究では，乳児の体重と出産4週後の母親のうつ症状に関する面接調査が実施された．妊娠中に得られた社会的支援に関する三つの尺度のうち，母親の両親の家族からの支援が，友人や子どもの父親からの支援よりも重要であることがわかった．社会経済的地位が低い家族出身の母親については，主効果を支持する結果が得られた．つまり，母親がかかえるストレスの高低にかかわりなく，母親の家族からの社会的支援が多ければ赤ん坊の体重は重くなり，逆に母親のうつ症状は少なくなることが確認された．しかし，社会経済的地位が高い家族出身の母親に関しては，家族支援が多ければ母親のうつ症状が少ないという傾向は，ストレスの高い母親でのみ確認された．これらの研究結果は，社会的支援は存在する「特定のニーズ」に適合する限りにおいて有効だということを，示唆している．

したがって，コミュニティが，変容を続ける家族に対して有効な社会的支援の態勢を整えるためには，個々の家族に特有なニーズを的確に把握する手段を持っておかねばならない．この点から，コミュニティの専門家が家族臨床の専門家と連携する必要性があることが十分に理解されるのではないだろうか．

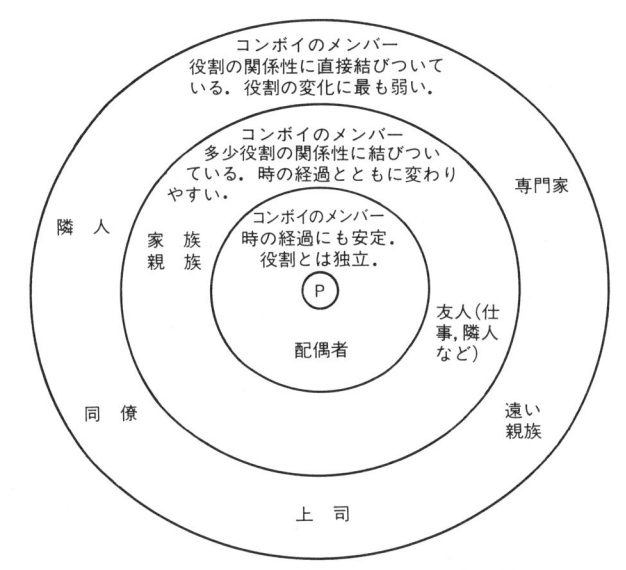

図 1-14 ソーシャル・サポート的人々のコンボイの仮説的例 (Khan & Antonucci, 1980)

9 ジェンダー論と家族臨床

　すでに見てきたように，現代家族の変容を推進している要因はさまざまであるが，なかでもジェンダーの問題は特筆すべきものと考えられている．ジェンダー論は，1970年代から欧米では盛んになってきている．このジェンダーの視点から，西欧における自我・自己・アイデンティティという概念自体が，中流以上の白人男性のものであると批判されてきている．なかでも道徳研究において，他者との関係性（他者関連的自己）という女性の視点が欠落していたというギリガン（Gilligan, 1982）の指摘は，その後の自己心理学にも大きな影響を及ぼしている．

　この視点から見れば，相互依存的な自己観と役割が重視されるわが国では，家族や家庭を基盤とする妻・母親役割に専心してきた女性の独立的自己確立には，二重の障壁があったと考えられる．さらに，男性視点の心理学的理論や概念が第3の障壁として立ちはだかっている．わが国の現代女性が独立的自己の

確立への強い願いをもつのは,それが三重の障壁により抑圧されてきた社会であるからにほかならない(守屋,1995;渡邉,1998).

(1) 女性の視点から見た家族の問題

すでに先進国の仲間入りをしたわが国ではあるが,親の性別期待が他国に比してなお根強いことは,しばしば指摘されている(東京都生活文化局,1994).学校においても,建て前では男女平等教育でありながら,それを否定する隠れたカリキュラムが存在する(牧野,1995).とくに家族のなかでの女性は,妻・母親役割を期待されるが,それは日本社会全般に行きわたった母性神話によって補完されていることを見逃すわけにはいかない.波田(1986)は,「母親であること」と「私であること」のジレンマに陥った新婚家庭の背景に,以下の四つの構図があると指摘している.

その第1は,「男女の役割をめぐる社会システムの混乱が,新しく家族を形成しようとする妻と夫との間で鮮烈に表面化する」構図である.現代では,結婚はまったく個人的なこととされるために,結婚を機に妻と夫の本音にある性役割観が直接に露呈する.

第2は,「女性を家庭にとどめようとする社会」からの圧力が弱まっているだけに,「妻にとり,夫は最大の壁と映る構図」である.現在でも多くの夫は,伝統的な性役割分担に依存している.こうした夫は,「女性役割の枠づけを実行する最終的な当事者」として妻の前に登場し,妻に自分の理想とする女性像を押し付けようとする.多くの夫は仕事で疲れて帰る家庭には,つねに妻が待っており,自分をあたたかく迎えてくれることを期待する.

第3は,「相互の女性像と男性像,役割期待のギャップ」の拡大と,「女性による異議申し立て」の行動化という構図である.夫婦で話せば話すほど期待する夫像と妻像の食い違い,理想とする自己の姿が明確になり,そのギャップが拡大してくる.単純に夫婦の会話を増やせば,互いの理解が深まるというようには,ことは運ばないのである.

第4は,「『私であること』と『母親になること』の乖離体験と二律背反への直面」という構図である.すなわち,女性の歴史は,「私」を悪,「母性」を善として受容する歴史であったがゆえに,両者の乖離体験は強い罪悪感を伴う不

安の源となる．女性が，伝統的な女らしさによって乖離体験を埋めようとしても限界があり，いずれ自己分裂を引き起こし，種々の精神的不健康や不適応，すなわち「女らしさの病」の原因ともなる．

このように，女性の精神的不健康の根には，内面化されたジェンダーの問題がある．しかし，この問題は男性にとっても無縁ではなく，やはり「男らしさの病」に陥る危険性を潜在的にかかえている．これを克服するためには，女性が仕事を続けられるように，出産・育児に対する社会的支援の整備がさらに求められている．働き過ぎの男性は，働くことの意味を自ら問い直し，内なる男らしさや女らしさの幻想から自己を解放する必要性に迫られている．

(2) 少子化の進行とジェンダー論

現代家族の種々の変容の中でも，少子化の問題にはとりわけ大きな社会的関心が集まっている．少子化の進行には，いくつもの社会的な背景要因があるとされている．女性の高学歴化・職場進出につれて結婚年齢が遅くなり，あるいは結婚しない女性も増加している．男性の側にも，結婚を絶対的なものとは考えない傾向が広がりつつある．いわゆる非婚化・晩婚化の進行である．そこには，固定的であったジェンダーの意識に確実な変化の兆しが現れていると見ることもできるのではないだろうか．さらには，結婚した若い夫婦が「子どもをもつこと」を，当然とは考えない傾向があることも指摘されている（斎藤，1998）．成人した若い男女が結婚適齢期になれば，そろって結婚し，2～3年後には第1子が誕生するという，成人後の人生の基本パターンが多様化し始めたと理解してよいだろう．ある意味では，人生の選択の幅が広がってきているのである．それだけに，当事者の「主体的判断」の重みも増している．

数ある人生の選択のなかでも，「配偶者の選択」ほど重要なものはない．その重要性と正しい選択の難しさを熟知していた戦前のわが国では，家制度の中で親や年長者が準備した見合い結婚を通して配偶者選択が行われていた．しかし，1970年代の初めには恋愛結婚の割合が見合い結婚の割合を超え，1992年の調査では，過去5年の間に結婚した夫婦のうち，見合い結婚のカップルはわずかに15%だけであり，恋愛結婚が83%を占めていることが示されている（箕浦，1995）．

したがって，現代では，配偶者選択の前提として「恋愛関係」の比重が，非常に高まっていることを無視できない．恋愛関係の形成には，さまざまな要因が複雑に影響しながら成立し，維持されていると考えられている．恋愛の成立には，年齢や性格，対人的環境のほか，近接・類似性・身体的魅力などの対人魅力を規定する要因が大きな影響を与えている．なかでも，容姿の美しさなどの身体的魅力が好意感情や恋愛関係の成立に大きな影響を与えているとされる(飛田，1998).

ただし，恋愛相手の選択基準と結婚相手の選択基準とは同じであるとは限らない．徳田ら（1988）は，女子短期大学生を対象とした調査によって，女性が恋人を選ぶときの基準は，「社会的に望ましい特性をもっているかどうか」，「容姿やスタイルがよいかどうか」，そして「ファッショナブルかどうか」といったものであり，配偶者を選ぶときの基準は，「相手が社会的に望ましいかどうか」のほかに，「信頼できるかどうか」あるいは「家庭や女性の就労に対する理解があるかどうか」が重要であることを明らかにしている．

経済企画庁による「平成4年度国民生活選好度調査」において，「結婚する際，結婚相手の条件で最も重視するのは何か」を選択させたところ，男女とも第1位は「性格が合う」ということであった．また，この調査では，女性が結婚相手の条件として選択するのは，「収入の安定」と「家庭を第1に考える」といった比較的少ない条件に集中しているのに対し，男性が選ぶ結婚相手の条件は，「家事ができる」，「家庭を第1に考える」，「自分にない性格を持っている」，「自分を束縛しない」，「共通の趣味を持っている」，「容姿」など多様な側面にわたることが示されている．

未婚の状態から既婚の状態への変化は，非連続のものである．社会的にも，心理的にも未婚と既婚の差は歴然としている．ただし，既婚の状態にも変化の過程が存在する．心理学的に見れば，結婚はある固定した男女の関係をさすだけではなく，ある目標へと向う「過程」である．普通は，その目標とは夫婦が幸福になることだと了解されているが，結婚の現実はそれほど甘いものではない．新婚期の「蜜月期」を除けば，むしろ辛さの方が多く経験されるかもしれない．

ほとんどの家族が核家族化した今日では，大多数の子どもは非常に限られた

人間関係しか体験せず，しかも母子密着傾向の中で成長する．したがって，若い男女が夫婦となった場合に，互いがそのような単一的な「家族文化」をほぼ無自覚的に身につけていることから生じる，ある種の「文化摩擦」や「異文化接触」の問題が派生することは少なくない．結婚生活では一見ささいにみえることが，大きな対立の火だねになることがある．それまで自分が何気なく使ってきた言葉が，結婚相手にとっては許容できないほどの心理的影響を与えることもある．他人同士であれば，笑い話ですませられることが，夫婦なるがゆえに「許せない」という強い拒否感を引き起こすこともある．

　今後いっそうの進展が予想される少子化問題を解決するためには，夫婦がさまざまな障壁を乗り越えて出産・育児という人生における最重要課題に希望をもって取り組めるように，社会的支援の手が差し伸べられるべきだろう．その際に，家族臨床の専門的知識や経験は，貴重な示唆を与えるにちがいない．

(3)　心理臨床におけるジェンダー・バイアス

　「夫婦喧嘩は犬も食わぬ」のたとえのとおり，わが国の心理臨床では，夫婦間の心理的葛藤を直接に対象とする夫婦療法や結婚カウンセリングは，まだ専門分野として確立していない．個人療法で，クライエントの夫婦関係についての悩みをセラピストが「主訴」として扱うことがあっても，それはあくまでもクライエントの内面に取りこまれた「夫婦関係」に焦点化されたものにすぎない．現実の葛藤をかかえた夫婦が同席して取り組む夫婦療法とは，目的も手法も大きく異なっている．この点，離婚大国とも呼ばれるアメリカでは，夫婦療法，離婚療法，結婚カウンセリング，あるいはカップル・セラピーなどの専門家が多数存在し，悩みをかかえた多くの夫婦がおのおののニーズに応じた心理的支援を得ている．

　しかし，そのアメリカにおいてすら，心理的病理の診断・治療のなかに多くのジェンダー・バイアスの問題が残っているという (Unger & Crawford, 1996)．わが国でも，フェミニスト・カウンセリングを実践している河野 (1995) が，いくつかの問題点を指摘している．

　第1に，治療者は男性，クライエントは女性という診断・治療場面自体にジェンダー・バイアスがある．日米とも，治療者は圧倒的に男性が多く，治療さ

れるのは女性という場面が一般的であるだけに，男性医師の女性患者に対する態度が問題となる．

　第2に，クライエントの性別による病因解釈にも，ジェンダー・バイアスがある．女性がうつ病にかかりやすいのは，医学的には月経・出産・閉経といったホルモン変化が原因であるといわれている．男性のうつ病患者の場合には，このような解釈はされず，職場での昇進や降格や異動，転職や失職といった仕事がらみの心の問題として解釈される．

　第3には，クライエントの性別による治療像にも，ジェンダー・バイアスがある．カウンセリング場面で女性クライエントに対して，女性カウンセラーは「女性性」を，男性カウンセラーは「母性性」を重視する傾向があるとされている．

　このように，セラピストの人間観や性役割観も，知らず知らずのうちに治療場面に反映されている．とくに性役割重視のわが国では，セラピストにも伝統的性役割観が無自覚的に埋めこまれている可能性がある．心理的治療に埋めこまれたジェンダー・バイアスの問題は根深く，その解決は容易でない．今後，家族臨床のあらゆる分野に関連する重要課題として注目されることになるだろう．

第2章
家族臨床心理学の理論

　不幸なことに，現代社会では，精神療法，精神疾患の予防，積極的な意味での精神衛生の促進，一般教育などの課題がてんでんばらばらになっていて，どうにもまとまりがつかないように思われるが，こんなことでいいのだろうか？　本書の第一の目的は，個人，家族，社会の相互依存性（interdependence）という未解決な根本問題に明るい光をあてることである．そしてこの試みは，家族を，その外にある社会と，内にある個々の成員と関連づけ，家族生活の精神的な健康の諸問題に関する統合された力動的な概念づけの確立を目指す．今こそ，このような企てに，われわれのすべてを賭けなければならない（アッカーマン，1965，邦訳，上巻，Pp. 26-27）．

　40年以上も前に，家族療法のパイオニアの一人である精神科医のアッカーマン（Ackerman, N.）は，その著書『家族関係の理論と診断』の「まえがき」でこのように述べている．時代や文化的背景が異なってはいても，今日のわが国の家族をめぐる状況にそのまま当てはまる認識なのではないだろうか．本章で扱う家族臨床心理学の理論的課題も，まさにこのような状況認識から出発する．そこで，まず家族臨床心理学の理論的発展の経過をたどりながら，家族臨床の実践を支える理論的基盤や将来の方向性についてみていくことにしよう．

1　心理療法の進化と家族の崩壊

(1)　心理療法の進化

　家族臨床心理学の理論がどのように形成されつつあるかを知るためには，そ

の母体である臨床心理学，とりわけ心理療法やカウンセリングの理論的発展を視野に入れておく必要がある．心理療法とカウンセリングという用語はほとんど同義語として使われることが多い．しかし，この二つは，歴史的な起源はまったく異なっている．心理療法は，今日多く行われている一対一の面接形態で進められるものは，19世紀末のフロイトの精神分析療法に始まるといってもよいだろう．一方，カウンセリング心理学の起源は，アメリカ合衆国で20世紀の初めに起こった職業指導運動にあるとするのが定説である（森野，1995）．その後それぞれ独自に専門領域としての組織化がなされたものの，相互の活動領域の拡大や個人開業する臨床家の増大に伴い，心理療法とカウンセリングを区別してそれぞれの境界を定めること自体が意味をなさなくなっている．したがって，この二つの言葉を同義的に使うほうが，現在でははるかに実際に即した用法となっている．本書では主に心理療法を用いることにするが，その発展の歴史を図2-1で概観しておくことにしよう．

　心理療法の発展の経過や進化とも呼ぶべき今後の変化の方向性を考えるうえできわめて重要な会議が，1985年に米国アリゾナ州フェニックスで開催された．〈心理療法の発展〉と題されたこの歴史的な会議は，催眠療法家ミルトン・エリクソン（Milton Erickson）の業績を記念して企画されたものであった．本会議は，後に心理療法の「ウッドストック大会」とも称されるほど社会的注目を集めるイベントになった．主催者の当初の見込みをはるかに超えて，7000人を超す心理療法家が会議に集まった．実際にはさらに数千人が参加申し込みをしながら，会場の都合で参加できなかったのである．このように本会議が大きな反響を呼んだのは，講師陣に心理療法の各学派を代表する心理療法家が勢ぞろいしていたことが，最大の要因であることは明白である．しかも，心理療法の各派にまたがるこの種の会合が，それまでに皆無であったことも大きく影響していたと考えられている．

　会議の講師陣は，ベック，ベッテルハイム，ボウエン，エリス，グールディング夫妻，ヘイリー，レイン，ラザルス，マダネス，マーマー，マスターソン，メイ，ミニューチン，モレノ，ポルスター夫妻，ロジャース，ロッシー，サティア，サズ，ワツラウィック，ウィタカー，ウォルバーグ，ウォルピ，それに企画者でもあるゼイクらの諸氏であった．心理療法の分野としては，行動療法，

1 心理療法の進化と家族の崩壊   61

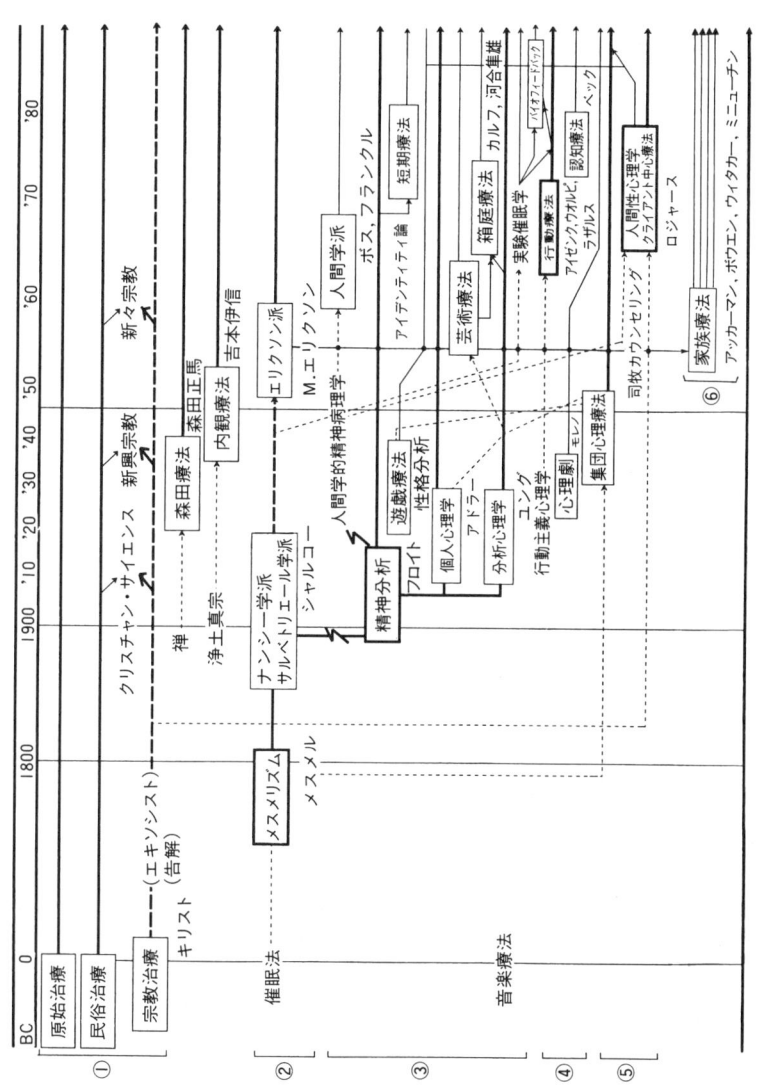

図2-1 心理療法の歴史（福島章、1990に家族療法の項目を追加）

認知療法，エリクソン学派，実存学派，家族療法（六つの学派を含む），ゲシュタルト学派，ヒューマニスティック学派，ユング学派，多相的学派，精神分析的学派，論理情動的学派，心理劇学派，ロジャース学派，および交流分析学派など14の学派が含まれていた．ここで家族臨床心理学の観点から注目すべきなのは，全講師陣の中で家族療法家が3分の1近くを占めていたことである．

主催者のゼイクは，この会議を通じて確認された心理療法の進化ないし発展の方向性について以下のようにまとめている（ゼイク，1989，Pp. xxx-xxxii）．

① われわれは，心理療法を寝椅子と訣別させつつあります．治療は患者の直接的な生活場面によりいっそう向けられております——例えば，治療的課題を用いたり，家族を巻き込んだりいたします．

② 心理療法はよりいっそうユーモアを用いるようになりつつあります．ひところは，ユーモアを用いることを考えるのは，タブーでありました．ユーモアが用いられるべき時と場合に関して，科学的な会合において真剣な討論が行なわれました．現在，まったく異なる分野出身の理論家たちが規則的にユーモアを用いておりますが，それは変化を促進するうえで，ユーモアがとても効果的に作用しうるからであります．

③ 心理療法はよりいっそう一般的なものになりました．このことは，特に，メディア心理学者の出現によって証明されています．しばしば秘密厳守へと導いたプライバシーという雰囲気は，もはや流行ではありません．今や心理療法のデモンストレーションが専門家の集会で行なわれるのは通例であり，また，このことがより精密な吟味を許すのであります．

④ 技術の領域で1つの驚くべき発展がありました．どの分野においても，患者に影響を与えるために，シンボルを利用することが多くなりました．シンボリック催眠療法は，注目に値するエリクソン流の方法であります．エリクソン氏はまた，催眠の分野以外でも，例えば夫婦に地方の山に登るように教示するというようなシンボリックな課題を用いました．しかし，分野に関係なく，講師団の方々は，シンボルを解釈するということばかりでなく，シンボルを指示された方法で使用するという形でそれを用いておりました．例えば，ブルーノ・ベッテルハイム氏の著書，『魔法の活用』

(Bettelheim, 1976)は，シンボリックなお伽話がいかに子どもたちに影響を与えるかを示す驚異的な例といえます．家族再構成に関する研究において，サティア氏はシンボルを利用しております．グールディング夫妻は，交互作用的シンボル・ドラマを創案されています．ラザルス氏は誘導イメージを用いております．数多くの治療において，患者の変化を助けるためにシンボルが使われています．心理療法は解釈とは袂を分かって，構成的経験の創造へと向かっています．これは，分析的解釈と同じ程度に体験的学習が必要であることが認識されているということです．

⑤ 理論家は病理を解明するよりも，むしろ資源を動員することを，ますます強調しております．心理療法は，患者の抵抗力が確認されるときに，またそれが開発されるときに最高のものとなります．

⑥ システム論的アプローチがよりいっそう，一般的になってきております．もっとも出席が良かったセッションのいくつかは家族療法のセッションでした．他の学派と比べて，多数の家族療法家——ボウエンの原家族学派，ヘイリーの戦略派，ミニューチンの構造派，ワツラウィックの相互作用的アプローチ，ウィタカーの体験的アプローチ，それにサティア・モデル——が〈発展会議〉に出席しました．

⑦ 心理療法は，よりいっそう，結果指向型になってきました．患者は一定の変化を目指して動くことが期待されます．治療は過去を詮索するよりも，むしろ患者の将来に向けられます．その結果，心理療法は従来より短期間のものになりました．このことは，社会的問題を反映しています（「早期解決」を求める文化的要請があります）．それにこれは財政上の問題にも言及することになります——つまり，患者と保険会社は多額の料金を支払うことをあまり望まないのであります．

⑧ どの心理療法についても，治療を患者に適合するように調整する——患者を患者自身の準拠枠に適合させる——ことが強調されております．カール・ロジャース氏は，氏の人間中心的方法についてこれを実行いたしました．ブルーノ・ベッテルハイム氏は，子どもに対する精神分析的作業について，こうした見通しに賛意を表しております．それは確実に，エリクソン流のアプローチの中心的教義の1つになっております．

⑨　その土地の言葉を用いるという動きがあります．長い言葉は排除され，簡素な言語，観察可能でわかりやすい構成概念が好まれております．
⑩　特殊化が増えつつあります．多くの治療者が境界例患者，食思不振症などのような特殊な診断群のみを治療しております．他の治療者は子どもとか家族とかのような，特定のクラスの患者だけを治療しております．

　このような心理療法の進化や発展は，単に援助する心理療法家の側の成長や臨床心理学の学問的な進歩によってのみもたらされたのではなく，援助を受けるクライエントや家族の側の変化も無視することはできない．とりわけ，現代家族の構造的変化がアメリカ社会の急速な変化に連動する形で60年代に始まり，その後ヨーロッパ諸国や他の先進諸国にも伝播していった事実は，心理療法家にとっても重要な意味を持っている．従来，心理療法家はこのような大規模な社会変動が，個々の臨床活動に与える影響について深く考慮することは少なかった．しかし，家族を対象とする心理臨床においては，このような視野を欠くことはときに致命的な誤りをおかすことにもなりかねない．

(2)　アメリカ社会における家族の崩壊

　ヴェトナム戦争に世界中の関心が集まっていた60年代後半から70年代前半にかけて，アメリカの家族は構造的な変貌を遂げつつあった．離婚率の急増に象徴される家族の変化は，人々が心理療法に求める援助の質に構造的な変革を迫った．もはや，心理療法家は個人を対象とする心理的援助の理論と技法だけでは，ポスト工業社会にいち早く突入したアメリカの家族がかかえる心理的問題に適切に対処しきれなくなったのである．家族療法が70年代以降のアメリカ社会で飛躍的に発展した背景には，当時のアメリカ社会で生じた価値観の大変動と「家族崩壊」ともいえる現象があったことは，わが国の心理臨床家にもあまり知られていないことである．

　家族危機を象徴する出来事は，離婚や別居などの夫婦の不和にからむ問題の発生であることに異論をはさむものはいないだろう．離婚は夫婦間の複雑な心理のからみあいから生ずる．個々の事例によって原因もさまざまである．我妻(1985)は，アメリカ社会全体にひろく認められる要因としては次のことが考

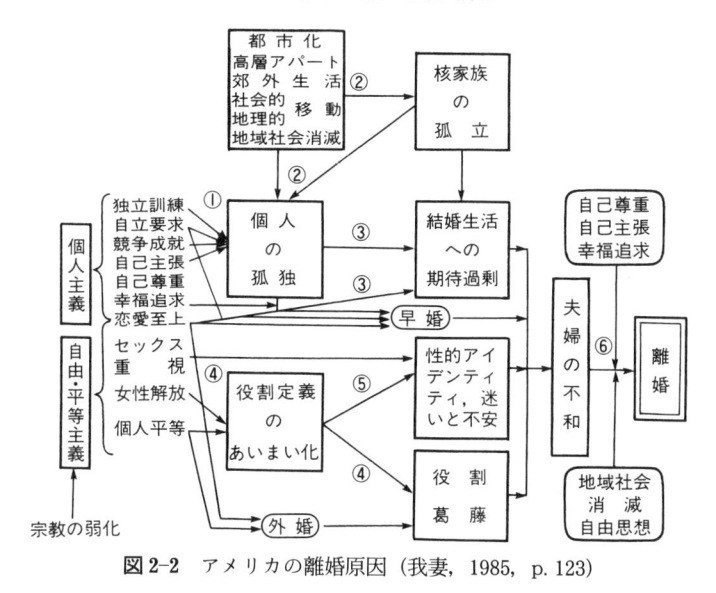

図 2-2 アメリカの離婚原因（我妻, 1985, p. 123）

えられる, と述べている.

① 極端な個人主義的傾向が個人内部に生みだす孤独感.
② 都市化と社会的・地理的移動がひきおこす核家族の孤立と, それが助長する個人の孤独.
③ 幸福追求主義と恋愛至上主義が孤独感と結びつき, 人びとが結婚生活に寄せる過剰な期待. それ故に, 夫婦間のささいなくい違いにも生じる幻滅感と挫折感と焦燥.
④ 男女平等の思想や女性解放運動の結果生じた, 男女の役割行動の定義の多様化とアイマイ化. それに伴う夫婦の役割期待のくい違いと役割葛藤.
⑤ 男女の役割定義のアイマイ化と性の解放によって強化される, 個人の無意識内の性的アイデンティティに関する迷いと不安（図 2-2 参照）（我妻, 1985, p. 122）.

こうした多種多様な要因が複雑に作用して,「夫婦二組ごとに一組の離婚」という現象が生まれているわけである. その結果, 両親に離婚される子どもは 1972 年の時点で, 毎年 30 万人に及び, その 3 分の 2 が 10 歳未満であった.

両親に離婚された 18 歳未満の子どもは，全米に 700 万人におよぶ．6 人に 1 人の子どもが親に離婚されていることになる．離婚は必要悪とはいっても，親子ともども味わう苦痛は大きい．しかし，核家族にとって相談する相手もいない状況では，専門家に頼る以外に解決の手段が見出せない場合も多い．このような家族の状況そのものが，家族の心理的・情緒的問題を直接に扱う専門家としての家族療法家の登場を促す「生みの親」だったのかもしれない．

2 家族療法と家族研究の相補的関係

(1) サティアの「統合」への気づき

前述した〈心理療法の発展〉会議に出席したサティアは，50 年代以降に心理療法家としての自身の目がしだいに「家族システム」に向かう過程について，臨床体験を基に具体的に解説している．そこには，後の家族療法の理論形成につながる新たな家族研究への着眼点も記されている．そこで，会議での彼女の発言を再現し，家族療法と家族研究との相補的関係を改めて確認してみよう（ゼイク，1989, Pp. 106-109）．

> 私にとっていろいろなことがはじめて統合されたときのことをここで簡単にお話しいたします．このケースから学んだことが今日の私の治療方法の基盤となりました．それは 1951 年の春でした．28 歳の女性が私の所へやってきました．「慢性分裂病」というレッテルを貼られていました．いろいろな治療者のところに通ってもいっこうに良くなりませんでした．6 か月くらい治療し，変化が見られ始めたころ，母親から電話がありました．私が娘と彼女の関係を悪くしたので訴訟をおこすと脅迫してきました．その日，私は母親の言葉に 2 つのメッセージがあるのを聞き取りました．それまで気づいたことのなかったことでした．母親は言葉では脅迫していましたが，声の調子は嘆願しているようでした．そこで，脅迫を無視し，嘆願のほうを聞き入れ，娘と一緒に治療にくるよう誘いました．母親はこれを受け入れました．母親が来たとき，娘は治療第 1 日目の状態に戻ってしまいました．

この母子との出会いを通じて，サティアは個人の症状の変化と家族内でのコミュニケーションの間に何らかの相互作用があることに気づき始めた．

　このような奇異なことが起こるとき，私は一歩さがり，観察するようにしています．すぐには行動しません．理解できないことが起きると，まずそれを理解することが大事だからです．それから6か月のうちにわれわれ，つまり，母親と娘と私は新しい関係を築いていきました．私のコミュニケーション理論の骨格がここに見られました．つまり，だれかが話す場合，そこには2つのメッセージがあるということです．言語的なメッセージと情緒的なメッセージです．そして母親と娘の間に信号システムが作動していることに気がつき始めていました．片方が首をかしげたり，腕を動かしたり，声を低くすると，相手が反応するのが見られました．言葉とは何の関係もありませんでした．言葉は，"I love you"だったかもしれませんが，別のメッセージがつたえられていたのです．この信号のシステムをもっとよく調べることにしました．そしてこの患者と母親の間に見られた現象から学んだことを他の患者の治療にも応用しはじめました．

臨床事例に取り組むこのサティアの姿勢の中に，家族療法の開拓と家族研究の探求が車の両輪のように相補的に展開されていく過程が読み取れるのではないだろうか．

　この信号システムは私が表と裏の情緒的ルールによって形成される家族システムを理解するきっかけとなりました．この信号システムの他に言語メッセージと非言語メッセージを研究するにつれ，コミュニケーションにおける2つのメッセージがまったく別のところに由来していることを発見しました．言語的なメッセージは自己の認知的な部分に由来し，音調や息の仕方，そして姿勢に表わされる情緒的なメッセージはそのときの感情を表現する身体からのメッセージなのでした．"I love you"と言いながら，首の動かし方で「ノー」というメッセージを同時に伝えることが可能なの

でした．後にわかったことは，言語的なメッセージと情緒的なメッセージに矛盾があった場合は情緒的なメッセージのほうがインパクトがあるということでした．

こうして，サティアは徐々に後に家族療法の理論的骨格となる「家族システム論」の基礎を形成する家族内コミュニケーションの問題に接近していった．

　6か月後，この家族にはもしかしたら男性がいるのではないか，つまり，母親には夫があり，娘には父親がいるのではないかという考えがひらめきました．当時，男性は家族の情緒的にかかわりあう存在と考えられていませんでした．母親と娘に聞いたところ父親が同居しているとのことでした．そこで，彼を連れてくるように伝えました．そして父親がきました．これは私がそれまで習ったことに反していました．家族メンバーはそれぞれ敵同士であるというふうに学んでいたのです．父親であり，夫である男性が出席したとたん，母親と娘の関係に混乱が見られました．これは母親が初めて治療に参加したときの状況に似ていました．このインターアクションを見ながら，私は第三者が2者関係にもたらす影響に気づきました．例えば，第三者が2者関係のつなぎとして利用されているのがわかりました．また，同時に第三者が片方の味方になるよう巻き込まれたり，2者間でいざこざが起きると第三者のせいにされていることがわかりました．この状態が治るまで3人の治療をつづけました．

この段階にきて，サティアの視野が，母子という2者関係から夫婦関係と親子関係を同時に含む，より複雑な3者関係へと拡大されていく様子を窺い知ることができる．

　次にある日，ひょっとしてこの家族には子どもが他にいるのではないかという考えが浮かびました．家族に問うたところ，「いる」という返事が戻ってきました．当時，あまりにも個人を対象として考えていたので，きょうだいのことは考慮しませんでした．今度はこのきょうだいに参加するよう誘いました．娘より2歳年上のとてもハンサムで男らしい青年でした．彼が家のなかで大事にされていることは一目で明らかでした．家族のなか

で彼が素晴らしい，頭のよい子で，妹は気が狂っている悪い子どもなのでした．

サティアの援助対象は，こうして兄弟を含む家族全体へと広がっていった．しかし，それは既成の理論に導かれたものでなかったこと，むしろ 50 年代の心理療法家にとってのタブーを犯す試みであったことが，明白に示されている．

　以来，これと同じ現象が問題のある家族によく見られることに気づきました．子どもは家族によって型に入れられます．悪い子，良い子，頭の良い子，頭の悪い子というふうに，こうしたレッテルは強力なインパクトをもち，そのレッテルに見合った行動をすることになるのです．そしてこれがシステムのバランスを形成します．2 種類のバランスが家族には見られます．1 つはそれぞれのメンバーが家族に与えれば与えた分だけ戻ってくるというバランスを形成します．もう 1 つは 1 人が与えても何も戻ってこない場合です．このような家族には症状を呈している患者とされているメンバーがいる可能性が大いにあります．兄の参加によって，はじめて家族全体をとらえることができました（中略）．

　この家族から学んだことを他の家族にも応用したところ，同じように効果的な結果を見出しました．この時点で私は，コミュニケーションと家族メンバーの行動の関連性に気づきはじめました．どのように家族システムが形成され，そのシステムが家族メンバーの行動をどのように強化するかについて自分なりの考えをまとめはじめました．そして，治療をつづけながらこうした考え方を明確にさせ，再定義し，拡張し，深化していったのです．

こうして，現在ではシステム論的家族療法と総称される家族療法の原型ともいえるものを，サティアは既成の心理療法の理論からではなく，臨床実践での必要性と専門領域での常識にとらわれない発想に基づく家族研究の成果から創造していったのである．

(2) 家族療法の起源と進化

　精神分析の生みの親がフロイトであるのとは異なり，家族療法の生みの親がサティアであるとは考えられていない．家族療法の生みの親は，サティア以外にも前述したアッカーマンをはじめ50年代の全米各地に複数存在し，それぞれに追随者を獲得して，個々の学派ないしグループを形成したからである．日本的な比喩を使えば，家族療法の「総本家」というものは最初から存在せず，複数の「分家」から出発したと理解することもできる．分家としての各学派の間での交流は比較的盛んに行われている．「本家争い」のような権力奪取をめぐる分派間の争いよりも，むしろ兄弟姉妹のように水平的な関係にあると見ることもできる．もっとも，親しい同胞間でも兄弟喧嘩があるように，各学派間での対立や抗争がないわけではない．しかし，それが泥仕合のような状況ではなく，次第に統合されつつあるのは，いずれの学派の場合にも，理論的中核に家族システム論が置かれるようになったからであろう．さらに，システム論の採用により，狭い心理療法の枠組みをはるかに超え，自然科学や行動科学の広範な諸領域との直接的な交流がなされるようになった．

　家族療法が誕生して1世代が経過した80年代初頭に，ホフマン（Hoffman, 1981）は主要な家族療法の理論と技法を紹介するとともに，その統合を試みた著書を著している．ホフマンによれば，心理療法におけるシステム的な進化は，自然科学や行動科学における大きな変革と軌を一にしている．彼女は，新しい認識論，つまり進化的パラダイムの中心概念は，円環性・循環性の発想であると考えた．それは，「逸脱や偏向も，それを矯正しようとする人々が自分の観点にしがみつかなければ，存外に否定的なことではないという発想に興味をそそられた」という言葉に雄弁に示されている．

　心理療法におけるシステム的観点への移行，つまり，「あなたを助けるために，あなたの家族と会いたい」と告げること，それ自体が効果的な介入になっていることは，家族療法の奇跡とも言われている．開放的でかつ相手を責めない態度で，家族の一員の痛みや障害を調べ，修正するために，できるかぎり家族を集めることは，驚くほど有益である．

　同様に，家族療法の発展が特定の教義を共有する心理療法家によってのみ達成されたのではなく，家族機能に関心を持つ多種多様な専門領域の研究者や理

論家の参入によって活性化されたことを忘れてはならない．そこには，人間がかかえる根源的な問題の解決を目指す，家族研究と家族臨床の密接な連携プレイの見事な成果をみることができるからである．関連する領域が増加することは，われわれが扱う課題がより複雑化することを意味する．従来は，この複雑さを回避する形で問題の処理がなされていたが，現在ではカオス理論あるいは複雑系の科学と称される発想法により，人間の行動や心理的事象に直接接近することが可能になりつつある．

3　進化する家族システム論

1950年代にベイトソン・グループによる初期の家族システム論が誕生して以来，ほぼ半世紀の間に，家族システム論は「進化」とも表現すべき大変化を遂げてきた．そこで，ビッツらの提案に基づき，家族システム論の進化を以下の五つのパラダイムの発展過程として時系列的に概観してみることにしよう (Bütz et al., 1997)．

(1)　第1パラダイム——二重拘束理論

「二重拘束」(double bind) の概念は，ベイトソンとそのグループによって1956年に発表された．この概念の提案によって家族システム論が誕生したとみてよいであろう．この概念は，家族のような関係システムの内部で，ある家族成員が他の家族成員に押しつける習慣的なコミュニケーションの仕組みを解き明かすものである．ある環境下では，その行き詰まりが精神分裂病的な反応を誘発するように見えた．二重拘束は，本質的に複数のレベルでのコミュニケーションを意味し，あるレベルでの明白な要求が他のレベルでは密かに無視されたり，あるいは否定される状態を指す．

たとえば，無表情で「私を思いどおりにしなさい」というセリフを吐くことは，比較的無害な二重拘束の例である．そのように言われた人物は，思いどおりというよりは，言われるままに「思いどおりにする」しかない．したがって，そのような要求には応えることが困難なのである．このような事態は，二つのレベルに分けて理解する必要がある．

① 要求に従おうとする意思を表明することが，
② 暗黙にか，もしくは明白な命令によって押さえ込まれる．

「命令」メッセージは，「報告」メッセージよりも高度な論理の類型に属する．なぜなら，これは容認される一連の行動の規則を定めるのが「誰」であるかを知らせるものだからである．そのような要求に応えるための方法は，それがいかに実現困難であるかを指摘するか，茶化すか，もしくはその場を離れるかしかない．しかし，そのどれも実行できない場合や，報告と命令のレベルの間の混乱が，受け手の心の混乱でもあるかのように決めつけられたときには，深刻な問題が発生することになる．

初期の二重拘束論文では，一日中続けてきた子どもの世話にうんざりした母親が，「あっちへ行きなさい．うるさいわね」という本音を出す代わりに，「もうベッドに行きなさい．あなたはとっても疲れているからおねんねするのよ」という例をあげている．もし，その子が母親の優しい気持ちをまともに受けて，近寄ろうとすれば，母親はおそらく立ち去ってしまうだろう．もしその子が，母親に対して拒否的に反応すれば，母親は怒るだろう．もしその子が母親が怒ったことを指摘すれば，母親はもっと怒るにちがいない．その子は正確に事態を見極めたことでとがめられる．子どもは困惑のあまり，自分の辛さについて何か言うことも，子どもっぽくしていることも，その場を離れることもできなくなる．これが二重拘束の代表的な例である．このような二重拘束的なコミュニケーションが親子の間で日常的に繰り返されることによって，分裂病的な精神疾患や行動上の障害が引き起こされるのではないかとする二重拘束仮説が誕生した．つまり，個人の精神内界に心理・行動的な障害の原因を求めるのではなく，家族システム内で日々繰り返される病理的コミュニケーションの累積的な結果として，ある特定の家族成員にそのような障害や症状が出現するという第1パラダイムが形成された．

(2) **第2パラダイム**——自己修正する全体

家族療法家のヘイリー（Haley, 1959）は，二重拘束理論の導入後まもなく，家族システムを論ずるにあたってサイバネティック理論の有用性を主張する論文を発表した．その後これに追従する無数の著書や論文が公刊されている．そ

こで，ごく簡単にこのアプローチの概観を示しておくことにしよう．

家族をサイバネティックなシステムとして一回り大きな枠組みでとらえるようになったヘイリーは，ちょうど自動制御装置の「調整器」が，その内部の動作範囲をコントロールするように，家族成員が互いの行動範囲をコントロールしているのではないかと考えるようになった．この戦術を使う家族の悲劇は，コントロールをめぐる争いが，特定の規則のレベルだけではなく，「誰がその規則を作ったか」というメタレベルでも存在していることにある．いわゆる論理階型についてのラッセル（Russel, B.）の理論では，すべてのメッセージには，①陳述と，②陳述についての陳述，があるとされている．この理論は，抽象の類型やレベルの階層性を確定し，レベルをいたずらに融合させてしまうことを禁止するものである．したがって，単純なコミュニケーションというものは，実際上はありえず，すべてのメッセージはより高いレベルの他のメッセージによって，何らかの資格を与えられる．「この伝言板に書かれていることは，すべて嘘です」と書かれた伝言板の例のように，ふたつのメッセージのレベルがいっしょにされるときに，自己矛盾の状況や逆説が生じる．

ラッセルの論理階型理論に基づいて，ヘイリーは家族の支配闘争において，もし抽象化の二つのレベルでの規則がごっちゃになっていれば，同様のコミュニケーション障害が生じ，その争いを止める方法はなくなる．第1レベルでは，ある陳述をする．第2レベルではその陳述の背景を説明する関係の定義がなされる．しかし，行動についてのいかなる決定（レベル1）も，その最終判断を誰が下すかについての合意（レベル2）がなければ，実行できない．問題のある家族では，誰かが発言したり，実行しようとすることについて絶えず否定や混乱が生じている．支配関係をめぐる暗闘の一例を次に示すことにしよう（ここでは，母親が精神病院に入院中の成人した息子に話をしている）．

　　息子：僕の洗濯物を持ってきてくれた？
　　母親：調子はどうなの？
　　息子：洗濯物は持ってきてるの？
　　母親：悲しそうね
　　息子：僕は大丈夫だよ．

母親：私に怒ってるの？
息子：そうだよ．

このような会話では，息子が具体的な問題に焦点を向けようとしたのに，母親は息子の気分をうんぬんすることに固執した．息子がその場にふさわしい話題の選択について母親に同意してしまうと，彼はいくぶん子どもっぽい位置に置かれるだけでなく，話題を何にするかの決定権すら母親に与えてしまった．このように，病理的コミュニケーションが繰り返される家族に見られる「無効化」(disqualification) の仕組みを説明するために，ヘイリーは「コントロール」理論を提案した．これなどが，家族システム論の第2パラダイムの代表的なものである．

(3) 第3パラダイム――変容する開放システム

家族システム論の発展については，一般システム論の提唱者であるベルタランフィー (Bertalanffy, 1968) の影響を無視することはできない．オーズワルド (Auerswald, 1985) は，一般システム論をうまく導入することで家族療法の新たな治療論を展開している．そこで，彼は症状や家族関係の単なる「変化」(change) から永続的な家族の「変容」(transform) へとつながる治療的な働きかけやその理論化が必要であることを示唆している．

変容もしくは変態といった概念には，そのシステムが閉ざされたものではなく，開かれたものであることが内包されている．一般システム論者が終始こだわるポイントは，そのシステムの開放性にあるとされている．この観点からは，システムとは「相互作用し合う要素の複合体」と定義され，次のような特徴をもつ（平木，1999）．

① ある要素は，さらにある特徴によって小さく分けられるサブシステムより成り立っており，システムはより大きい階層システム（メタシステム）のサブシステムである．
② システムは部分の集まりではなく，部分があるパターンによって組み合わされてできた統合体であり，その独自性は境界によって維持されている．

③ システムは，もの，エネルギー，情報をシステムの外の環境と交換するかしないかによって，開放システムと閉鎖システムに分けられる．
④ 多くの場合，システム内の活動はブラック・ボックスのように未知で，インプットとアウトプットのみが知覚できる．
⑤ ブラック・ボックスは，時，空間をもつ形態形成体である．
⑥ 生きた生物体は，本質的に開放システムであり，環境との間に無限に，もの，ことを交換し合うシステムである．そのため，等結果性（equifinality：異なった初期条件と異なった方法からでも同一の最終状態に達する）と等能性（equipotentiality：同じ「起源」からでも異なった結果が生み出される）をもつ．
⑦ 開放システムの世界では，原因と結果が直線的に結びつくような直線的因果律は成り立たず，すべてがすべての原因であり結果であって，円環的，循環的因果律が成立する．

このように一般システム理論は，無生物・生物・精神過程・社会過程のいずれをも貫く一般原理の同型性の根拠を定式化し，とくに生態などの開放システムの特徴を強調した．

しかし，このような理論の複雑性にとらわれていると，セラピストは見通しを失い，生身の人を扱っていることを忘れてしまいがちになる．これ以降のパラダイムでは，セラピストが直面する不確定性や見通しのなさといった問題が，さらに重要性を帯びて論じられるようになる．

(4) 第4パラダイム——オートポイエーシス

この10年ほどマトゥラーナやヴァレラによる「オートポイエーシス」（autopoiesis）の発想は，多くの家族療法家や家族研究者の注目を集めてきた（Maturana, 1980; Maturana & Varela, 1987）．オートポイエーシスとは，連続的に自らを生み出しつづける産出過程のネットワークのことである．それは，システムの産出的作動を継続することだけを唯一の必要・十分条件としているので，その作動が止まれば，システムが消滅することを前提としている．

家族システム論の展開においてこの立場をもっとも明確に打ち出したのが，

デルであり，彼はマトゥラーナとヴァレラによるオートポイエーシスの発想を「社会科学の生物学的な基礎」として活用できるのではないかと主張した(Dell, 1985). 彼はまた，多くの家族療法家が変化は多元的であり，円環的なものであると信じているにもかかわらず，家族の現実を直線的な過程とみなしていることを指摘している．そこには多くの有益な示唆が含まれているとともに，他の理論家からの批判も受けている．なかでも，オートポイエーシスの理論が閉鎖システムにおけるサイバネティックな視点を実体化し，人間的な問題を単なる生物学に還元して，言語システムや社会システムに十分に言及していないことが，批判の対象となっている．

しかし，この新たなパラダイムには，家族システム論の進化につながる潜在的な有用性があることを否定してしまうことはできない．マホニーは，そのような観点からオートポイエーシス理論の有益な側面を以下のように取り出している (Mahoney, 1991, p. 395).

・生きているシステムの生存に不可欠なシステム的な統合をはかる意義
・すべての適応と知に内在する自己言及的な性質
・学びの可塑性
・知の全存在的な具体的表現
・合理的な客観主義の否定
・人間同士の関わりの重要な媒介として言語（およびシンボル）の重視
・主体と客体の間の伝統的な区別の再評価

この第4パラダイムについては，まだいくつもの疑問が残されている．たとえば，ベイトソン的なサイバネティックスに再焦点化することで，開放システムの変容パラダイムについての視点を失うのではないか．あるいは，家族システム論は単純にこの2者を統合できるのだろうか．

いずれにしてもオートポイエーシスは，システムを内側から記述する科学的な試みである．知の生物学的基礎を明らかにしようとした理論生物学者であるマトゥラーナとヴァレラは，生きているシステムの内部を観察する際の足場となるモデルを構築しようとした．この意欲的な試みが，家族システム論の発展

に大きな影響を与えたことはまちがいない．家族システムを認知科学や認知心理学の観点から検討する場合には，このパラダイムを用いることが最適ではないだろうか．たとえば，「人はどのようにして自らの家族（システム）を認知するか」というような課題を扱うときには，おおいに参考になるはずである．

(5) 第5パラダイム——自己組織化とカオス理論

興味深いことに，欧米に端を発する家族システム論の最新パラダイムは，むしろアジア的ないし東洋的な特徴を有しているといわれている．たとえば，道家では事物の絶え間ない動きや変化を単なる混沌や無秩序とはみなさず，自然や宇宙を貫く永久の原理ととらえる．欧米の家族療法家のなかには，このような東洋的な発想を積極的に家族療法の理論構築に取り入れようとするものも現れ始めた（Jordan, 1985）．

彼らは「第二世代の家族療法家」とも呼ばれている．ホフマン（Hoffman, 1981）は，彼らの認識論的な特徴を次のように列挙している．

・直線的思考よりは円環的思考を重視する．心理的問題や現象の因果関係は，一方向的・直線的ではなく，双方向的・円環的にとらえるべきだと考える．
・因果律よりも「適合性」（fit）という概念に基づく思考法を採用する．デル（Dell, 1985）によれば，適合性とは，病因や因果関係にはふれずに，家族システム内で生じるもろもろの行動が，全般的にみて相補的関係にあり，互いに密接に組み合っている状態を指す．一方，因果律は，AがBを生じさせるというように，観察された相補性の一側面だけに着目する「特殊型」とみなす．
・問題（症状）行動の否定的解釈に対し，積極的に肯定的側面を加える．
・「時間」の要因を重視する．なぜなら，生命系についての諸研究は，生命過程が常に不可逆的であることを強調しているからである．
・「予測不能性」の概念を受容する．固定した目標に重点をおくよりは，偶然性に注目する．
・セラピスト，クライエントに作用し，影響を与える「力」としてみる立場を捨て，「中立性」を維持する努力を続ける．

- 「抵抗」についての伝統的な発想を捨てる．むしろ，「抵抗」をセラピストとクライエント（家族）の交流の一形態として理解する．
- 均衡状態よりも不安定さを好むように，自己変革するように努める．
- ホメオスタシスの代わりに，「首尾一貫性」(coherence) という新たな概念を持ち込む（Dell, 1985）．これは，システムの内部および外部の環境の両方向のバランスが取れるように，システムの諸要素をひとつにまとめあげることを意味している（邦訳 Pp. 483-487）．

このような観点に立つ第二世代家族療法家が提起しようとしているのは，進化的パラダイムであり，また未来への強い志向性でもある．

このホフマンの提言から数年以内に，現在では「カオス理論」として知られるようになったものについての洞察を得た理論家が次々に登場した．グーリシャンやアンダーソンは，いわゆる「経験的で客観的，かつサイバネティックな人間行動の予測やコントロール」を批判し，「相互に交換される言葉づかいの共進化的な発達」や「単なる参与的なマネージャー」としてのセラピストに強調点をおくようになった (Goolishian & Anderson, 1987)．

同様に，エルケイム，ゴールドビーターらは，「行動の不連続的な変化」や「所与の家族システムの時間的進化」を強調した (Elkaïm et al., 1987)．また，オーストラリアやニュージーランドの家族療法家のなかにも，同様の発想をするものが現れてきた (Gibney, 1987; McLeod, 1988; Stevens, 1991)．

こうしてカオス理論は，1990年代以降に徐々に家族療法家の共通の理論的枠組みとなり始めた．とりわけ，スティーブンスはカオス理論の中心的概念の一つである「ストレンジ・アトラクター」(strange attractor) を家族療法の治療論に巧妙に取り込んだ (Stevens, 1991)．

これらの説明に共通していることは，われわれは単なる自己修正的ないしサイバネティックなシステムではなく，自己組織的システムであり，一般システム論における安定および変容状態とも並行する形で進化していくものだとする発想である．プリゴジン (Prigogine, I.) の自己－組織化するシステムの記述は，ベルタランフィの変容状態をよりよく説明している．「自己－組織化」とは，変容状態におけるカオス期からあるシステムが立ち現れる際に生じるもの

である．この新たな組織化が新たな安定状態になっていく．

　治療的援助を求めてくる家族は，より適応的な形態である高次のシステム的存在を模索しているのかもしれない．つまり，家族はある決定的な瞬間や分岐点を経て，安定状態に戻りたいと欲しているのかもしれない．セラピストはより複雑な存在様式へと自己－組織化するために，家族と共に進化していく．これは，両者にとって恐怖心を抱かせるものである．しかし，臨床家は変容的なカオス体験を通して家族を安定状態に戻したり，あるいはガイドする際に，自分たちに何が求められているかを積極的に自己評価しなければならない（Bütz, 1992）．

4　家族療法各派の理論とその中心概念

(1)　家族療法の歴史

　ここでは，前述した家族システム論の進化の過程を踏まえながら，再度，家族療法界全体の歴史的発展過程を概観しておきたい（表2-1参照）．なぜなら，家族療法の進化は，単に家族システム論の進歩によってのみ達成されたのではなく，むしろ，さまざまな地域でのさまざまな家族の問題に直面した臨床家の無数の臨床実践や，この領域での専門的活動の集積によって促進された側面も無視できないからである．紙数の関係で，その詳細については触れることはできないが，まずこの表を通して，おぼろげながらもその全体像をつかんでいただきたい．

(2)　家族療法の開拓者とその理論

　家族療法も他の心理療法と同じく，創始者あるいは開拓者と呼ばれる優れた臨床家の臨床実践や業績によって形成されてきた．しかし，家族療法の場合には，フロイト派，ユング派，ロジャース派などと異なり，各派の巨匠と称される臨床家の業績があたかも「聖書」のように読みつがれ，各派の追随者や弟子たちはそれへの忠誠を直接あるいは間接に期待されることは少ない．すでに述べたように，50年代に同時多発的に家族療法の実践が開始され，一人ではなく，複数の創始者が登場したこともおおいに影響している．無論，初学者はい

表 2-1　家族療法の歴史

年代	概要	主な出来事
50年代（発見の時代）	家族療法は，他の多くの心理療法とは異なり，特定の個人によって創始されたものではない．むしろ，複数の心理療法家によって同時多発的に「発見された」とみるべきである．50年代の心理療法界では，個人の精神内界にこそ心の秘密を解き，また治療的変化を引き起こす仕組みが存在すると仮定されていた．初期のベイトソン・グループもアッカーマンも，行動観察や臨床経験の蓄積のなかから，当時の通説に反する家族療法のアイデアを，「発見」したのである．	・サティアの合同家族療法*の試み ・M. エリクソンの催眠治療技法への注目 ・ベイトソン・グループによる〈二重拘束理論〉 ・ボウエンの多世代的関係*への関心 ・アッカーマンの型破りな治療実践 ・ウィタカーの体験的家族療法の開始
60年代（実践展開の時代）	家族療法を主目的とする民間の治療・研究機関が設立され，心理療法の一形態としての家族療法が実践展開され始めた．同時に，全米各地に誕生した家族療法家が互いの臨床経験をもちより，情報交換を行うための会合がもたれるようになり，専門の学術機関誌や単行本も発行されるようになった．	・ジャクソンによるMRI*の設立と短期治療技法の開発 ・アッカーマンによる「家族療法研究所」の設立と治療技法の開発 ・ミニューチンのフィラデルフィア児童相談所での実践と構造学派の形成 ・最初の家族療法専門誌『ファミリー・プロセス』*の発刊（1962年） ・ヨーロッパでの家族療法の開始（イギリスのスキナー，西ドイツのスティアリン，イタリアのセルヴィニ-パラツォーリら）
70年代（拡大・発展の時代）	この時期に，家族療法の主要な理論や技法が輩出した．家族療法は，予想もされなかった大発展をとげ，治療対象も初期には分裂病や非行が中心であったが，他の精神疾患，薬物およびアルコール依存，各種の身体疾患，児童および成人の情緒障害，夫婦関係，親子関係をも含むようになった．臨床家や研究者の組織化はさらに加速し，最大の組織である米国夫婦家族療法学会（AAMFT）の会員数は，8000人台にまで増加した．	・複合家族療法*の形成（ラクールら） ・多面的衝撃療法*の形成（マクレガーら） ・ネットワーク療法*の形成（スペックら） ・家族危機療法*の形成（ピットマンら） ・戦略的家族療法の形成（ヘイリーら） ・ミラノ派家族療法の形成（セルヴィニ-パラツォーリら） ・家族療法が適用される問題・症状は，精神病・神経症・心身症・非行・各種の依存症状・慢性疾患・発達障害等のあらゆる領域に拡大する
80年代（専門化の時代）	ある種の社会運動のように量的な拡大を遂げた家族療法が，その理論的基盤を再確認しはじめた時期である．家族療法の各学派を理論的にも技法的にも統合しようとする試みが登場した．また，米国以外の国々に家族療法が広まることで，国際化が進行し，逆に米国の家族療法家がその影響を受けるようにもなってきた．	・家族療法専門誌*の発刊（20会誌） ・家族療法の専門機関が300ヵ所以上に拡大 ・主要な家族療法の学会（AAMFT）の会員数が10000人を超す ・家族療法の対象が，結婚前から離婚後に至るあらゆる関係の段階に拡大する ・家族療法と家族研究の再統合が図られる ・日本における家族療法*の導入（80年代初期から家族療法の実践が始まり，1984年には日本家族心理学会*および日本家族研究・家族療法学会*が，1985年には日本家族カウンセリング協会*が相ついで設立された）

90年代（統合化の時代）	80年代までの家族療法家は，ある特定の治療学派に自らを同一視する傾向が強かった．しかし，各学派のカリスマ的な影響力を持った創始者が相次いで亡くなり，90年代には明確だった学派間の境界はしだいに不明瞭になった．現在では，学派のちがいというよりも，アプローチのちがいとして語られるようになっている．この傾向は，21世紀にはさらに強まるものと予想されている．	・家族療法の学派間の統合の試みが強まる ・家族療法の理論と技法が欧米から豪州・南米さらに日本を始めとするアジア諸国に広まる ・分裂病の家族に対する心理教育的アプローチの成果が認められる ・家族内の個人の役割や精神病理に多くの臨床家が関心をはらうようになる ・家族療法の初期の理論的概念が再検討され始める ・日本でも，家族療法や家族療法的アプローチが，心理クリニックや精神病院だけでなく，学校，児童相談所，教育相談所，福祉施設，矯正施設，企業など多方面で実践されるようになる

合同家族療法──この臨床技法は，最初，夫婦間の問題を夫婦同席で一人の療法家が面接することを意味したが，のちには子どもを含む家族全員との面接治療を指すようになった．この方法は，患者個人だけを治療する伝統的な精神分析療法とは根本的に異なるもので，その後の家族療法の出発点になった．

多世代的関係──ボウエンは，情動と理性の分化（自己分化）の欠如は，親の世代から子の世代へと投影によって伝達され，世代を経るにつれて分化の差異は増大すると考えた．自己分化の不十分な親は，子どもの一人との共生関係によって，その子どもの自己分化を抑止し，さらにまた，孫の代の自己分化により一層抑止がかかる．このようにして，精神障害者の自己分化の不十分さは，何世代も前から伝達された機能不全の集積されたものと考えられた．

MRI──Mental Research Institute の略称で，カリフォルニア州パロ・アルトにある民間の心理療法研究所．現在も家族療法をはじめとする心理療法の革新的な実践および理論的研究を推進している．わが国の家族療法にも大きな影響を与えた．

『ファミリー・プロセス』──家族療法に関する最初の学術雑誌であり，技法の体系化や理論的発展のための貴重な場となった．本誌の編集方針はきわめて学際的であり，今日では狭義の家族療法専門誌の枠を超えた一種のシンク・タンクの役割を果たしている．

複合家族療法──通例では5ないし6家族ぐらいの複数の家族を集めて，一つの治療単位を形成し，同時に面接する臨床的方法をいう．このようなセッションのなかで，家族成員は他の家族の行動を観察して間接的に学習することが多い（Laqueur, P. ら）．

多面的衝撃療法──セラピストがチームを作り，いろいろな成員の組み合わせによるサブシステムの小集団を2, 3日かけて面接するという臨床的方法のことをいう．抵抗を打ち砕き，介入のもとになる多量の情報をチームが得るために，面接が強烈な刺激を与えるものとなるように計画される（MacGregor, R. ら）．

ネットワーク療法──問題解決に役立つと思われる人間を，家族成員に限定せずひろく呼び出し，面接に出席して援助に加わってもらう方法をとる．家族，拡大家族，隣人，その他の専門家や，家族成員と意味のある接触を持つ人々が面接場面に出席する．時には，50名を超すこともある（Speck, R. ら）．

家族危機療法──この方法を用いる治療チームの目的は，急性の精神病患者を元の機能水準に戻し，家族が陥った当面の危機を通過させることである．家族成員が集められ，治療チームとの初回面接がもたれる．一般に，患者は初回は家族とともに帰宅させられる．危機発生の理由を理解することと，家族内で資源を活用すること，危機を強化すると思われる重圧を取り除くことに努力が払われる（Pittman, F. ら）．

家族療法専門誌──米国で発行されている代表的なものとしては以下のものがある（このほかに各国で家族療法の専門誌が発行され，その数は急増しつつある）．

Journal of Marital and Family Therapy
American Journal of Family Therapy
Family Coordinator
Journal of Marriage and Family
Journal of Sex and Marital Therapy
International Journal of Family Therapy
Marriage and Family Review
Alternative Life Styles
Family Therapy Networker
Family Systems Medicine

日本の家族療法──わが国での家族療法の本格的な導入と実践は，80年代に入って急速に展開した．ミニューチン，ド・シェイザー，ワツラウィック，デュール，アンドルフィー，ヘイリーといった著名な家族療法家が続々と来日して，家族療法の理論と実践を日本の心理臨床家に直接指導した．また，米国で家族療法の指導・訓練を受けて帰国した数名の心理臨床家も精力的に家族療法の紹介や実践を始めた（亀口，1984）．

日本家族心理学会──1981年に発足した日本家族心理学研究会を母体として，1984年に正式に学会として設立された．家族療法と家族教育を主要な対象としている．『家族心理学年報』および『家族心理学研究』を機関誌として発行している．現在の会長は平木典子（日本女子大学教授）で，会員数は約650名，事務局は下記のとおりである．

〒214-8465　神奈川県川崎市多摩区西生田1-1-1　日本女子大学人間社会学部心理学科平木研究室内　TEL & FAX：044-952-6894

日本家族研究・家族療法学会──1984年に精神保健関連の専門家を中心に設立された．家族研究と家族療法を主要な対象としている．機関誌としては，『家族療法研究』がある．現在の会長は下坂幸三（下坂クリニック院長）で，会員数は約900名，事務局は下記のとおりである．

〒754-0024　山口県吉敷郡小郡町若草町3-4　小郡まきはら病院内　TEL：08397-3-0222

日本家族カウンセリング協会──1985年に家族相談の実務家を中心に設立された．約450名の会員を有し，家族カウンセラーの養成に向けた研修活動を展開している．会長は杉渓一言（日本女子大学名誉教授）で，事務局は下記のとおりである．

〒166-0003　東京都杉並区高円寺南1-7-8-102　TEL & FAX：03-3316-1955

ずれかのアプローチを主に学び始めるが，臨床経験を重ねるに従い，他派のアプローチの長所を取り入れることに寛容になっていく傾向がみられる．これは，家族療法家が対象とする「家族」とその「問題」の多様性が，おのずとそれを要求するからであろう．その意味では，家族療法の真の「創始者」は，個別の臨床家ではなく，類的存在としての「家族」なのかもしれない．

とはいえ，20世紀半ばに，家族療法の成立を強力に推進した臨床家の功績を軽視することはできない．また，この領域になじみがなかった読者にとっては，その人物像と理論的骨格を多少とも知っておくことは必要であろう（表2-2参照）．

① ボウエンとその理論

精神科医のボウエン（Bowen, M.）は，分裂病患者の家族全員を入院させる治療法を試みたり，自分自身の親類縁者を軒並み訪問して面接し，過去の因縁話を掘り起して自己の精神的な分化の過程に与えた情緒的影響の「ルーツ探し」をするなど，大胆な試みを展開した家族療法の開拓者の一人である．

ボウエンは，自然界に共通してみられる，個別化と集団的な一体化が相互に拮抗する勢力バランスに基づいて，家族システム論を体系化した．まず，個人の理性機能と情緒的機能の間の分化が十分に達成されているかどうかが重視される．それに関連して，個人が家族集団から分化しているか，それとも融合しているかが問題にされる．個別化が不十分で，家族集団に融合してしまっている個人は不安をかかえるとの前提に立つ．さらに，両親が不安をかかえていれば，母子共生的な融合状態が生じやすくなる．

こうして，親世代の夫婦間の不安が次の世代に伝達される．そこで，ボウエン派の家族療法の目標は，個別化と自立性の促進に向けられることになる．また，ボウエンの集団過程論は，三角関係の概念を中心に展開される．ボウエン理論は，他のシステム理論とは独立した独自の体系をもつために，その修得には10年以上の訓練を受ける必要があるとされている（とくに，家族療法家自身の原家族からの情緒的分化には長年月を要するからである）．

システムを重視するにもかかわらず，基本的概念の多くが，精神分析理論のそれに類似しているために，個人療法的発想から抜け出ていないとの批判を受けていた．しかし，ボウエンの死を契機に，その再評価が始まっている．

表 2-2　家族療法の創始者たち

1) **サティア**（Virginia Satir, M. S. W. : 1916〜1988）
　1936年にウィスコンシン大学で教育学を専攻し，卒業後の6年間は小学校の教員を勤めた．1948年にシカゴ大学で文学修士号を授与された．その後，家族療法の先駆者として活躍し，ワークショップでは多くの参加者に感動的体験（サティア体験と呼ばれる）を与えた．
　主著は『Conjoint Family Therapy』(1964) で，鈴木浩二訳『合同家族療法』（岩崎学術出版社）という邦題で翻訳出版されている．

2) **ボウエン**（Murray Bowen, M. D. : 1913〜1990）
　1937年にテネシー大学から医学博士号を授与された．家族療法の開拓者の一人であり，ジョージタウン大学医学センター，ジョージタウン家族センターの臨床教授および所長であった．多世代にわたる情緒的関係の連鎖を重視した，「ボウエン理論」とよばれる独自の家族療法理論を構築した．
　家族療法や家族システム論に関する50編を超す論文，著書，およびモノグラフを刊行している．

3) **アッカーマン**（Nathan Ackerman, M. D. : 1908〜1971）
　1933年にコロンビア大学から医学博士号を授与された．精神分析の臨床実践や，芸術家であった次弟が精神病に陥った経験などを通して，家族療法の必要性を痛感し，1960年にニューヨークに家族療法研究所を設立，初代所長となった（彼の死後，「アッカーマン家族療法研究所」と改名された）．
　主著は『Psychodynamics of the Family Life』(1958) であり，『家族関係の理論と診断』，『家族関係の病理と治療』（岩崎学術出版社）の2冊として翻訳されている．

4) **ウィタカー**（Carl Whitaker, M. D. : 1912〜1995）
　シラキュース大学で1936年に医学博士号を授与された．9年間，エモリー医科大学精神科の教授であった．その後20年間，ウィスコンシン大学医学部精神科の教授であった．彼の技法は，〈体験〉を重視したものであり，家族療法の枠を超えて心理療法全般に及ぶ影響力を保持している．
　主著は『The Family Crucible』(1978) であり，『ブライス家の人々』（家政教育社）という邦題で翻訳されている．

5) **ミニューチン**（Salvador Minuchin, M. D. : 1921〜）
　1947年にアルゼンチンのコルドバ大学で医学博士号を授与された．その後，渡米し，フィラデルフィア児童相談所所長，ペンシルベニア医科大学小児精神医学臨床教授を歴任した．きわめて積極的な家族療法の技法を確立し，「構造学派」を形成したことで知られている．博士が治療した拒食症の成功事例によって，家族療法の有効性が専門家のみならず，広く一般にも理解されるようになった．
　主著は『*Families and Family Therapy*』(1974) であり，『家族と家族療法』（誠信書房）として翻訳されている．最新作『*Mastering Family Therapy*』(1996) も『ミニューチンの家族療法セミナー』（金剛出版）として翻訳されている．

［写真のクレジット］ 1) John Nakles; 2) Murray Bowen; 3) The Ackerman Institute for Family Therapy; 4) Carl Whitaker; 5) Anthony A. Bottone; (Library of Congress Cataloging in Publication Data より)

② コミュニケーション学派の理論

　ベイトソンらの二重拘束理論の流れをくむサティアらの臨床家たちが発展させた理論である．「どんな人でもコミュニケーションをしないということは不可能である」というのが，この学派の理論の前提である．コミュニケーションには「内容」とは別の次元で，刻々その場で発生する関係そのものが伝えるメッセージがある．プロセスあるいはメタ・コミュニケーションと呼ばれるものである．この理論に立つ家族療法家は，家族が訴える苦痛そのものにも対応するが，その背後にひそむ相互関係の機能不全にも気づくように援助する．こうして，表面上の変化（第1次変化）とは別次元での第2次変化（家族システムそのものの構造的変化）が促進される．つまり，母子間，父子間といった2者間のコミュニケーションの改善だけではなく，家族内のすべてのコミュニケーションの質的改善を目指すのである．

③ 戦略学派の理論

　ヘイリー（Haley, J.）が中心になって築いた家族療法の理論体系であり，系譜としてはコミュニケーション派の延長線上に位置づけられている．この理論では，家族が現在悩んでいる問題をすみやかにかつ効果的に解決することを目

的とする．そのため，「人間的成長」などのように長期にわたる目標設定を避け，実用的で現実的な問題解決を目指した治療的介入を優先する．ヘイリーは，マダネス（Madanes, C.）とともに，催眠療法家のM. エリクソンに端を発する逆説的介入法を活用し，その他にも独創的な戦略的技法を開発している．

　さらに，セルヴィニ–パラツォーリらのミラノ派（この学派については後に項を改めて詳述する）は，戦略学派やコミュニケーション学派の影響を受けつつも，イタリアで独自の理論を展開し，近年では国際的な評価を高めている．また，彼らはベイトソンのシステム認識論を最も忠実に，臨床的文脈に持ち込んだ学派として，システミック派とも称されている．この理論では，「症状」や「問題」の理解の仕方が，従来の心理療法とは大きく異なっている．この理論に立脚する家族療法家は，症状を個人の異常や障害という視点からではなく，家族システムの視点から理解しようと努める．この新たな枠組みから，個々の症状を注意深くとらえ，解読していけば，そこに肯定的な意味づけ（positive connotation）が浮上してくる．

　心理的な問題を抱えた家族システムは，症状を要として家族関係の平衡を維持しているという理解に立つのである．言葉を換えれば，症状のおかげで家族は心理的な崩壊を免れているというわけである．たとえば，あまり仲のよくない夫婦も，子どもの具合が悪ければ互いの不満をぶつけることを，多少は控えざるをえないだろうし，身勝手な行動が目立っていたきょうだいもあまりはめをはずさなくなる効果を持っている．

　このような家族システムにあっては，治療的働きかけによって，子どもの症状が急激に消失した場合，不都合なことには，要を失った家族システムが不安定になり，両親間の不和が表面化して別居や離婚の事態にさえ陥る事例も数多く報告されている．

　そこで，システミック・アプローチでは，症状を単に否定的で有害なものとして除去することだけを考えず，家族システムの平衡維持における肯定的役割を積極的に認め，家族に対しても現状の維持を勧めるメッセージを与える．いうまでもなく，家族は子どもの症状が早くなくなることを期待して来談しているのである．したがって，現状維持を勧めるセラピストの意図や逆説的メッセージに対して家族が困惑するのは当然である．しかし，その動揺こそが，固定

し，繰り返されてきた家族の関係や交流のパターン（悪循環）を壊し，新たな家族システムの再編成を促すきっかけになる．

この家族システムの歪みが修正されるにしたがって，症状は家族システム内での要としての存在理由を失い，軽快もしくは消失していくと考えるのである．したがって，セラピストにとって最も重要な課題は，夜尿，登校拒否といった個々の症状や問題行動が，家族システムの平衡維持にとってどのような肯定的役割を果たしているかを発見することになる．

④ 構造学派の理論

ミニューチンを中心に発展したグループの理論である．家族システムにセラピストが溶け込む過程（ジョイニング joining と呼ばれる）を重視したうえで，サブシステムの境界に働きかけ，構造変革をうながす．ミニューチンは，とくに母子の共生的サブシステムを解体して，新たに両親の間に連合関係（これを両親連合と呼ぶ）を作りあげることが，治療的に有効だと主張している（Minuchin et al., 1978）．

この理論では，セラピストが目指す家族システムの構造特性がかなり明確に規定されている．つまり，親は子どもとの世代的な差異を十分に自覚しており，けっして子どもと友達のような関係を結ぶことをしない．両親は適切な連合関係を築き，子育てにあたっている．また，兄弟間にも出生順位もしくは年齢差に応じた階層関係が認められ，弟や妹が姉あるいは兄をしのぐような役割を演じる（同胞階層の逆転）ことはない．

ある意味では，ここに想定された家族構造は，伝統的な家族像と一致するものであり，片親家族などの非通例的な家族形態がむしろ優勢となりつつある現代の家族の実態にはそぐわない面もあるかもしれない．しかし，逆に現状がそうであればこそ，理念的な家族像が確固たる治療目標とイメージを，セラピストに提供しているとも考えられる．また，ごく最近では構造学派自体も多様な家族形態に応じた理論や技法の修正に努めているようである（Minuchin et al., 1996）．

⑤ 行動学派の理論

行動療法の原理を使って，夫婦や家族がかかえる心理的な問題を解決しようとするアプローチであるが，システム論を取り入れて家族の相互作用そのもの

に治療的介入を試みるセラピストも登場しつつある．その方法は，巧妙な指示によって家族員の相互作用に働きかけ，家族の機能を向上させようとするものであるが，具体的には変化への意欲を促進する治療段階と特定の変化への教育段階とが区別されている．

さらに，最近では認知的行動療法の原理を用いた夫婦・家族療法も発展しつつある．この立場では，イメージの役割が重要視され，アサーション訓練なども取り入れられている．

⑥ 社会的ネットワーク学派の理論

核家族そのものを，それを取り巻くネットワーク・システムやコミュニティのサブシステムとして分析する立場である．核家族内部の相互作用のほかに，拡大家族，親類，友人，宗教家，職場の同僚，隣人など，IP（患者あるいはクライエントとみなされている人物）との情緒的相互作用のある人々との関係を統合的に考察してシステムを分析し，具体的な介入の戦略を立てるところに特徴がある．

本理論の基盤には，生態学的モデルがあり，個々の家族に及ぼす生態システムの影響や，両者の相互作用に細心の注意を払う．したがって，家族からの情報入手や面接室内での治療的介入だけに留まらず，家族が生活する生態システムの社会的資源を最大限に活用しようとするアプローチだともいえる．

(3) ミラノ派家族療法の理論

上述した諸理論のなかでも，ミラノ派は家族システム論そのものの発展と密接に絡み合いながら，臨床実践と家族研究を推進してきたことでよく知られている．また，これまでの心理療法の諸学派では，追随者に対して当該学派の治療原則や技法を厳格に遵守することを求める傾向が強かったのに対して，ミラノ派では，そのような傾向は見られず，来談する家族の特性や主訴・問題に柔軟に対応しながら，理論も技法も，また治療構造すら変えていくことに寛容である．その結果，現在ではポスト・ミラノ派あるいは，ポスト・ポスト・ミラノ派と言われるようなグループが，世界各地に登場し，それぞれ独自の理論および技法を発展させつつある．この学派では，「異端」や「修正」が排除されることなく，相互に尊重されている．むしろ，この柔軟性こそが，多様な文化

的背景をもつ各国の家族の問題解決に寄与しうると期待される根拠になっているのかもしれない．そこで，この学派の理論的骨格をさらに詳しくみていくことにしよう．

① 理論モデルとしてのピアジェ理論

ミラノ派は家族システム論の発展を，家族臨床の実践にもっとも忠実かつ大胆に取りこんだ．しかし，従来の直線的因果論に慣れ親しんできた多くの家族療法の初学者にとっては，円環的因果論を下敷きにしたシステム論的家族療法の世界に足を踏み入れることはかなり困難な課題である．そこで，ミラノ派の影響を強く受けたカナダのゲルサー（Gelcer, 1990）らのグループは，初学者にもミラノ派の理論修得が容易になるような教育指導上の工夫が必要だと考えた．彼らは，初学者がシステミック・アプローチを修得していく過程を，子どもの認知発達における構造的変化になぞらえた．さらに彼らは，問題をかかえた家族が家族療法の体験を通じて構造的変化を遂げていく過程も，人間の認知発達の構造変化と並行的な関係にあり，同じ理論モデルを適用できると仮定した．児童臨床での豊富な経験を持つ家族療法家のゲルサーが，理論モデルとして採用したのは，ピアジェ理論であった．

スイスの認識論学者であり，心理学者でもあるジャン・ピアジェは，その生涯の大半を「知ることと理解すること」の過程について研究し，そして教えることに費やした．知の発達と変化についてのピアジェの理論は，治療過程にそって発達・変化するセラピストの知識と同様に，家族が「臨床の知」を獲得していく過程を理解するうえで，とりわけ適切だと考えられる．このような理由から，初学者がミラノ・チームの理論の基本原理と治療的アプローチを理解し，さらに家族療法での変化の過程を基礎段階から探究できるよう援助するために，ピアジェ理論が用いられるようになったのである．

まず，『進歩したければ，理論を身につけよ』（Karmiloff-Smith & Inhelder, 1975）のなかで紹介されたある実験のことから話を始めよう．そこには，ミラノ・チームの革新的な業績に至る創造の過程を理解するのに役立つ原理が示されている．この実験は変化と成功の概念を扱っている．理論的な理解と臨床実践との間に密接なつながりがあることを，この実験を通じて示してみたい．実際，われわれは何をするにしても（それが家族療法の実践であれ，料

理であれ，モーターの修理であれ），つねにある程度の「理論づけ」をしているものだからである．

　カルミロフースミスとイネルデは，3歳から7歳までの年齢の子どもに天秤を使った実験を行った．子どもたちはそれぞれ，一組の木製の積み木を与えられた．それらは皆，同じ長さ，幅，高さであったが，ただ内部のさまざまに違った位置に重りが埋め込まれているために重心が異なっていた．どの子どもも天秤の上にこれらの積み木を載せてバランスを取るように指示された．

　研究者が驚いたことには，7歳頃の子どものなかに5歳児よりも積み木のバランスを取ることが困難な子どもが多かったのである．7歳児は，対称的な物体がほとんどそうであるように，積み木の重心もその中心部分にあるにちがいないと信じていた．この子どもたちが積み木のバランスを取ろうとするたびに，個々に重りの位置が違う積み木のバランスが取れないために，ますますうまくいかないはめに陥った．最初は，この反例が無視されたために，おのおのの積み木の中心部で繰り返しバランスを取る試みがなされた．これは，さらに失敗を増加させただけであった．

　7歳児がこのような行動に固執したのは，彼らがすでにある理論を発達させていて，それを強固に信じるあまり，現時点での経験の意味を無視したことを示しているように思われる．これに対し，5歳児はそのような理論的な考えには妨害されなかった．7歳児は，反復的で規則的な失敗に直面して，いったん停止し，そして熟考せざるを得なくなったようであった．興味深いのは，彼らが休止した時にのみ，質問し，そして新たな情報に基づいた新たな仮説を立て始めたことである．この新たな情報によって，7歳児はそれまでの理論を唯一の真実として保持するような思い込みの態度を，ゆるめるようになった．ここに至って，7歳児はおのおのの積み木の独自性を調べ始め，結果として組織的にうまくバランスを取れるようになったのである．このとき以来，7歳児はたちまち肯定的（バランスがとれている）そして否定的（傾く）の両方向の結果を共に有効に使って積み木を扱えるようになった．課題の最終段階では，7歳児は積み木の外的特徴を長さや高さばかりでなく，重さについても理解するようになっていた．

　より年少の子どもたちが成功したことについてはどうだろう？　前述したよ

うに，5歳児は予想に反して，7歳児よりも積み木を即席でバランスさせることには全般的に成功した．5歳児はまだ，何らかの理論らしきものを形成するには幼く，彼らの感覚から得た情報を頼りに，その場しのぎで操作しているに過ぎない．実験の最終段階でも，5歳児は系統性のない積み木の扱いをしており，自分がなぜそのようにしているかの説明はできなかった．最年少の3歳児は，感覚情報を積み木のバランスを取るためにも，またなぜそれがバランスしないかの説明のためにも用いることができなかった．

　研究者は，この研究から次のような結論を導き出した．第1に，子どもは成功体験に基づいて徐々に理論を構成していく．第2に，失敗は，子どもの理論が一般化され，そして堅固になるまでは，だいたいにおいて無視されるが，それ以後は失敗経験のなかの規則性が，探究され始める．そして，最終的に子どもは，例証と反証例の双方を包括する統一的な理論を発展させていく．

　カルミロフ-スミスとイネルデは，子どもが示した「一時停止」にとりわけ注目した．子どもたちが精神的な理論を駆使し，また成功にだけ興味を示しているときには，めったに一時停止は起こらなかった．数多くの失敗を子どもたちが経験した時にのみ，子どもたちは目標ではなく，目標達成の手段について考えるために一時停止した．おのおのの停止期間は，子どもたちが目標とそこに至るために採った手段とを見直したり，あるいは再考するための，情報を統合するためのインターバルだったのだろう．

　彼らは，子どもたちが示した再考行動は，本質的に，創造する者すべてが用いる普遍的な過程だと結論づけた．新たな理論を創造する際に，最初は肯定例にだけ注目して反証例を無視することは，珍しいことではない．つまり，試みは，普通はまず誤りを証明するためではなく，正しさを証明するために行われる．「これは，仮説をすぐさま却下させようと表面化してくる反証例に対し，大人が一時的に目をつぶることと同じである」(Karmiloff-Smith & Inhelder, 1975, p. 209).

　家族療法におけるミラノ・チームの仕事の展開ぶりにも，これらの創造的原理のしくみが見られる．

②　ミラノ家族療法チーム

　ミラノ・チームが，ワークショップで指導する際には，まずチーム自身の形

成史を手短に紹介することが，通例になっていた．その内容は，基本的には同じであるが，微妙な違いもある．たとえば，チームの各メンバーは一緒に治療を始めるようになった動機を個々別々に持っている．したがって，各自がその発展の過程で体験した具体的な転換点の説明の仕方も違ってくるのだろう．

この点では，ミラノ・チームは家族に似ており，共通の歴史を持ちながらも，その歴史を違った視点から思い出している．これらの記憶は個々人の回顧的な解釈と混ぜあわされるが，その解釈の仕方も，各メンバーが現状の達成度から過去をどのように評価しているかということに密接に関わっている．これらの思い出話のうちで，どれが他のものよりも真実であるかということは，かならずしも言えない．各人の話は，新たな視野と差異を付け加え，同じ経験をいっそう詳しく説明することになるからである．人は，現在と出来事が起こった時点の双方の文脈しだいで，同じ出来事を違った強調点をもって思い出すようだ．

このグループの仕事が着手されるにあたっては，さまざまな出来事が重なりあっていた．まずセルヴィニ-パラツォーリは，精神分析による拒食症患者のはかばかしくない治療結果に落胆していた．これらの患者の精神分析による治療で要した膨大な時間，経費，そして治療的な関与度からすれば，結果はあまりに貧弱であった．その頃，彼女はヘイリーとワツラウィックの仕事に関心を持ち始め，彼らを通じてベイトソンの思想に刺激を受けた．

ボスコロ (Boscolo, L.) とツェキン (Cecchin, G.) は，イタリアにおける脱施設収容化（精神病院の閉鎖）と長期入院患者の家庭や地域への復帰がもたらす影響に関心を向けていた．第4のメンバーであるプラタ (Prata, G.) は，新米の精神分析家だったが，カリフォルニアのパロ・アルトにある MRI を訪問して，システミックおよび戦略的モデルについての研修を受けた．4人とも，施設を出された患者とその家族にとっての公的サービスが不適切である事実に心を痛めていた．いうまでもなく，これらの各要因が，チームの形成へ向けて有効に機能し，そして新たな治療モデルの発展へと結実したのである．

③ セルヴィニ-パラツォーリの探索

1950年に，新米の内科医であったセルヴィニ-パラツォーリは，初めて拒食症の患者に出会った．彼女は，自分が受けた医学的訓練だけでは，この問題を十分に理解できないのではないかと感じた．数年後に，精神分析家になってか

ら，彼女は拒食症の患者の治療に専念し，この症状の隠れた「均衡点」を発見すべく新たな理論やこれまでとは違う説明モデルを探し始めた．そのために，彼女は自身の最新の精神医学および精神分析学での訓練に助けを求めた．初期の拒食症についての自分の治療観を数編の論文にまとめ，それを公刊した．しかし，経験を重ねるにつれて，しだいに既存の治療モデルから成果を得ることにもの足りなさを感じはじめた．既存モデルの限界と彼女が苦闘する様子は，著書である『自己飢餓──拒食症に対する精神内界的アプローチから対人関係的アプローチへ』(1974) に，描写されている．この本のなかで，セルヴィニ-パラツォーリは，拒食症者に薬物を処方したり，入院を指示することは，彼らを家族からさらに遠ざけ，そして病状を悪化させかねないことを悟った経緯を述べている．また，患者の症状にとって拒食症者の家族関係ネットワークが重要性をもっていることを，本書は明言している．

システミックな理解，すなわち個人から家族を扱うことへ焦点を移行するにしたがって，セルヴィニ-パラツォーリは，家族問題についての自分の視野に限界があるばかりでなく，直線的な思考から円環的な思考へと移行するにも障壁があることを悟った．そこで，彼女は研究チームを編成しようと計画した．専門家のグループの複数の視野を持ち寄ることで，拒食症の問題を探るうえでの新たな，そしてこれまでとは違った方法が出てくるだろうし，また介入のための新たな，より効果的な手法を開発したり，概念化するにも役立つだろうと期待したからである．

④ **チームの形成**

1967年に，セルヴィニ-パラツォーリは，家族研究センターを設立し，ボスコロ (Boscolo, L.) を含む数名の精神科医を招いてチームを形成した．家族および夫婦療法がイタリアに導入されたのは，このチームの努力に負うところが大きい．セルヴィニ-パラツォーリは，できるだけ厳密にシステミック・モデルに近づけようと努めたにもかかわらず，チームはおもに精神分析的な考え方で進んでいった．しかし，彼女の熱意に動かされて，数名のチーム・メンバーがよりシステミックな観点から読み，そして，考えるようになった．しだいに，各メンバーは，患者が生活しているより広い社会的文脈を扱う必要性を認め始めた．セルヴィニ-パラツォーリは，数名のメンバーにシステミックな家

族療法に向けた研究を遂行するために，別個のチームを形成しようと呼びかけた．新たなチームのメンバーは，ボスコロ，ツェキン，プラタ，そしてセルヴィニ-パラツォーリの4人であった．

このチームは，のちに世界的に有名なミラノ・チームとして知られることになるが，1971年に家族療法の研究を開始した．対象とするクライエントの幅は，精神病者や分裂病者まで含むようになった．チームが実施する家族面接は，ビデオ・テープに録画され，チーム全員によって徹底的に分析された．ワツラウィックが時たま指導に訪れる以外は，他の家族療法家とは没交渉で実践研究を続けた．その理由をセルヴィニ-パラツォーリは，次のように説明している．「われわれは，どんな犠牲を払おうとも，他の概念的なモデルによって折衷的になってしまうことを避けようと心に決めたのです」(Selvini Palazzoli et al., 1980, p162)．ベイトソンの著作，とりわけ『精神の生態学』(1972)は，チームが，よりシステミックな思考法を身につけようとする過程で，重要な役割を果たした，と彼女は語っている．家族面接を綿密に工夫し，その結果を徹底的に吟味した結果，チームは特徴的な臨床事例への接近法を発見し始めた．そして，好結果を得たのである (Selvini Palazzoli et al., 1974)．

ゲルサーらはチームの発展過程を調べた結果，カルミロフ-スミスとイネルデが7歳児の思考の発達過程に含まれると判断したものと類似していることに気づいた．この年齢の子どもたちのように，チームの精神科医は，当時最も有効だとされていた精神分析モデルを修得し，その理論にそって心理療法を実践し始めた．外的な社会・政治的変化にさらされながら，分析理論を拒食症や分裂病のように複雑な問題に適用しようとして生じてきた内的な不全感とも相まって，個々のチーム・メンバーは，新しい理論モデルの必要性を感じていた．

この変化は，治療のなかで家族との実験的な関わりが増えるにつれて，徐々に達成された．それは，各家族の独自性が明らかになり，また家族療法の新しい技法が発見されるにつれて，新たなアイデアが生まれてくるのと同様であった．発達心理学者のカルミロフ-スミスとイネルデの研究対象となった7歳児が，上手に積み木のバランスを取れるようになったのは，やはり，実際にやってみて，しかも彼らなりの操作の予測を「理論的に」再吟味した後だった．チームは，実験とシステミックなモデルを取り入れることで，家族の問題を理解

し，解決する新たな接近法を発展させ始めた（Selvini Palazzoli, 1972; Selvini Palazzoli et al., 1977, 1978）．

この間に，チーム・メンバーは，彼らの概念的および臨床的な発見を論じた数編の論文を公刊し，さらにはチームの処女作である『逆説と対抗逆説』(Selvini Palazzoli et al., 1978) という著書の出版にまでもっていった．これらの出版が，このチームの発展過程におけるハイライトであることは，明らかである．ここで，直線的，前操作的段階からシステミックで操作的な治療様式への移行が達成されたからである．また，これらの文献は，システミックな理解とシステミックな治療に必要とされる，密接で相反的な過程についても立証している（Gelcer, 1981）．

⑤ **可変法**

『逆説と対抗逆説』は，分裂病者のいる 15 家族の治療について論じている．この本によって，読者は分裂病的症状と家族の文脈あるいはゲームとの間の相互関連性について調べられた内容を知ることができる．この業績によって，チームは，「可変法」(variant method) という名称で知られるようになった治療モデルの構造を概説し，また四つの治療手段について説明した．ここでは，この方法が発展してきた歴史的文脈に焦点を絞ることにしたい．

一人の精神分析家が一人の患者や IP と会う治療モデルから，チームは，家族全員と面接することに変更した．しかしながら，彼らは家族面接を構造化し，相互に連結した一連の段階を追って実施するようにした．

チームが最初に家族と接触するのは，電話面接である．ここで，治療チームのメンバーの一人が，問題の性質や経過また核家族や拡大家族システムについて，問い合わせてきた家族メンバーから要領よく情報を集める．次に，事前ミーティングがチーム全員の参加で行われる．このミーティングで，チームの全員が電話面接で得られた情報を検討し，問題の理解に適切なものを取り出す．この検討から，家族の誰が援助を必要とし，また，なぜ今，援助を必要とするのかを把握できるようになる．チームは協力して家族の相互関係的なパターンやゲームを説明するための仮説の原案を策定しようとする．この仮説から，面接や介入のための戦略を発展させるのである．

チームが最初に家族と直接に接触する場面は，「家族セッション」(『逆説と

対抗逆説』）と呼ばれた．このミーティングにおいては，チームは二つのサブ・グループに分かれ，一方は家族と面接する「治療者」，他方は治療過程を観察する「観察者」となった（面接をする治療者は，できれば，男女一人ずつが最適とされた．しかし，時には一人だけのこともあった）．両方のサブ・グループとも，家族メンバーから相互関係に関する情報を引き出すことに的を絞る．そうすることで，家族ゲームの説明が可能になり，さらにもっと詳しく家族を理解できるようになるからである．

家族には最初のセッションの冒頭で，面接室の内部の説明がなされる．このときに，治療者と観察者チームの役割や，治療中にビデオ録画をすることなどについて，家族との話し合いがもたれる（録画の正式許可については，各相談・治療機関の受理手続きのなかですでに得られているものとする）．

このセッションの直後に，チームは再度集まって事後ミーティングを行う．そこでは，最初の仮説を評価したり，手を加えたりする．そして，この新たな知識の統合に基づいて介入や処方を工夫する．

治療の次の段階では，治療者チームが各家族成員に分かるように，簡潔で平易な言い回しで，その処方箋を伝える．このときに，儀礼の形で宿題が処方されることもあれば，そうでないこともある．ここで，次の面接日時が確定されるが，普通は，1ヵ月後である．同じサイクルが繰り返されながら，治療過程は継続していく．例外は，治療の冒頭で実施される電話面接だけである．こうして，処方が出され，一定の間隔を経て，次のセッションにつながる．まず，セッション前ミーティングで始まり，つづいて家族面接，そして何々，というように毎回同じ手続きが繰り返される．

可変法において使用され，また『逆説と対抗逆説』のなかで説明されている治療手段は，①家族成員の行動を肯定的に意味づけること，②家族儀礼を処方すること，③家族セッションの間の時間間隔を長く取ること，そして④逆説的リフレーミング（第3章参照のこと）であった．

ミラノ・チームは，自分たちで開発した新しい治療手段を使っている間に絶えず斬新な概念を活用し，実験を続けるにつれて，いっそう研究への関心を高めていった．チームは，1977年に北米で初の業績紹介をニューヨークのアッカーマン研究所で行った．しだいにチームのメンバーは，家族療法家の養成に

熱を入れ始めた．それと同時に，チームは自分たちの仕事についての付加的な視野を獲得したようであった．メンバーは，家族を理解し，また援助することにさらに熟達するようになったばかりでなく，チーム自身の機能についても考察し始めた．ここで，チームの治療的操作を統御していると考えられる一定の原則が姿を現し始めたのである．

これらの操作原則は，チームの論文『仮説設定—円環性—中立性：セッションの実施者のための三つの指針』(Selvini Palazzoli et al., 1980) で論述されている．可変法を上手に適用するには，セラピストは仮説設定をする必要がある．これは，家族がいかに作用し，各家族成員の行動はいかなる目的に役立ち，また家族の相互作用パターンは，いかなるルールで統御され，かつ制限されているかについて予測することを意味する．円環性は，家族成員が互いについてまた家族人生周期におけるさまざまな出来事での経験について持っている各人の見通しの差異に関する情報を探索するセラピストの能力，と見られている．これらの難局は，家族の相互関係的なパターンでの一連の変化を示唆している．中立性は，セラピストが家族と関わる際の客観的な態度のことであり，仮説を設定し，面接の成果について議論し，また処方を工夫しているあいだ，絶えず維持しておかねばならない．

チーム・メンバー全員が加わった最後の出版物である「紹介者の問題」(Selvini Palazzoli et al., 1980) では，専門職に就いていて，家族面接には加わっていない親類縁者である紹介者が治療につきまとってくる場合の問題点を扱っている．そこで，チームはその人物が家族パターンの不可欠な部分を構成していることを見出した．この発見によって，チームが家族システムに含むべきだと判断した境界は拡大し，核家族に留まらなくなった．

⑥ チームの解散

ミラノ・チームは，システミックな家族療法モデルを実験的に開拓し，そして発展させようとする共通した必要性のもとに組織されてきた．可変法が創始され，その治療原則が明らかにされたことで，この基本的な目標は達成された．実際，チームは直線的な因果律に基づく思考から，システミックな操作的接近法に見事に移行した．さらに，新たに発展しつつあった家族療法の分野と，刺激的な発想や複雑な戦術とをうまく融合させることに，彼らは成功した．チー

ムと家族あるいは他の専門家との間で接触がなされるたびに，強力な双方向性のインパクトが発生した．つまり，その衝撃はチーム内でも，また，家族の集団内でも反響し続けたのである．

　北米の家族療法家がチームの治療原則を分析し，その仕事の意味を理解し始めたとき，チームは二つの下位集団に分裂し始めていた．一つは，ボスコロとツェキンの組で，他方は，セルヴィニ-パラツォーリとプラタの組であった．1979年にこの二つのグループは正式に別れ，2ヵ所の別々のセンターで仕事をし始めた．そのときから，各グループが臨床実践において異なる方向へ進路を取り始めたことが明らかになった．共に，より新しく，またより洗練された理論を構成し，さらにはより明確な方法論を駆使するようになった．

⑦　**ボスコロとツェキン**

　ボスコロとツェキンは，ミラノの家族研究センターでの臨床研究を継続し，家族療法家の訓練に重点を置くようになった．イタリア語による家族療法の学術誌を発刊し，また可変法を洗練させることで家族と組織体の両方に，彼らの手法が適用できるようにした（これ以後，センターは，ミラノ家族療法センターと改称された）．家族療法家と家族研究者が世界中からこのセンターにやって来て，研究や訓練に従事するようになった．ボスコロとツェキンは，仮説設定や治療戦略といった面接技術の開発に重点を置いた夏期訓練コースを開設している．チームの最新の著作は，1987年にアッカーマン研究所のホフマンやペンとの共著で出版されている（Boscolo et al., 1987）．この本では，システミック療法におけるミラノ・アプローチとコンサルテーションの過程に力点が置かれている．しかし，ホフマンやペンとともに本書を執筆している間にも，ボスコロとツェキンは，互いに別れて仕事をし始め，同じセンター内で，独立してセミナーを開催したり，治療を行うようになった．

　初期のミラノ・チームが分離を決定したこともそうであるが，この最近の分裂にしても，それは概念的な強化を推進したことの自然な結末だと見ることができる．また，それは実践応用を洗練させた結果とも相まっている．各自の見解や技術を集約することで，チームのメンバーは，個々人の業績上の貢献をただ寄せ集めるよりは，さらに優れた統一的な成果を得ることができる．しかしながら，健全でかつ生産的なグループは，集団としての貢献における各自の役

割を明確に規定するばかりでなく，各自の潜在能力を最大限に伸ばすことについても寛容である．そのような各自の進歩は，結果的に集団内部の不統合をもたらし，新たなグループの形成にもつながる．ミラノ・チームの例で明らかなのは，チームとしても，またメンバーの誰もいまだに停止したり，あるいは前進過程を減速させてはいないことである．実際，彼らの言葉は書き記され，新たなアイデアや革新的な技術が，チームの全メンバーや世界中の家族療法家によって実践されている．

⑧ セルヴィニ-パラツォーリとプラタ

セルヴィニ-パラツォーリとプラタは，精神分裂病と拒食症に関する研究を継続した．これらの障害を持つ家族を対象とする臨床実践のなかで，二人はある定常的な変数に気づき始めた．1980年に，新家族研究センターを設立したときに，二人はヴィアーロ（Viaro, M.）にチームに加わるよう招請した．それまで，ヴィアーロは，家族面接での定常的な戦術についての研究や記述を行っていた．それは，初期のミラノ・チームのメンバーが実践していたことであった（「情報の入手と提供──家族面接戦略の分析」Viaro & Leonardi, 1983）．この新しいチームは，研究を続けながら，さまざまな治療戦術の間の相互作用について吟味することを含め，重点課題を拡大していった（「紹介者としての兄弟の問題」Selvini Palazzoli, 1985）．この二つの論文によって，治療システムの構成要素についての概念化がさらに拡充された（『精神病的家族ゲームの一般モデルへ向けて』Selvini Palazzoli, 1986）．しかし，ボスコロ・ツェキン組がセルヴィーニ-パラツォーリ・プラタ組と別れたように，1986年には，プラタも彼女自身の家族療法と訓練のためのセンターを設立した．

⑨ 定常法

『精神分裂病家族の処遇における治療および研究のための新手法』（Selvini Palazzoli & Prata, 1983）と題した論文で，セルヴィニ-パラツォーリとプラタは，定常法（invariant method）という用語を作り出した．それは，このアプローチと二人が別のチームを形成するまでミラノ・チームが用いていたアプローチを区別するためだった．1979年から1985年まで，セルヴィニ-パラツォーリとプラタは，この方法を精神病者のいる114家族を対象にした研究で使った．ここでは，ミラノ・チームの歴史のなかで，この方法が発展してきた

経緯を示しておきたい．

　ある治療技法（定常法）が他の技法（可変法）から発展してきた限り，両者は，共通の原則や基本的な治療手段を共有している．しかし，処方の用い方は，明らかに違っている．ツェキンとボスコロの可変法では，セラピストは，各家族セッションの終了時に，毎回異なった治療的介入策の筋書きを作る．定常法では，どの家族で用いられる介入策も同じである．セルヴィニーパラツォーリは，処方をパスポートのようなものと見ていて，セラピストが家族ゲームに関して入手できる最も強力な情報源としていた．定常法では，標準化された処方は，全体で10回で構成され，ほぼ1ヵ月間隔で与えられる．ここでは説明の都合で，治療過程を，査定段階，契約-秘密段階，そして治療進行段階の3段階に分けている．実際には，この3段階は，連続した過程の部分をなしており，ここに示したようにすっぱり切り分けられるものではない．

　査定段階は，第1セッションで拡大家族との面接，第2セッションでは核家族との面接，そして第3セッションでは夫婦だけとの面接を含んでいる．第3および第4セッションは，第2段階を構成していて，この間に両親の家族療法に対する熱意が確かめられる．それは，セラピストの処方にどの程度，両親が従うかによって実証される．残りの治療過程は，第3段階に含まれることになる．この段階は，両親だけとの面接が続き，セラピストは家族全員について二人と話し合う．この話し合いはおもに，自分たちが不意に外出したり，蒸発したりしたことに対して家族員が示した反応について，両親がそれぞれ書き留めた日記をもとにしてなされる．後で説明する予定であるが，この両親の突飛な行動は，各セッションの終了時に与えられる処方の一部であり，治療過程が進行するにしたがって，その度合いを強めていく．両親が家族についてそれぞれ異なった理解を示した時に，治療は終結する．この新たな視野から，両親は問題により適切に取り組み，また家庭生活の新たな選択肢を発見できるようになるからである．

　処方は，すべての治療過程を通して与えられる．一見，これらの処方は単純そうに見える．しかし，実は非常に複雑で，しかも強力な治療的介入なのである．最初の処方は，査定段階の終りに両親に与えられるが，その内容については家族の他の誰にも，また拡大親族にも秘密にしておくようにとの指示が添え

られている．両親は，その秘密事項に対する家族の反応を書き留め，次のセッションのときに，報告するように要請される．続くセッションでは，さらに別の処方が与えられるが，その内容は，両親がさらに長い期間にわたって，姿を消すように指示するものである．姿を消すたびに，両親は家族の反応を記録し，その次の治療セッションで報告するように要請される．

一つの研究手法として定常法を使うことで，新たな理論形成を可能にする情報が得られた．1986年に，セルヴィニーパラツォーリは，「精神病的家族ゲームの一般モデルに向けて」と題した最新の論文を発表し，精神病的家族ゲームについて詳しく論じている．セルヴィニーパラツォーリとそのチームによって実施された研究は，個人療法についても定常モデルを適用するところまで進行しているが，現時点では，まだその成果は公表されていない．

1985年の6月にプラタは，ミラノのシステミック家族療法研究センターの所長に就任し，今日に至るまでシステミック家族療法の研究を続けている．家族療法の定常法および可変法双方にとっての電話面接の重要性については，最近プラタ，ディーブラジオおよびフィッシャーが検討を加え，「電話チャート——家族との初回面接の要石」（Di Blasio et al., 1986）という論文にまとめている．

(4) わが国における家族療法の歴史

欧米に比べれば，わが国における家族療法の歴史はまだ浅い．しかし，かなり早い時期から家族療法的アプローチを含む家族臨床の重要性を指摘する専門家も存在していた．1955年以来一貫して，家庭裁判所における非行臨床の中で非行少年の対人関係や家族内関係の心理力動的研究を継続し，1964年以後は家族集団療法に関する臨床的研究を行っていた岡堂は，家族臨床の理論と実践を定式化する試みの一つとして，家族臨床心理学（clinical psychology of family）を，次のように，暫定的に定義することを提案した．

　　家族臨床心理学は，ある個人（クライエント）の生活における困難や問題，あるいは心理的な障害を，クライエントの所属する家族集団との関係において理解し，クライエントの情緒的障害とその家族の病理的諸問題を

心理学的に臨床評価し，さらにクライエントがもつ情緒障害や症状からの回復のために，家族を一つの統合体と見て治療的援助を行う臨床活動と，それら二つの活動（評価と援助）に関する研究をすすめる心理学である（岡堂，1967, p. 85）．

この暫定的な定義は，臨床心理学の一般理論を構成する心理学的査定および心理学的治療の理論に基づき，集団力学，小集団理論，家族解体理論およびコミュニケーション理論を取り入れて，クライエントと家族統合体を鍵概念とする新たな領域を設定しようとする意図を反映したものであった．しかし，岡堂（1991）も指摘するように，この時期は，家族心理学という新しい領域への展望が未だ開かれず，いわば萌芽期であった．

1965年にWHOの顧問であったベル（Bell, J.）が来日し，国立精神衛生研究所で家族療法の講演を行い，家族集団療法について解説した（鈴木，1991）．ほぼ同時期に，分裂病の家族研究をベイトソンらと推進していたMRIのジャクソン（Jackson, D.）も来日した．その紹介を受けた国立精神衛生研究所の鈴木によって，サティアの『合同家族療法』が1970年に翻訳された．しかし，同書の第2版が出たのは1985年であり，その間日本での家族療法への関心はごく一部の専門家に限られていた．

1980年代に入って，わが国での家族療法に対する関心は一挙に高まりをみせた．臨床心理学者の亀口は，80年代初頭にニューヨークで家族療法の訓練を受け，帰国後ただちに家族療法の実践と研究および後進の指導を始めた（亀口，1984）．その他にも数名の若手の精神科医や臨床心理学者が，アメリカで全盛期を迎えつつあったシステム・アプローチに基づく家族療法を学んで帰国し，各地で紹介を行うようになった（遊佐，1984）．

さらに，ミニューチンやヘイリーなどの著名な家族療法家がぞくぞくと招聘され，ワークショップや研修会を通じて最新の家族療法の理論と技法が導入されるようになった．家族療法への臨床家の関心の高まりは，学会設立へと向かい，1984年には，日本家族心理学会および日本家族研究・家族療法学会が相ついで発足した．その結果，80年代末には主要な家族療法の理論と技法について，家族療法を志向する心理臨床家の間では，ほぼ共通した理解が行き渡っ

たといえるのではないだろうか．ただし，それは家族療法や短期療法を実践する心理臨床家の枠内に限定される傾向があり，その他の大多数の心理臨床家には及んでいないのが現状である（亀口，1997）．

　欧米の先端的な家族療法では，家族療法と個人療法，あるいは集団療法やコミュニティ・アプローチとの統合の可能性を追求しようとする新たな動きが出始めている．この点では，むしろわが国の心理臨床家のほうが優れた業績をあげる潜在的可能性を秘めているようにも思われる．なぜなら，日本人は古来，諸外国からさまざまな文化的影響を受けつつも，異質な組み合わせを独自にアレンジする能力を発揮してきたからである．心理臨床の分野でも，これまで相互に排他的な関係を維持してきた各学派間に，新たな連携や統合の気運が高まる可能性がある．戦後一貫して続いてきた欧米からの輸入一辺倒を打破し，わが国独自の心理臨床の理論と技法を確立する時期に来ているのではないだろうか．21世紀を迎え，わが国の真の国際化が要請されはじめた現在こそ，その好機であろう．

5　家族臨床心理学の理論モデルに向けて

(1)　科学研究と「臨床の知」

　序章でも触れた「臨床の知」とは，近代科学の危機的側面について徹底した論述を行っている哲学者の中村雄二郎の提唱した概念モデルであり，科学的研究によって入手できる「科学の知」と対比して，次のように定義されている．

　　すなわち，科学の知は，抽象的な普遍性によって，分析的に因果律に従う現実にかかわり，それを操作的に対象化するが，それに対して，臨床の知は，個々の場合や場所を重視して深層の現実にかかわり，世界や他者がわれわれに示す隠された意味を相互行為のうちに読み取り，捉える働きをする（中村，1992，p. 135）．

　最新の心理学研究においても，中村が主張するように，科学の知のみならず臨床の知を取り込むことが，要請されはじめている．そこで，この点を具体化した心理学研究の動向について見ていくことにしよう（亀口，1998）．

1960年代にわが国で出版され，きわめて高い評価を得た心理学の教科書の中で，小笠原（1967）は現代心理学のあるべき姿を論じ，臨床心理学的な接近法を正統派的な心理学における「別系の」理論に基づく了解的方法として位置づけた．彼の主張によれば，「その方法は，ある一定の枠でのみ当てはまるのであって，心理学全体をつらぬく基本的な方法として，あるいは主要な方法としてそれを認めるわけにはいかない」と断じている．あくまでも，因果の論理形式（これが直線的因果律を指すことはいうまでもない）に従う形をとることであり，他の諸科学と同じ形式をとることだとしている．また，末永（1971）も，「現代心理学の底流には数学化や生理的与件の追求をも含めて，行動主義的伝統を引く客観性・科学性の尊重と，動物および人間を含む生活体の環境適応的行動機制の解明という広義の生物学的機能主義の志向が強く印象づけられるであろう」と述べている．

　このような発想の根底には，近代科学の思想的基盤となったデカルト的な二元論があり，特定の原因と結果を直線的に結び付ける直線的因果論，もしくは機械論が存在していると理解してよいだろう．人間の知として「機械論」が成功したのは，事象の必然的な因果連関を，現実世界における環境との複雑な相互関係の網の中から，部分的に取り出し得たことにある．しかし，中村雄二郎（1992）は，近代科学の方法の絶対性というドグマから，人々が自己を解放できない，また解放しようとしない理由として，制度化された科学の外部に出ることを研究者たちがこわがるからだと指摘している．

　その結果，近代科学は「生命現象」や「関係の相互性」を無視し，軽視し，はては見えなくしてしまったのではないだろうか．数式や多数の数量的データに埋め尽くされた近代経済学も，研究者の予測を超えた経済現象が多発する現実を前にして，人々を説得する力を失いつつあるといわれている．現実は，厳密に統制された実験室で得られた研究結果をそのまま適用するには，あまりにも複雑で雑多な要因がからみあった複雑系によって構成されているからである．チェルノブイリの原子力発電所の爆発事故やフロンガスによるオゾン層の破壊など，近代の科学と技術がもたらした地球規模の生態系の破壊についても無視することができない．ここに，新たな科学として「複雑系の科学」が登場する素地が生まれたのである．

ニコリスとプリゴジン（Nicolis & Prigogine, 1989）は，複雑性に対する見解を劇的に変貌させた二つの学問分野を特に強調している．第1の分野は，非平衡物理学である．この分野で得られた予想外の成果として，平衡状態から遠く離れた条件下において，ある物質が本質的に全く新しい性質を示すような現象が存在することが確認された．第2の分野は，動力学系の現代的理論である．ここでの中心的な発見は，不安定性出現の優越性だとされている．この不安定性とは，初期条件における微少な変化の効果が，後になって大きく増幅されることがある，という点である．

　このような予期せぬ諸発見は，他の多くの発見とともに，「ハードな科学」と「ソフトな科学」の間の関係についての研究者の科学観に決定的な影響を与えた．古典力学の単純なモデルと，生命の進化や人間社会の歴史において見出される複雑な過程との間に存在すると信じられていた差異が，21世紀を目前にした現在では，まさに消滅しつつあるといえよう．古典物理学においては，研究者は観測する系の外側に存在すると信じられていた．研究者は独自の決断を下すことができる存在であり，系それ自体は決定論的な法則に従う．しかし，そのような二元論はもはや過去のものとなりつつある．人間諸科学のみならず，物理学においても同様に，われわれは俳優であると同時に観客でもある，という認識が広まりつつある．

　このような科学研究における大きな変化を背景にした時に，人間諸科学のなかでも重要，かつ特異な位置づけを持っている心理学が，その影響をまぬがれるはずはない．心理学研究への「臨床の知」の導入については，いうまでもなく臨床心理学の発展に負う部分が大きい．もっとも，心理学研究の本流の立場からすれば，それは，いまだに「別系」の扱いにとどまっている．科学研究としての心理学に対して，臨床的接近法が直接的な貢献をなしうるとの認知や期待は，学界ではいまだ目にみえる形で表明されていないのではないだろうか．そこで，本項においては，臨床心理学の中でもとりわけ特異な発展を遂げつつある家族臨床心理学の中に，複雑系の科学を志向する新たな心理学研究の可能性の萌芽を探ってみたい．

(2) 家族臨床心理学の認識論的基盤

　心理学研究を推進するうえで，研究者がいかなる理論を選択するかは決定的な重要性を持つ．臨床心理学の分野でも同様であるが，心理臨床の実践場面においては，むしろ特定の理論へのこだわりが，クライエント（家族）を共感的に理解し，有効に援助することを阻害する側面もあることが指摘されている．氏原（1992）は，臨床実践における知る働きと感じる働きの微妙な関係について的確な説明を与えている．氏原によれば，この知る働きを支えるのが理論であり，実践のプロセスそのものは主として感じる働きに左右される，と考えてよい．両者が，本来的には相補的でありながら，時に相反的に働き合うこともある．このように，二律背反の側面を臨床心理学は有しているが，これは対象とする心理現象（心）が，まさに「複雑系」であることに起因している．

　家族療法の実践においても，氏原の言う知る働きと感じる働きのバランスをどのように取っていくかが決め手になる．単に，誰それの理論に依拠するか否かではなく，セラピストとしての自分が，いかなる世界観や人間観を持って心理臨床の実践に携わるかを自らに問うことが求められる．リドゥル（Liddle, 1982）は，そのような自己点検作業を「認識論的申告」(epistemological declaration) と呼び，セラピストにその実行を勧めている．彼の定義によれば，認識論的申告とは，「われわれが，何をどのように知り，何をどのように考え，何をどのようにして臨床的決断を下すかについて，われわれ自身の特異性を表明すること」である（亀口，1985a）．

(3) 臨床的接近法におけるパラドックスの役割

　臨床心理学が対象とする人間の心を「複雑系」とみなす根拠としては，その接近法において「パラドックス」を無視できないことがあげられる．つまり，通常の科学研究が依拠する論理型では極力排除するパラドックスを，臨床心理の分野，とりわけ家族療法では重要視せざるをえないからである．家族臨床心理学の中核をなす家族療法の理論と技法は，このパラドックスという認識論上のてごわい相手とともに発展してきたと言っても過言ではない．ここでは，まず心理療法においてパラドックスがどのように利用されてきたかについて展望することにしよう．

ウイークスとラバーテ（Weeks & L'Abate, 1982）によれば，家族療法が一般化する以前から欧米の心理臨床家は治療技法としてパラドックスを使ってきた．たとえば，ダンラップ（Dunlap, K.）は，「負の練習法」（negative practice）という逆説的技法を考案した．これは爪かみ，吃音あるいは夜尿といった症状のあるクライエントに，それを面接場面で実際に再現するように指示する方法である．実存分析のフランクル（Frankl, V.）は，「逆説的意図」（paradoxical intention）という技法を提唱し，患者が恐れているまさにそのことを行うように，あるいはそのことが起こることを期待するように患者を激励した．彼は，神経症的な悪循環に陥っている患者が，逆説的意図を自覚することで，その悪循環を断ち切れると考えた．論理療法のローゼン（Rosen, J.）は，患者が異常な行動を始めると，その症状を最も派手な形で表し続けるように患者に指示した．この技法は，患者が自分の症状を受け入れられるように援助するのに加えて，症状の再発を防止することを目的としていた．ローゼンは，この技法を「精神症状の再現法」と呼んだ．

ゲシュタルト療法でもパラドックスが使われている．ゲシュタルト療法では，人が真に自分自身になる時こそ，内的変化が生じると考えている．そこで，セラピストが変化の担い手になることを避け，逆にクライエントに対して今の自分になりきるように要求することによって，変化がもたらされる．ファレリー（Farrelly, F.）は，逆説的な方法を用いた独特な心理療法を発展させている．このアプローチは，クライエントに強い感情を引き起こすために「挑発療法」と呼ばれている．このアプローチは，症状を誇張する点に特徴があるが，治療要因の鍵になるのは，ユーモアである．この療法の作用機制を説明する仮説には，クライエントの拒否的態度には使い道があるとの前提がおかれている．

パラドックスを用いる心理療法の先駆のなかでも，M. エリクソンとMRIグループの貢献は，特筆すべきである．彼らは，二重拘束理論を構築し，精神障害におけるパラドックスの病理的側面に焦点を当てたが，同時にその治療的応用の可能性についても力説している．ヘイリーを通じてMRIグループに大きな影響を与えたM. エリクソンは，催眠と心理療法においてパラドックスを巧みに利用したことで知られている．基本的に，人々の行動を肯定的に表現し直すことで，治療的変化を生みだそうとした．彼は，直接的方法ではなく，遠

回し，あるいは間接的な影響を与えることで変化を引き起こしたのである．

パラドックスを積極的に用いる家族療法は，前述したセルヴィニ-パラツォーリらのミラノ学派によって推進された．彼らは，家族療法の学派のなかでもベイトソンのシステム論的認識論の影響を最も強く受けており，分裂病や他の重い精神病患者の家族に対してもパラドックスを実に巧みに使った治療的介入を行い，劇的な効果をあげている（Selvini Palazzoli et al., 1978）．

先駆的なものを除けば，パラドックスを用いた接近法が治療技法としての形態を取るようになって，まだ30年ほどの歴史しかない．しかし，家族療法のみならず，他の心理臨床の学派でも，この接近法に対する関心は急速に高まっている（Seltzer, 1986）．二重拘束理論に見られるように，時には精神病の発生要因にもなりうるとされるパラドックスが，使い方によっては困難な心理的な問題を解決する有力な手段になる．まさに，これはパラドックスそのものであり，心という「複雑系」を扱う心理臨床にこそふさわしいものかもしれない．

パラドックスを用いる技法は，一般にはセラピストがその権威を背景にして，クライエントに尋常でない課題の遂行を強いる一種のショック療法のようなものだと誤解されている面がある．しかし，実際には，むしろセラピストは控えめな態度を取る．とりわけクライエントの抵抗を前提とするパラドックス技法では，セラピストはクライエントに容易に押し返されてしまう．ところが，結果は症状の改善へとつながる変化が生じる．まさに「負けるが勝ち」であり，「柔よく剛を制す」，あるいは相手の気力を逆に利用することで，非力な者が強者を倒す合気道の世界の論理に通じるものがあるとされている．

パップ（Papp, 1980）は，家族療法で有効に用いられるパラドックス技法として「逆転法」を提案している．この方法は，家族成員の一人に，ある重要な問題に関連した行動を，それまでとは逆にするように指示し，それによって他の家族成員の逆説的な行動変化を引き起こすことをねらったものである．そこでは，セラピストから指示を受ける家族成員の同意と，指示の結果を受け取る他の家族成員の反抗が共に前提になっている．逆転法は，反抗的な子どもをかかえて苦悩する両親を援助する際に，とりわけ有効性を発揮する．両親がセラピストの指示に積極的に従うことによって，短期間で顕著な変化が生じ，子どもが反抗的態度を止め，家族関係を改善できた事例が報告されている．亀口

(1985b) も，登校拒否の家族療法事例でパラドックスを用いて問題解決を図った治療機制について詳しく検討している．

パラドックスを用いる技法の場合，セラピストが権威的に問題行動を処方するのではなく，問題行動それ自体が家族システムの平衡維持にとっては，肯定的な役割を果たしている側面を評価したことに意味がある．つまり，一種の「二重メッセージ」である．したがって，家族全員が同時にセラピストの発言を聞いていても，各人の受け取りかたは，微妙に違ってくる．ちょうどロールシャッハ反応のように，セラピストが発した曖昧なメッセージに対する各人の認知的差異が浮き彫りとなり，お互いが関係をどのようにちがって認知しているかが明らかになってくる．ここから，家族が陥っていた悪循環を断ち切る潜在的可能性が生まれてくる (Keeney & Ross, 1985).

パラドックス (paradox) という言葉自体は，印欧語系に語源を持つものであり，一般に受け入れられたことがら (ギリシャ語の doxa) に反する (para) ことがらを指す．日本語では「背理」，「逆理」あるいは「逆説」などと訳されている（中村秀吉, 1972）．しかし，パラドックスの前提になる「一般に受け入れられたことがら」，つまり，常識や通説は，欧米と日本ではかなり異なっていることは言うまでもない．極端な場合には，両者が相反することさえある（李, 1984）.

このような比較文化論的な視点を持ち込むと，欧米の家族療法で有効だとされたパラドックスの技法を，直輸入の形で日本の家族療法に持ち込むことは，はたして適切だろうか，という疑問が湧き起こってくる．しかも，当の日本の文化や社会規範そのものも，近年は急速に変化している．戦前の日本人にとってオーソドックスであった家族観や行動パターンが，今日では若い世代から奇異にさえ感じられるほどの感覚的・認知的ギャップが生まれつつある．したがって，同じ日本人の家族であっても，何がパラドックスであるかについての理解が，親子の間で一致するとは限らない．家族療法でも，同じセラピストのメッセージが親にはパラドックスとして受け取られても，子どもにはごく普通のこととして理解されたり，あるいはその逆の場合など，異なった反応が示されることは少なくない．

このようにパラドックスの多面性あるいは複雑性を見てくると，それと表裏

一体の「オーソドックス」という側面についても再検討せざるを得なくなる．したがって，問題解決を目的としてパラドックスを使うためには，クライエントにとっての常識や前提になっている暗黙の信念系（時に無意識的な）を的確に把握しておかねばならない．そのための具体的な接近法が，家族療法の独自な技法として注目されている円環的質問法（circular questioning）と呼ばれる特異な面接技法である（Penn, 1982; 亀口・萩原, 1987）．

　パラドックスを用いる心理療法に対しては，何か普通でない課題をクライエントに強制して，劇的な治療的変化を生じさせようとしている，との誤解が一般（もしくは専門家のあいだにも）にはあるようだ．しかし，治療的パラドックスを適切に用いるセラピストは，その謎めいた秘密の力で治療的変化を引き起こそうとしているのではない．

　セラピストがクライエントに提供するのは，「逆説的な関係」なのである．心理的問題をかかえ，その解決のために来談するクライエントに対して，ある人物がセラピストとして会い，話をすること自体が，「これは治療的面接であり，セラピストである私は症状を改善し，問題を解決するためにこそ言葉を使います」ということを，言外に（その文脈において）伝えている．その当事者であり，責任者でもあるセラピストが，「私はあなたを直しません（症状や問題行動を続けるように指示すること）」という逆説的メッセージを与えている．したがって，クライエントはセラピストから何らかの援助を期待すると同時に拒絶されてもいるような，矛盾した関係に取り込まれたことになる．セラピストは期待と失望を同時に感じさせるような，ある種の不安定な心理状態をクライエントに提供する．しかし，それはセラピストにとっても同様に不安定さ（不確定性）に満ちた関係なのである．

　クライエントが，このような不可思議な状況から簡単に離脱してしまわないのは，セラピストのある種余裕のある表情や態度に印象づけられてもいるからであろう．実は，セラピストはクライエントに状況の複雑さを，そのまま伝えようとしているのである．治療面接への抵抗が強く，自分自身を変えようとしないクライエントや家族ほど，面接やセラピストに対しても，固定した一面的な捉え方をしていて，それを容易に変えようとはしない．そこで，セラピストが矛盾する二つの側面を持つ関係の中に，クライエントを誘い込むことで，彼

らはそれまでとは異なる人間関係を初めて体験する．その象徴的な体験を通して，クライエントや家族の「自己組織化」の過程が始まり，症状行動を必要としない新たな家族の協力関係（システム）が成立する．

ローゼンバウム（Rosenbaum, 1982）の表現を借りれば，パラドックスを使う治療的介入の本質は，一定の状況に対するクライエント（そしてセラピスト）の思い込みを実態の無いものへと変質させ，「認識論的なジャンプ」(epistemological jump) に導くことなのかもしれない．パラドックスを含む介入によって，クライエントが自分自身を実体化された恒常的な概念として捉えることを断念し，絶えず自らを首尾一貫しないものとして許容する体験を経た分だけ，クライエントは自分の症状を断つことができる（Rosenbaum, 1982）．このような発想は，禅でいう「無」や「解脱」あるいは「身心脱落」といった概念に近いのではないだろうか．ユダヤ・キリスト教文化の中から誕生し，発展した心理療法の一つの流れが，しだいに東洋的発想に接近しつつあることは興味深い．いずれにしても，心の問題に臨床的に接近する際には，パラドックスの複雑性と直面することは避けられないようである．

(4) 家族システムへの臨床的接近法

心理療法の他の接近法と同様に，家族療法においても面接過程の詳細な分析・検討がなされている．とくに，ベイトソンの主張する円環的認識論に基づくミラノ学派の開発した「円環的質問法」は，国際的に大きな影響を与えてきた．この質問法の特性は，「円環性」にあるとされている．ミラノ学派によれば，円環性とは，面接実施中の活動過程であり，セラピストと家族が構成する上位システムの中で発生する特性である（Selvini Palazzoli et al., 1980）．

キーニー（Keeney, 1983）は，円環性についての説明の中で，パターン化された回路で作られ，情報を生み出す「差異」が詰め込まれたシステムの円環性について言及している．たとえば，ある一つの回路を取り上げても，多くの方向へ円環を描くことができる．それは，単純なレベルの場合もあれば，非常に複雑なレベルの場合もある．治療面接では，セラピストとクライエントとの間で発生してくる社会的フィードバックについても同様の理解が可能である．したがって，この回路は「心の単位」であり，情報が引き金となって起こす差

異によって作られている．このサイバネティックな観点では，システムのいかなる部分も他に対して一方的な支配力を持つとは考えられていない．各部分の行動は，それ自身の過去の行動と同じく，他の部分の行動によっても決定されるからである．

ある症状をサイバネティック回路の部分として見ることは，「症状」と呼ばれている事象を内に含むフィードバック構造を有する出来事の円環的（循環的でもある）連鎖を認めることを意味している．同様に，「介入」をシステミックに見ることは，介入をそのループ内に含むサイバネティック回路を構成することを前提としている．

また，ミラノ学派が常に強調するように，この回路の中にはセラピストが必ず含まれている．治療的変化は，クライエントの側にもセラピストの側にも生じることを前提としている．したがって，セラピストとクライエントを結び付ける円環性の観点は，共同進化のパラダイムからも支持されている（Hoffman, 1981）．円環的質問法は，この観点に立って工夫，あるいは洗練された家族療法独自の面接技法である．

トム（Tomm, 1985）は，円環的質問の類型をさらに綿密に分類し，表2-1

表 2-1　円環的質問の類型（Tomm, 1985）

差　異　質　問	文　脈　的　質　問
Ⅰ．カテゴリーの差異	Ⅰ．カテゴリーの文脈
A．人物間	A．意味と行動の文脈
B．関係間	(i) 意味を行動に
C．知覚／観念／信念間	(ii) 行動を意味に
D．行動／出来事間	B．意味と意味の結合
E．過去におけるカテゴリーの差異	(i) 内容と発話行動
F．未来におけるカテゴリーの差異	(ii) 発話行動とエピソード
Ⅱ．時間的差異	(iii) エピソードと関係
A．過去と過去	(iv) 関係と人生脚本あるいは家族神話
B．過去と現在	(v) 家族神話と文化的パターン
C．現在と未来	(vi) 混合
D．未来と未来	Ⅱ．時間的文脈
Ⅲ．一連の差異の順序づけ	A．二者関係内での行動上の効果
A．一人の人物による区別	B．三者関係内での行動上の効果
B．数人による区別	C．拡大した関係内での行動上の効果

のようにまとめている．さらに，トムは円環的質問を適切に用いることによって，それ自体が治療的な効果を発揮し，特別な儀式を処方したり，介入を意図した課題を与えなくとも，家族システムに自発的な変化を促すことが可能だと主張している．また，ミラノ学派は次々に質問法の改良案を発表し，他のシステミック・アプローチを取る家族療法家もそれぞれに独自の面接技法を開発している．亀口・萩原（1987）も，「日本語」による円環的質問法の確立を目指して臨床事例を蓄積している．また，十島（1997）は，第3世代のシステム論とされるオートポイエーシスの観点から，面接場面のコミュニケーション過程を分析している．とりわけ，家族コミュニケーションの「生死」と，家族の機能水準の良否とを直結させて論じようとする試みは注目される．

　家族システム論の基礎をなすシステム論や，その応用を図るシステム工学の分野でも，従来の二項対立を打破しようとする認識論的転換が，"ファジィ理論"を中心にして巻き起こりつつある（中村ほか，1989）．ファジィ理論の特徴の一つは，近代科学の基本的な前提である排中律，すなわち事象には真と偽の中間はありえないとする定理を容認せず，いわば灰色の状態を仮定するところにある．

　そもそも，この理論はコンピューターの存在を前提として，複雑で大規模なシステムを制御するための数学を駆使するきわめて精密で厳格な理論である．現代制御理論の創始者であるザデー（Zadeh, 1965）によって提唱されたものである．コンピューターで制御する対象は，すべて明確になって数式化されていなければならない．しかし，現実のシステムは複雑で曖昧であり，二値論理的に割り切ることはできない．さらに，機械的なシステムに人間が加わると，曖昧さを避けて通るわけにはいかなくなる．曖昧なものは曖昧なままに捉えて記述する手段が，現代科学の先端で必要になってきた．これが，ザデーが曖昧さの理論を着想した第一の理由だとされている．また，その曖昧さは人間の言語や主観に由来する部分が大であることも，重要視された．つまり，科学技術そのもののなかに「人間の主観」を持ち込むために，ファジィ理論は登場したのである．

　科学が外的で客観的事実を，そして心理臨床が内的で心的事実の構造を明らかにするという，異なる役割を担っているとはいえ，生身の人間はその両者の

はざまで生きることを強いられる．それは，通常われわれに正反対に見えている「虚」の世界と「実」の世界が，実は皮膜の裏と表のように一体のものだと喝破した近松門左衛門の芸術論に通じる（北山，1985）．単純に主客を分断できないとすれば，それを一体のものとして取り扱う思考法を発見しなければならない．筆者は，そのいくつかの手がかりを家族システムへ臨床的に接近する過程の中に見出せるのではないかと考えている（亀口，1991b，1997）．

　これまで心理学的研究法としての事例研究法には，実験統計的手法を用いる研究者からの厳しい批判が向けられてきたことは，よく知られた事実である．主要な批判として，他の研究者による追試や確認が困難であることや，少数の事例での結論を一般化できないことなどが指摘されている．

　この批判に応えるために，治療過程をビデオ記録する手法（クライエントの同意を前提とする）が家族療法を中心に広がりつつある．この記録方式を採用することで，セラピストだけではなく他の研究者も間接的に面接過程に参与し，分析作業を行うことが可能になった．また，セラピスト自身にとっても面接終了後に治療的責任から離れて面接過程を振り返り，自らの言動を批判的あるいは客観的に評価・分析することができる点は，有益である．ビデオ記録の最大の長所は，面接過程におけるクライエントとセラピストの両者の表情，態度，声の調子などの非言語的側面を分析するためのデータを蓄積できるところにある．これまでセラピストの観察力や記憶力，あるいは言語的な表現能力に依存していた面接記録の分析を，時間経過や場所の移動に関わりなく，自由にしかも正確に繰り返し再現させ，複数の人間が直接観察できるようになった．

　ヘイゼルリッグら（Hazelrigg et al., 1987）は，家族療法の治療効果を測定した20件の研究を展望した．それによると，家族療法では他の治療法よりも良好な治療効果が，全般的に確認されつつあると指摘している．しかし，それらの研究も家族成員間の相互作用についての実証的な資料に基づいたものは少なく，大部分は内省報告に頼っているために，さらに徹底した治療効果の確認がなされるべきだと主張している．

　筆者らは1982年以降，家族療法の治療過程を記述するための方法として，治療過程に伴う家族システムの変化を図像化する手法を開発してきた（上野・亀口，1987；亀口，1987, 1989；亀口ほか，1990）．1987年に公表した元の方

法では，各回の家族成員の発言内容をA（支持的），B（非支持的），C（要求・期待）の3類型に分類し，各二者間ごとにその出現頻度を集計した表をもとに家族システム図を作成した（図4-2～4-8を参照）．図の円は，各家族成員を示し，円の直径は発言総数を比例換算した数値によって求められる．その円が大きいほど，当該家族成員の主張の度合いが強いことを表す．各円の間の距離は親密度を表しており，近接しているほど両者が親密であることを表す．距離の算出法は，(A＋C)－Bによって求められた数値を任意の距離尺度に換算して行う．各円を結ぶ直線の幅は矢印の向いた相手への関与度を表し，A＋B＋Cの数値から算出される．この関与度には，肯定・否定の両面の感情が含まれる．

亀口（1996a）は，家族療法によって問題解決を達成できた不登校家族の家族システム図をパソコン画面で作成する手法を確立した．これによって，家族システム図の作成手順を統一することが可能になった．また，作成された家族システム図を順次家族療法事例データベースに入力することによって，文字情報ばかりでなく視覚的情報によっても臨床事例の検索ができるようになった．

家族療法の面接過程では，複数の2者関係や3者関係が同時進行している．時に，互いに矛盾する無数の視点が交差し合い，いわば視点のカオス状態が発生することもある．そこで，ミラノ学派は治療原則の一つに「中立性の維持」を掲げたのであった．しかし，家族との関係を維持するためには，セラピストが単に中立であるだけでは不十分だということが明らかになってきた．現在では，家族の全員に対して積極的に共感的態度を示し，おのおのの貢献を認め，支持する態度を明確にする必要性が指摘されるようになっている．

セラピストが家族の感情過程に積極的な関心を向けることによって，面接場面で生じるコミュニケーションの「カオス状態」にセラピストも巻き込まれる事態が増加する．これに対処するために，「アトラクター」という概念が役に立つのではないかとの着想が提示された（亀口，1996b）．アトラクターとは，磁石が鉄を吸い付けるように軌道を吸い付けるような位相空間中の領域として定義されており，カオス理論でも最も重要な概念とされている．比喩的に表現すれば，「渦」の中心点のようなものである．

家族面接での行き詰まりは，体験者にとってはまさに底無しの渦かもしくは

ブラックホールに吸い込まれるように感じられるものである．しかし，アトラクターという魅力的な概念のイメージは，ある種の新しい秩序の予感を与える．つまり，面接場面で同席している全員がカオスに吸い込まれる瞬間には，共通の「点アトラクター」に在ると考えられるからである．かくして，アトラクターという言葉が，カオスと新たな秩序のつなぎ目を意味していることを，筆者は家族療法の体験過程のなかから学び始めた（亀口，1996b）．

(5) 日本の家族と家族療法

家族療法を始めて数年後に，日本の家族に特有のコミュニケーション・パターンの特徴を体験的につかみ始めたように思う．同時に，日本の家族システムにおける世代間の差異に注目することになった．おそらく，日本では米国以上に各世代の人々の間の体験内容に大きな差があるからではないだろうか．一つの家族のなかでも，価値観や性役割観に歴然たる世代間の差異が見受けられるところに，潜在的な問題の芽を感じることが少なくなかった．家制度や血縁による束縛や絆が緩くなっている現代の家族にあっては，この差異は世代間の分裂や対立に容易につながる危険性をかかえている．

とくに，三世代同居の家族では，その傾向が顕著に表れていた．典型的な中年の親世代の場合には，戦前の日本の価値観を引きずっている祖父母世代とのズレに加えて，すでに生れたときからマスメディアの影響下におかれている自分たちの子ども世代とのズレにも対応しなければならないからである．また，狭い国土のわりに，通信・交通の手段が発達したわが国では，別居の場合でも三世代間の相互作用を軽視することはできない．それぞれの世代の「常識」が違っていることは，社会への適応条件を考えるうえでも，やっかいな問題となることは言うまでもない．筆者自身は，ここに日本の家族関係における「カオス状態」の発生の一因があると見ている．また，その傾向は，21世紀においてさらに加速されることも予測される（亀口，1997）．

したがって，わが国における家族臨床を真に根付かせるためには，欧米で発達した家族臨床の理論モデルをそのまま持ちこむことは，必ずしも得策だとは言えない．日本の社会システムの功罪両面を歴史的・生態学的観点から再考し，さらに各領域の独自性や特異性にも配慮した理論を確立し，有効な実践モデル

を作り上げていくことが求められている（吉川，1993；牧原，1998）．

　世代の異なる家族成員との同席面接の経験を重ねていると，しだいに各人の人生周期における段階の意味と，その関連性に目が向いていく．もともと家族療法の理論形成においては，家族人生周期は主要な論点でもあった．個人の人生周期と同様に家族人生周期でも移行段階には家族危機が発生しがちだとされている．しかし，家族療法における面接過程の進行とともに，両親が自分たちの人生を振り返り，子どもの問題が表面化してきた過程とその意味に，徐々に気づくようになるのは，実に印象的である．とりわけ，思春期の子どもの不登校の事例などでは，祖父母世代，親世代，子ども世代の各々の危機が連動して起こっている様子が手に取るように分かることも多い．

　子どもが思春期に達する頃には，両親が夫婦関係の稀薄化や仕事上の悩みをかかえていることが多く，その祖父母も老年期に特有のさまざまな心身の不調を示すようになっているものである．それまでとは違った家族の役割分担や関係の取り方が求められるものの，急激な変化を受け入れられない家族も少なくない．このような潜在的な家族内ストレスが高まった事態のなかで，不登校などの子どもの問題が生じがちである．

　筆者自身も家族の人生周期において，まさにこの移行期と重なる一時期を体験してきた．したがって，臨床の場において出会う，多くの家族と悩みを共有し，共感することができたように思う．けっして，人ごとではなく，自分自身もかかえる人生の問題として，個々の事例の解決を目指してきたと言えるだろう．そのような体験過程の積み重ねのなかから，家族成員各自の人生周期の位相の「ずれ」や「共鳴」を有効活用する家族療法の臨床実践を指向し始めた．その際に，父親でもある筆者自身を含む日本の父性とその変化に，治療的関心の焦点がおのずと向かうことになった．

　たとえば，14歳の子どもがいる家族を例にとってみよう．この「14歳」という年齢は，ナイフ刺殺事件を始めとして多発する現代の子どもの問題を象徴する年齢となっている．これら14歳の子どもを持つ父親の平均的な年齢は，40歳代前半であり，ポスト団塊世代の男性群でもある．先行する団塊世代の父親たちが幼児期や児童期に戦後の社会的混乱や極度の物不足，あるいは同世代内での大競争に投げ込まれた発達初期の体験を経ているのに比べれば，ポス

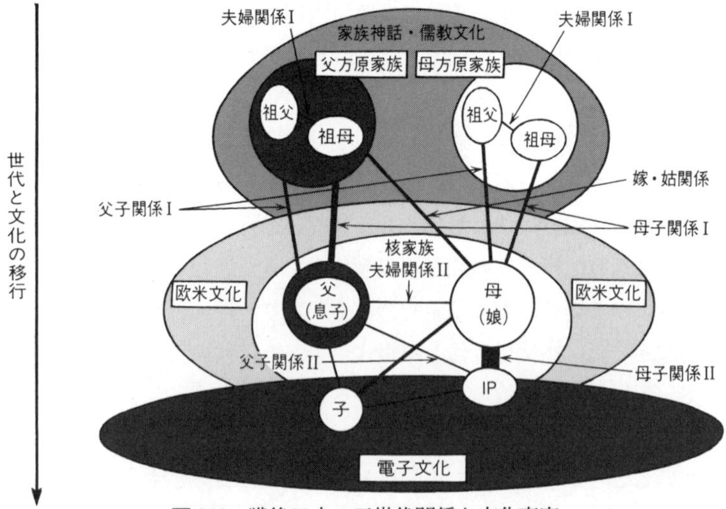
世代と文化の移行
夫婦関係I
家族神話・儒教文化
夫婦関係I
父方原家族
母方原家族
祖父
祖母
祖父
祖母
嫁・姑関係
父子関係I
母子関係I
核家族
夫婦関係II
欧米文化
父
(息子)
母
(娘)
欧米文化
父子関係II
母子関係II
IP
子
電子文化

図 2–3　戦後日本の三世代関係と文化変容

ト団塊世代の父親たちは，すでに，日本経済が高度成長期に入り，物質的な豊かさを享受できる社会で子ども時代を過ごしている．いわば，物質面でのハングリー体験を欠いた世代だと理解してよいだろう．このポスト団塊世代の父親の子どもたちが思春期になり，わが国の家族はこれまでとはまったく質の異なる心理的問題に直面するようになったのではないだろうか．

ここで，亀口（1998）が作成した三世代の家族関係の図式を使って父性の問題を中心とする日本の家族システムの問題を複眼的な視点から整理してみよう．典型的な母子密着の状態にある不登校の IP（患者あるいはクライエントとみなされている人物）を例にとれば，図 2–3 では母子間が太線で結ばれ，しかも両者が近距離にあるものとして描かれる．一方，父子間の距離は離れ，しかも両者を結ぶ線は細く描かれる．夫婦間の絆はやはり細く，その関係の希薄さを表している．さらに，ここで強調したい関係は，父親とその母親，つまり IP からすれば父方祖母との母子関係である．わが国の心理面接に多世代的家族療法の視点を持ち込む最大の利点は，この二つの母子関係（図 2–3 の母子関係 I および母子関係 II）を同時に視野に収めることを可能にする点にこそある．なぜなら，多文化的観点からすれば，儒教文化圏に属するわが国の母・息子間の情緒的な関係は欧米とは異なり，息子の結婚後も比較的強固に維持される傾向

が強く，その次の世代でのIPの心理的問題の発生に少なからぬ影響を及ぼしているからである．

　従来は嫁・姑関係の問題が表面化しやすかったために，夫とその母親との母子関係の問題に専門家の眼が向けられることは少なかった．とりわけ三世代同居の家族で深刻であった嫁・姑関係の問題は，核家族化の進行に伴って徐々に低減した結果，心理臨床家に持ち込まれる問題は，核家族内の母子関係の問題に集約されるようになったのではないだろうか．しかし，家族療法の導入により，同居・別居の差異にかかわらず三世代の家族関係の全体構造を俯瞰できるようになった結果，背景に隠れていたもう一つの母子関係（母子関係I）にも眼を向けることができるようになった．

　筆者は，不登校や家庭内暴力の問題をかかえた家族を対象とする日本での家族療法の18年の実践を通じて，これらの三世代の家族関係には，二つの母子関係の間で微妙に拮抗する相互作用があることを見出した．多くの事例で，IPと母親の密着の背景にはIPと父親の関係の希薄さが認められたが，同時に夫婦関係も希薄な傾向があり，他方で，嫁・姑間には顕著なもしくは潜在的な対立関係が存在していた．さらに，解決が困難な事例では，妻や子ども（IP）との情緒的絆は非常に弱いのに反して，自分の母親との情緒的絆を強固に維持している父親の存在が浮かび上がってきた．

　表面的には社会的な役割を果たし，核家族を構成しているかのように見えながら，妻子との情緒的な関わりを避け，むしろ家庭外での職場の同僚や知人との情緒的交流を優先する傾向は，日本人の平均的な父親像とされている．しかし，そこに成人である父親の自身の母親との濃密な母子関係が加わるとなると，家族システムの歪みはかなり深刻な様相を帯びてくる．数年以上続く不登校事例や，祖父母との三世代同居の家族の場合などに，その典型例を見ることができる．父親が十分な父性を発達させることができない背景要因は，何も父親自身の母子関係に限るものではない．父親が自身の父親に適切な父性の行動モデルを見出せなかった場合にも，父性発達に支障が生じるのは当然であろう．

　そこで，同じ図2-3に示した父子関係IとIIの相互作用にも注目する必要が出てくる．一般論として，強固な母子関係I（父方祖母―父関係）は，希薄な父子関係I（父方祖父―父）と対になっていると理解して差し支えないだろう．

このパターンを反復する形で，父親はわが子との間で，希薄な関係（父子関係Ⅱ）しか形成しない可能性が高くなる．複数の子どもがいる場合には，母親との過度な密着傾向が強い子ども（IPになる可能性が高い）との父子関係の形成がとりわけ困難になる危険性が高まる．

戦後の母親たちが願った「よい子」とは，言葉を換えれば，親を喜ばせることができる「親孝行な子ども」にほかならない．違いがあるとすれば，戦前までは儒教的道徳観を背景にして親が子どもに親孝行を強いたのに対し，孝行という言葉が死語と化した戦後にあっては，親が望ましいと判断した行動様式を，「子どもの将来のため」という名目で選択させるようになったことだろう．しかし，前述した中国女性史の研究者である下見（1997）が指摘するように，親を喜ばせることが儒教文化における「親孝行」の真髄だと理解すれば，戦後の親子関係の本質は，戦前のそれとさほど違いはないのかもしれない．むしろ，受験競争の激化にみられるように子どもが自らの自然な欲求に従って行動を選択するよりも，親の選択に従う傾向がさらに強化された側面さえある．つまり，表向き儒教固有の言葉が使われなくなっただけで，戦後の母子関係の内実は，子どもが親の喜ぶ行為を献身的に行うという儒教文化の伝統に沿ったものだったのではないだろうか．

(6) 家族療法家の体験過程モデル

筆者が，家族療法の基本的な枠組みとして採用したミラノ派の特徴の一つに，中立性の維持がある．これは，家族療法家がいずれの家族成員に対しても偏った支持をしないという治療原則である．筆者も初期には，この原則を忠実に実行しようと努めた．しかし，1ヵ月という長いインターバルをおきながら，なおかつ家族との関係を維持するためには，家族療法家が単に中立であるだけでは不十分であることを体験するようになった．家族の全員に対して積極的に共感し，おのおのの家族への貢献を認め，支持する態度を家族療法家が積極的に示す必要があることに気づき始めたのである（亀口，1997）．

このような筆者自身の家族療法における体験は，初期のミラノ派が，いったんはしりぞけた「感情」の積極的な再評価へと向かわせた．興味深いことには，ミラノ派の人々も最近では徐々に，家族療法の実践過程における感情要因の重

要性を強調するようになってきている．このような家族療法の変化は，家族システム自体の自己組織化や変化の潜在的可能性に信頼をおく立場からすれば，当然の成り行きでもある．家族療法の実践過程におけるセラピストの強調点が移行してきたにすぎないと見るべきだろう．

家族療法における感情過程への焦点化によって，従来の共感的対応を主体にしてきた心理療法諸派との連携もスムーズになってきたように感じる．感情という共通の体験様式を基軸にすることで，個人あるいは集団療法と家族療法とを混乱することなく使い分ける方法を見出せるのではないかという期待も生れてきた．実際，さまざまな状況をかかえた家族に対して一律の手法で対応することはけっして適切ではないし，臨床現場の実状からしてもそうはできないからである（ナピア＆ウィタカー，1978）．

家族療法の臨床経験が10年を超す前後から，臨床的認識の基礎をなす「境界設定」そのものに，筆者の思考活動が集中し始めた．それまでに扱った臨床事例を組織的に整理していくうちに，「家族境界膜」という構成概念がキーワードとして浮び上がってきた．そこで，この自前の概念を使った臨床研究を遂行し，「家族システムへの臨床的接近」と題した論文として完成させた（亀口, 1992, 1997）．

家族境界膜をさらに一般化した概念として「境界膜」を使い，将来は「膜理論」の構築にまでもっていきたいと希望している．これまでの筆者の臨床体験のなかで，もっとも印象が強かったのは，家族との面接過程で時に生じた混沌とも呼べるような状態であった．とくに，同席している家族構成員の間にさまざまな葛藤があり，しかも明確に言語化されないような家族面接では，そのような事態が発生しがちであった．セラピストも面接の方向を見定めることができず，窮地に陥る体験を強いられる．精神分析的な面接過程で言えば，クライエントからの陰性の感情転移を受けたセラピストが，陰性の逆転移を起こしている状態に近いだろう．

家族療法では，いくつもの2者関係あるいは3者関係が同時進行しているだけに，ことはいっそう複雑である．このような場面での筆者の体験を比喩的に表現すれば，「渦」に巻き込まれた感覚と言ってよいのではないだろうか．このような体験をさせられたときには，初期のミラノ派が「中立性」の維持を主

張していたことを思い出し，その正当性を納得せざるをえなくなる．しかし，家族の感情過程に踏み込む決意をしたからには，それが作り出す渦を避け続けることは不可能にちがいない．では，どう対処すればよいのか．この問いを考え続けることが，最近の筆者の課題となっていた．その際に，貴重なヒントを与えてくれたのが，意外にも臨床家には通常縁遠いカオス理論や複雑系の科学における発展であった．

ここでは，カオス理論についての筆者の乏しい理解をことさら紹介するまでもないだろう．ただし，この理論で主要な役割を果たしているアトラクターという概念については，一言述べておきたい．なぜなら，混沌状態に陥った家族療法の過程を記述するうえで，この概念がきわめて有用だからである．アトラクターには，「点アトラクター」，「奇妙なアトラクター」等々さまざまな種類のものがあることが知られている．自然界の複雑で流動性に富む現象の過程そのものを記述するための道具として，すでにこの概念は市民権を得ていると言って差し支えないだろう (Nicolis & Prigogine, 1989)．

家族療法におけるセラピストと家族の相互交流の過程は，単一のパラメーターでは記述しえない複雑系であることは，論を俟たない．そこで，カオス理論に代表される複雑系の科学から生れた「アトラクター」という概念を，家族療法の治療過程を記述する際の鍵概念として使うことを思いついた．ちょうどその頃，家族面接の最中に，しかも，展開に行き詰まりを感じていたときに，この言葉が筆者の脳裏に浮かんだのである．最初は，自分が底無しのブラックホールに吸い込まれるような感覚を抱いた．同時に，家族の人々も同様の体験をしていたのではないだろうか．面接場面にいた全員が混沌に吸い込まれようとしたその瞬間に，「アトラクター」という魅惑的な言葉が，ある種の秩序の誕生を予感させた．面接過程のその瞬間には，家族療法家としての筆者も家族も共に混沌のただ中，つまり，共通の点アトラクター上に「在った」からである．かくして，アトラクターが，混沌と秩序のつなぎ目を意味していることを，筆者なりに体験したのである．

家族と共に混沌の渦中にとどまる体験を繰り返すうちに，最近ではその渦から抜け出るコツのようなものがあるのではないかと，考え始めている．これを仮に「渦抜けの技法」と称しているが，まだ断片的なものであって体系化され

ておらず，いくつかの臨床体験の共通項を拾い出しているに過ぎない．しかし，幸いなことに「渦」のイメージには，さまざまな臨床体験を凝縮したような側面があり，混沌とした体験過程の流れを一点に引き付ける，まさにアトラクターのような使い勝手のよさに大いなる期待を感じているところである．

かつて家族療法を始めた頃には，家族が作り出す感情の渦に巻き込まれまいと必死であったことを思い出す．確かに避けうるものはそうすべきであろう．ただし，すべての渦を避け切れるものでもないと考えるようになってきた．また，渦中に巻き込まれれば，それが最後ということでもないことを体験した．恐怖の一瞬ののちに渦から抜け出ている自分自身と家族を再発見した体験が幾度かあるからである．渦を抜け出るきっかけや手掛かりは，実に微妙なものだったように記憶している．面接室の窓の外からふいに聞こえてきた「セミの鳴声」であったり，「一陣の風」にさわやかさを感じた瞬間であったり，ある独特の「間」のあとに，渦を抜け出た体験が訪れたように思う．したがって，それは技法とも呼べるものではなく，ある種の態勢や構えのようなものなのかもしれない．いずれにしろ，このような体験の後で，筆者のなかから面接場面での恐怖感が消えたことは事実である．この渦を抜けた体験の波及的ないし持続的効果については，カオス理論でやはり重要な役割を持つ「ソリトン（孤立波）」，とりわけ「渦ソリトン」と呼ばれる現象に極めて類似しているとの印象を持っている（Briggs & Peat, 1989）．

それは，セラピスト自身の能力や力によって渦を操作，支配，あるいは回避するというのではなく，静かに身をまかせて待つという心境なのである．困難な状況をかかえた家族を前にして，自分の無力さを直視するいくばくかの勇気をふるいたたせることなのかもしれない．かつて，家族の問題を解決しようと自分の身体に力を入れていたやり方とは，明らかに違ってきた．無手勝流の類かもしれない．いずれにしろ，いったん飲み込まれた渦からさえ生還できたという体験は，筆者にとって実に貴重なものであった（亀口，1997）．

先に，困難な家族面接過程での家族療法家としての体験を「まるでブラックホールに吸い込まれるようだ」と形容した．筆者は，これを単なる比喩的な表現にとどめず，家族療法家にとっての体験過程，さらには家族やIPのそれをも包含する家族療法の体験過程モデルを形成する足場にしようと考えている．

ブラックホールなる概念については，ホーキング（1989）ら宇宙論の研究者の著作によって一般にも広く知られるようになったが，これはすべての物質（あるいは情報）が吸い込まれる穴を意味している．さらに，このブラックホールそのものが消滅することが理論的に証明されている．その結果，いわゆる時空の虫食い穴（ワームホール）を想定する必要が出てくる．

ワームホールとは，ブラックホールの概念図において，物質がないためにその図の底が抜けて，もう一つの別の世界へつながっているものである．しかし，実際には，別の世界が急に生成されるとは考えられないので，それは，この世界の別の場所であろうと思われる．そうすると，その概念図は，図2-4のようになる．これは，時空の位相自身が量子効果によって激しく変化していることを意味する（佐々木，1990）．

筆者は，このワームホールの概念図を下図として利用し，図2-5に示すような家族面接における家族療法家の体験過程の図像化を試みた（亀口，1997）．図の左側の吸い込み穴に円球で表示した家族と家族療法家が接近し，共に下降しながら螺旋運動を始める直前の状態が，家族面接を開始した時点の状況描写となっている．面接開始後は，日常の時空間とは異質な臨床的体験がなされる面接室の時空間を暗示する「管」を通過して面接終了と共に右側の穴から再び日常的時空間，すなわち現実世界に戻り，家族療法での関係を解いた状況を描写している．

さらに，このモデル図を基本パターンとして，図2-6に示すような家族療法の過程全体を視野に入れた体験過程モデルの図式化を行った．図の左上の部分は，図2-5と同じものであり，初回面接に代表される初期の面接での体験過程を示している．図の下部分は，中期の体験過程モデルを図示したものであり，体験過程が深化する様相を，臨床的時空の管が初期過程のモデルに比べてより下方に垂れ下がった形状によって描写している．管の下がり切った部分で家族システムの構造的変化を促すような，決定的なカオスが発生すると想定される．家族療法家はカオスによってもたらされる危機を家族と共に経験する．しかし，何らかのアトラクター（治療的アトラクター）の出現に家族療法家が気づくことによって，渦を抜ける際に位相の転換が生じて上昇する螺旋過程に移り，家族に問題解決の期待や予感を抱かせて面接を終えることができる．図の右上部

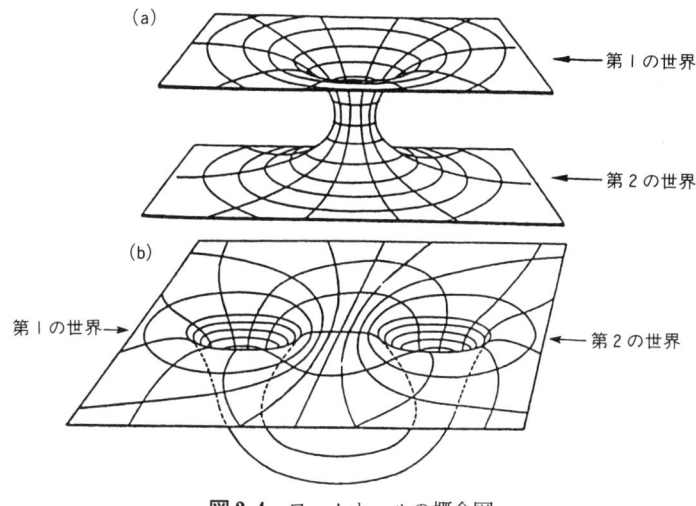

5 家族臨床心理学の理論モデルに向けて　　125

図 2-4　ワームホールの概念図

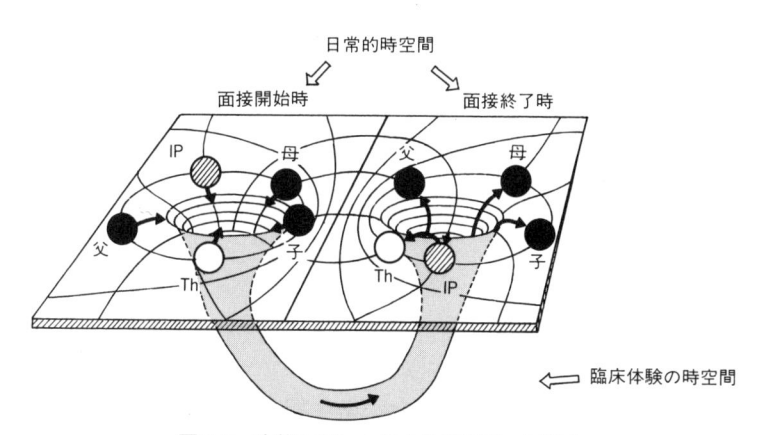

図 2-5　家族面接における体験過程の図像化

1回の家族療法面接の体験過程のモデルを図像化したものである．左の開口部が面接開始時の家族とセラピストを，右の開口部は終了時の状況を示す．家族とセラピストが同じ管のなかにあって流動していくことは，両者が体験過程を共有していることを比喩的に示している．

(a) 初期のモデル

臨床体験の時空間

(b) 中期のモデル

カオス状態　　新秩序の誕生

治療的アトラクターの発生

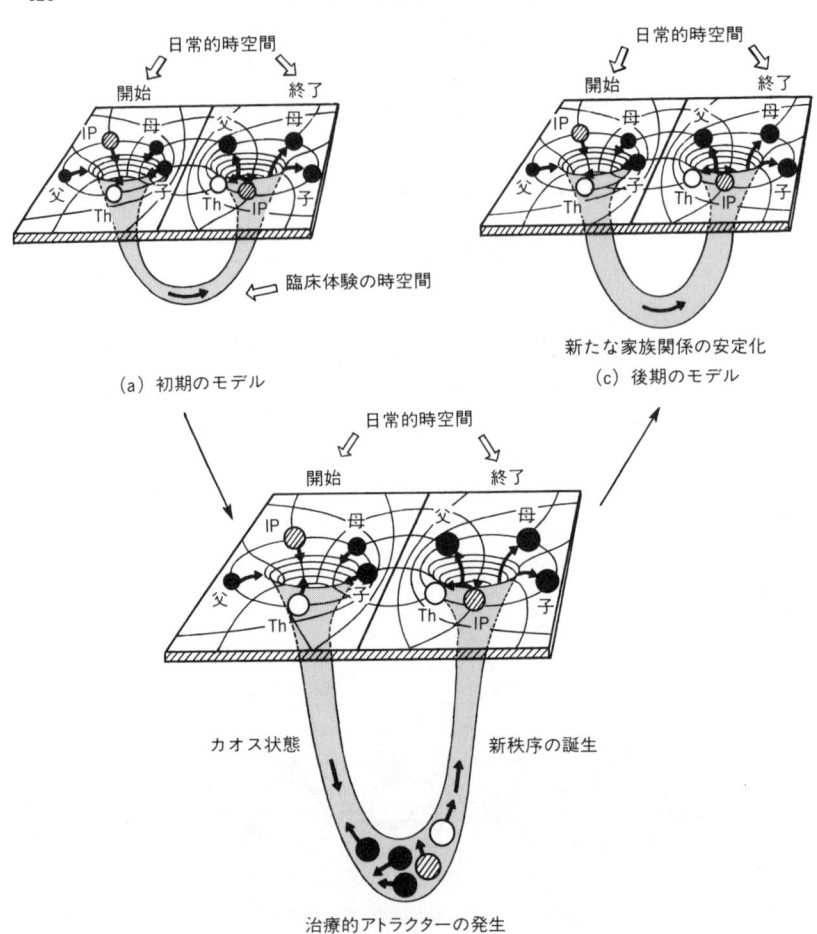

(c) 後期のモデル

新たな家族関係の安定化

図 2-6　家族療法家の体験過程モデル

分は，治療後期の体験過程モデルを図示しており，臨床的時空の管（面接室での治療関係）はこの段階ではもはや日常的な現実世界での人間関係からあまり離れてはいない．また，この段階ではすでに構造的な変化を遂げた家族システムに，IPを含む家族全員が再適応している時期でもある．

家族療法開始時点ならびに終了時点での家族療法家と各家族成員の相互関係をより詳細に把握するためのモデル図として，図2-7を提示しておく．

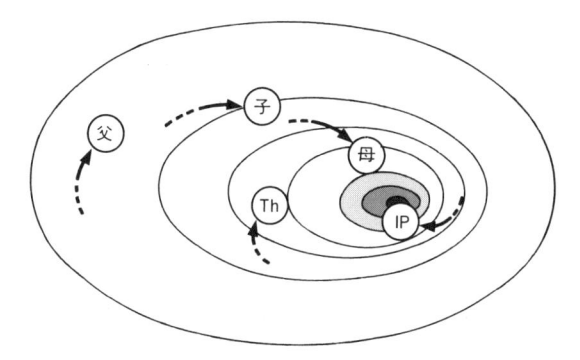

5　家族臨床心理学の理論モデルに向けて　　127

a 治療的「吸い込み穴」における下降的螺旋パターン

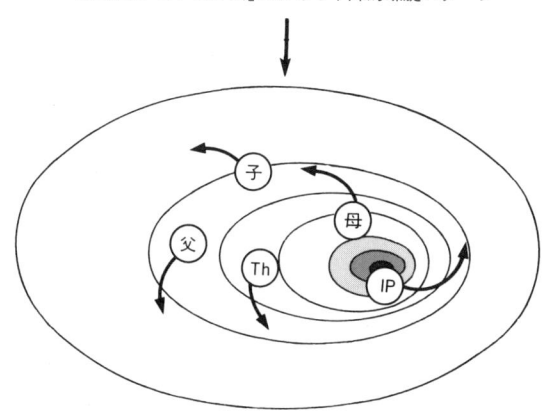

b 治療的出口における上昇的螺旋パターン

図2-7　家族面接の開始および終了時点のモデル図

第3章
家族臨床的援助の方法

　家族への心理臨床的援助を始めるにあたり，援助する者が心にとめておくべき基本的態度としてロジャース（Rogers, 1957）が示した三つの原則，つまり，クライエントへの無条件の積極的関心，共感的理解，および純粋性は，学派の違いを超えて尊重される必要がある．直接の面接対象者が個人であれ，夫婦もしくは家族全員であっても，人としてのクライエントを差別する理由はないからである．ただし，さまざまな家族臨床の場面に登場する家族は，それぞれに固有の問題をかかえている．セラピストは，個々のクライエント家族に対して既成の技法を手順どおりに用いるのではなく，あくまでも家族とともに問題解決に向けた協働作業を継続する態度が求められる．その結果，従来の個人療法では用いられなかったような技法も必要になってくる．
　ミニューチンらの構造学派が強調するジョイニングの技法（p. 132参照）などが，その典型である．リフレーミングの技法（p. 151参照）も，多くの学派で共通して用いられる標準的な技法としてほぼ定着しつつある．いずれにしろ，新たな技法の開発はセラピストが一方的にリードして行うよりも，クライエント家族のなかに潜む問題解決能力や人間的な資源を，彼ら自身が掘り起こし，育てることによって達成されるほうが望ましい．なぜなら，家族臨床の真の評価者は，当の「家族」にほかならないからである．
　以下に紹介する諸技法は，苦悩する家族との協働作業の結果生み出された，各学派の「臨床の知」の結晶ともいうべきものである．ただし，本書では従来の家族療法の入門用テキストにみられるような各学派ごとに技法を網羅的に列挙するのではなく，あくまでも家族臨床活動の個別的な目標や必要性に応じた紹介を意図している．したがって，項目によって各学派の技法が混在する構成

になっている．本書における筆者の基本的な立場は，いずれかの特定の学派を擁護するのではなく，個々の臨床場面に即応する技法やその選択に役立つ資料や情報を提供することにあるからである．

1 家族コミュニケーションの改善のための技法

(1) 家族交流の欠如を補う技法

アポンテ（Aponte, 1976）らは，柔軟な感情の交流や機能的なコミュニケーションが不足している家族の関係を改善するための技法として，①構造化，②実演化，③課題設定，をあげている．

① 構造化の技法

構造化の技法は，セラピストが家族の交流パターンに影響を与えるために，自分自身を活用するものである．たとえば，支配的な夫に何かしらの負い目を感じてきた妻に対して，セラピストは彼女の夫がそれまで示してきたそっけない態度とは異なる態度で接し，できるだけ彼女の決断を尊重するように努める．それによって，自信を持ち始めた妻が夫に対しても積極的に意見を述べる場面が出てくる．その積み重ねの中から，しだいに不足していた家族のコミュニケーションに変化の兆しが現れ始める．

② 実演化の技法

実演化技法（エナクトメント）は，面接場面の中で会話を中断し，問題となっている家族のやりとりをその場で再現してもらうことである．つまり，言葉による「説明」のレベルではなく，当事者である家族が同席しているところで，互いのコミュニケーションの問題点を自らの行動を通して再確認できるようにする．この技法を使うことによって，言語的表現能力が十分に備わっていない子どもにも，身振りや行動を交えた自己表現の機会を与えることができる．

具体的には次の3段階の過程を経て実施される．まず，セラピストは家族の面接場面でのやり取りを観察する．面接室に入室後に，家族がどのような順番でどのような位置に座るかなどは，きわめて重要な手がかりになる．たとえば，夫婦間に緊張感がある場合には，夫婦の間に子どもが座ることになりがちである．第2段階は，セラピストのいる前で，うまくいっていない家族の交流パタ

ーンを再現してもらう．セラピストはそこに働きかけ，機能不全のままの家族の交流を強め，その明確化をはかる．第3段階では，これまでとはちがったやり取りを試してみるように働きかける．このあたりは，共感や受容的態度に固執する個人療法家には違和感を覚える部分であろう．なぜなら，そのようなセラピストからの働きかけは，きわめて「指示的」で「支配的」とも受け取られかねないからである．しかし，家族全員がくもの巣にからめとられたような状態に陥ったときに，セラピストが脱出できそうな糸口を見つけ出して彼らに指し示すことは，けっして支配のためではない．むしろ，家族全員が失いかけた「希望」を取り戻すためのささやかなきっかけを，セラピストは作り出そうとしているにすぎないのである．

③ 課題設定の技法

三つ目の技法は，セラピストが家族に，ある特定の交流に関わる課題を出すことである．つまり，家族自体が面接場面や日常の家庭生活の場面において，セラピスト抜きで新しい家族交流や家族コミュニケーションのパターンを試してみるように働きかけることを指す．指示される課題には，「いつ」，「どこで」，「誰が」，「どのように」交流に関与すればよいかが示される．たとえば，口論の絶えない夫婦の場合には，「旅行に出かける前に，思いきり二人で喧嘩をしておくように」という課題を与えることもある．それによって，夫婦が旅行前に口論になったとしても，それはセラピストの指示を忠実に守ったことになる．また，指示に反して夫婦が喧嘩をせずにいたとしても，それはすでに治療の目的が達成されつつあることを意味しているので，セラピストの怒りをまねくことはない．こうして，夫婦は絶え間ない夫婦喧嘩という「くもの巣」から脱出し，新たな家族の交流を始めることができるようになる．

(2) 家族内での交流の歪みを修正する技法

ここで，ミニューチンがコンサルタントとして介入した家族療法の事例を使って，交流の歪みを修正する技法を具体的に説明することにしよう（遊佐，1984）．家族は，両親と4歳と2歳の娘である．問題は4歳の娘の多動的な行動を親が統制できないという状態．夜間に部屋に鍵をかけておかなければ，娘はガス台の火をつけたり，戸外に出てしまったりする行動を繰り返していた．

第7セッションで，ミニューチンがコンサルタントとして参加している．

　第1段階の査定で，父親は長女の行動をある程度統制することができていることがわかる．しかし，母親は無力感を抱いていて，長女もそれに反応している．母親は常に長女から目を離せないでいる．以上の説明を両親から受けている間も，長女は元気よく妹を従えて騒音をたてながら面接室をかけ回っている．

　第2段階では，この母親と長女の間の交流パターンを実際に再現するようにもっていく．

　　セラピスト（母親に）：私たちが相談しているあいだに，この子たちは騒ぎ廻っていますけど，これにどう反応されますか？
　　母親：反応？　神経がピリピリします．
　　セラピスト：神経がピリピリする訳ですね．
　　母親：ええ，ピリピリします．
　　セラピスト：じゃあ，子どもたちに1ヵ所にじっとしていてほしいと思いますか．
　　母親：いいえ．おもちゃが，そのようにあると，1ヵ所にじっとしていられないのは，よくわかります．
　　セラピスト：では一体どうしてほしいのですか．
　　母親：今，ここでですか．
　　セラピスト：そう，いったいどう変われば，あなたの気が楽になると思いますか．
　　母親：あの子たちがそこにおとなしく座って，人形遊びをしてくれたら，気が楽になると思います．
　　セラピスト：それじゃ，そうさせてください．子どもさんたちにそうさせてください．
　　母親：A子ちゃん（長女），あそこに行ってお人形さんと遊んでね．いいでしょ．さあ行って．
　　A子：どうして．
　　母親：そこに行ってお人形と遊びなさい．
　　A子：おかあさんなんてきらい．

母親：いい子だから，さあ，そこで，お人形と遊びなさい，いいでしょ．
A子：いや，お人形さんなんて．
父親：A子……
母親：B子ちゃん（次女）は，お人形さんと遊んでいるでしょ……
父親（厳しい口調で）：A子，そこに座りなさい（A子は父親の方を見る）．
セラピスト（父親に向って）：おかあさんにやらせてください．おとうさんが家にいらっしゃらない時しなければいけないのはおかあさんなのですから．
父親：そうですね．
セラピスト：そうです．ですからおかあさんにやらせなければ（遊佐，1984, Pp. 136-138）．

セラピストが母親に実際に子どもをコントロールするように指示することは，母親に潜在的な能力があることを示唆している．しかし，実演化によって母親の無力感は増し，父親が介入してくる．そこには，手におえない娘，無力な母親，支配的な父親という3者の非機能的な側面がくっきりと浮かび上がり，全員がそれに直面せざるをえなくなる．そこで，セラピストは家族交流の歪みを修正するために，積極的な働きかけを始める．セラピストはきっぱりとした態度で，「あの子たちはそこに座って人形遊びをしませんね．じゃあ，子どもたちにそうさせてください」と母親に再三要求する．セラピストは，母親の説明ではなく，無力ではない行動を実際に取ることを要求するのである（ただし，セラピストは暗黙のうちに，母親がそれまでに子育てについて苦悩してきたことへの深い共感や支持の態度を伝えていることを見逃してはならない）．

この第3段階では，母親が今までとは異なる行動を示した時点で終わる．子どもをコントロールできなくても，母親が違った態度をとり，子どもの行動にわずかな違いが生じれば，成功とする．この段階の目標は，セラピストの立合いのもとで，母親が権威者としての夫の介入なしで，自分が少しでも有能な親としてふるまう経験を獲得することである．セラピストは，長女の行動障害は，母親の無力感と父親の支配的姿勢を含んだ家族交流の歪みから生じているとい

う前提に立って,この例では母親の無力感に焦点をあてた技法を用いたわけである.

(3) 親密な交流や心のコミュニケーションを生み出す技法——ジョイニング

個人対象の臨床活動でラポールの形成が必須であるのと同じく,家族臨床ではジョイニングが大切にされている.ある家族システムに参加するためには,セラピストはその家族特有の組織やスタイルを受け入れ,セラピスト自身がそこに溶け込み,家族の相互交流パターンを体験しなければならない.その際,セラピストの自然で真摯な思いやりや共感的態度が重要であることは前述したとおりである.

ジョイニングには以下の三つの技法が使われる(野末,1999).

① 第1に伴走であり,治療者が,家族に今までどおりにコミュニケーションを続けるように支持し,その流れに治療者がついていくことである.具体的には,治療者の支持的なコメント,家族が語る内容を明確化するための質問,繰り返し,傾聴する態度などである.
② 第2は調節であり,治療者自身の言動を家族の交流に適合させることである.そして,家族の特有な交流のルールに従い,これまでの構造を維持することを尊重する.
③ 第3は,模倣であり,治療者は家族の言語的・非言語的側面を観察し,ことばづかい,比喩的な表現,感情の表現,仕草などを,意識的,無意識的に模倣する.

これらのジョイニングの技法が実際にはどのように使われるのかを,初回面接を例にとって描写してみよう.家族は,40歳代の夫婦と12歳の1人息子である.夫は躁鬱病で入院中である.セラピストが家族に問題の定義を求める.

 セラピスト:セラピーを始めるにあたって,皆さんそれぞれ問題意識を持っていると思うのですが,問題をどのように考えているか聞かせてください.どなたから始めてもらえますか(**構造化**—IPを問題と決めつけ

ず，夫婦両者にそれぞれの問題意識を問いかける）．

夫：問題は私なんです．私が問題です．

セラピスト：そんなに決めつけないで，もう少しゆっくり話し合ってみましょう（**構造化**）．

夫：いや，どんなことに対しても神経過敏になって，入院しなければいけなくなって，……私が問題です（夫は上着をぬいで，椅子の背にかける）．

セラピスト：そうですか．それでは，あなたの問題について話してください（夫の問題定義に対するセラピストの**調節**．同時に**伴走**のための質問）．

夫：常に神経過敏でイライラして，いてもたってもいられないのです（上着のポケットからタバコを出して火をつけようとする）．

セラピスト（上着をぬぎながら—セラピストは無意識かもしれないが，夫に対する**模倣**とも考えられる）：今でもイライラしているのですか．失礼，私にも1本いただけますか．

夫（セラピストにタバコを渡し，それに火をつけながら）：ええ，どうしてもリラックスできないのです（自分のタバコにも火をつけ，椅子に深く座って，タバコを深く吸う．セラピストも「どうも」と言って，自分の椅子に深く座り，深くいっぷく吸う—**模倣**）．

夫：まあ，ときには落ち着くときもありますがね．でも，ふだんは神経がピーンとはりつめた感じで，すぐにイライラして，それであげくのはてが入院といった始末です．この頃，何をするにも不器用で，もうだめだって感じです．

セラピスト：あなたが問題だというわけですね．すいません，灰皿を（夫の使っていた灰皿に手を伸ばすが灰を落とす．灰をひろいながら）．私も不器用でね，女房にもよく，あなたって本当にだめねなどと言われるんですよ（この偶然のハプニングの結果，「不器用さ」と「ダメな男」の**模倣**と解釈されるセラピストの行動）．

夫：ええ，私が問題ですよ．私の問題の原因がどこにあるかは分かりませんが，問題は私ですよ．

セラピスト：なるほど．あなたの理屈から言えば，原因はあなた以外かもしれませんね．誰があなたをいらだたせますか．家族の中の誰かが，あなたをいらだたせることはありませんか．

夫：家の誰も，そういうことはないと思いますが．

セラピスト：じゃ，この件を奥さんに聞いてみましょう．よろしいですか？（夫が，自分が問題であるということに関しては，自分が家族の臨時スポークスマンであるという前提に立って，セラピストは夫を通して家族と関与するという態度を示すために，他の家族成員と話すための許可を夫に求める—**維持**という形の**調節**）．

2　家族関係の構造的理解を促す技法

(1)　家族システムの類型の理解

　ここでは八つの家族システムの類型を紹介するが，現実の家族システムはそのいずれかにすっきり分類されてしまうものではない．個人の人格類型についての論議と同様に，さまざまな中間型を想定する必要がある．また，ここでは両親と子ども二人の標準家庭を想定した類型化を行ったが，わが国でも最近は全世帯に占めるこの種の家庭の比率は低下し，30％台になってきている．したがって，家族構造の一般的類型化のためには，片親家庭など標準家庭以外の形態を含めるべきであろうが，反面では，むやみに類型が増加することで類型化の意義自体が失われる恐れも出てくる．

　家族構造を類型化することによって得られる理解は，あくまで基本パターンの理解に留まるものであり，現実の個々の家族構造を理解するためには，さらに肌理細かな検討がなされねばならないし，安易な固定的分類は慎むべきである．類型を用いた家族理解は，描画における「デッサン」に近いものだと心得ておきたい．複数の個人によって構成される家族を人体にたとえるならば，それぞれの部位を切り離して個々に精密に描くよりも，まず全身の骨格や動きの特徴を押さえることを優先させようとするものである．

①　父親孤立型

　わが国の平均的な家族の心理的構造は，この型であるといって差し支えない

であろう（図 3-1 参照）．ただし，当の家族システムを構成している成員にとっては，かならずしも父親が「孤立」しているという実感はないようである．広く行きわたった社会的規範自体が，家族システム内での父親の位置づけを明確にせず，職場システム内での位置づけをそのまま持ちこんで代用しているからであろう．

だとすれば，父親が他の家族成員から長時間離れて一人で勤務や仕事がらみの付き合いを続けたとしても，「孤立」しているとはみなされないはずである．むしろ，父親が後顧の憂いなく働けるということで，社会的には賞賛される状態だということになる．しかし，家族を生命システムとして理解しようとする本書の立場からすれば，やはりこの型の家族システムにあっては父親が心理的・情緒的に孤立していると判断せざるをえない．また，この型では残りの母子が相対的に密着の度合いを高めることになることも避けえない．つまり，別の表現を用いれば，「心理的母子家庭」ということにもなる．

② 迂回攻撃型

非行などの問題行動を示す子どもがいる家族で，典型的に見られる家族システムの型である（図 3-2 参照）．この型の家族システムにあっては，前景に出ているのは子どもの問題であっても，その背景には両親間の潜在的あるいは顕在的な対立が存在する場合が多い．ところが，両親の側で夫婦間の問題に直面することを避ける傾向があるときには，子どもの引き起こす問題行動が，夫婦間葛藤のバイパスとして機能する．つまり，夫婦が互いに抱いている不満が，問題を起こした子どもをともに攻撃し責めることで（両親にとっては子どもをしつけているという免罪符が用意されている），それと意識されないうちに解消され，夫婦は親としての連帯感を一時的に取り戻す．しかし，元々の夫婦間の葛藤そのものが解決を見たわけではないために，やがて同じような行動の連鎖パターンが家族内で繰り返されることになる．

③ 迂回保護型

同じように夫婦間に潜在的な葛藤が存在する場合でも，その子どもの行動特徴が異なっていれば，当然家族システムの型も異なってくる（図 3-3 参照）．たとえば，子どもが何らかの障害をかかえていたり病気がちであれば，夫婦はともに親として子どもを保護し介護するために協同歩調を取らざるを得なく

る．その結果，夫婦間の葛藤そのものに直面する機会を失い，夫婦のいずれかがその問題を意識し始める次の機会まで先送りされる．やはり，前述の迂回攻撃型と同様に，子どもの問題が夫婦間葛藤のバイパスとして働くのである．しかし，夫婦自体はその仕組みに気づいていないことが多い．また，子どもにしても両親からの保護は歓迎しても拒否する理由のないものであるだけに，そのような関係パターンを変化させることは相当に困難である．

④ 分裂型

複数の子どもがいる家族では，夫婦関係が良好でない両親がそれぞれ別々の子どもを味方に引き付けて対立することもある（図3-4参照）．その場合には，家族システムが二分された状況に陥り，システムとしての機能不全はまぬがれない．したがって，別居・離婚といった家庭生活の根幹を変えざるを得なくなることも多い．しかし，両親がその対立を表面化させることをともに望まず，巧妙に隠蔽する場合には，表面上は家族システムの分裂は回避され，家庭内離婚とも呼ばれる独特の状況が生れる．わが国では，この種の家族システムが多いとも言われているが，何らかの問題が表面化しないかぎり，外部の人間がその実態を知ることはできない．

⑤ 世代断絶型

子どもが思春期以降の発達段階に達した家族にあっては，子どもたちが新たに獲得した価値観や若者文化に強く影響されて，両親が維持しようとする生活スタイルや価値規範と鋭く対立することが多い．それ自体は，家族人生周期の観点からすれば，ごく一般的で当然予測される現象であり，子どもが発達段階上の移行期を脱することで両者の対立は緩和されていくのが通例である．しかし，家族によっては，両世代の断絶が固定化して親密な交流ができなくなる例もある（図3-5参照）．この型の特徴としては，親と子という世代間の対立的関係に比して，夫婦あるいは同胞といった同世代内の関係は親密であり，コミュニケーションも良好である．

⑥ 離散型

世代間の断絶に加えて，同世代サブシステムにも心理的亀裂がある型である（図3-6参照）．家族全員の間に心理的絆が存在しない状態であり，小此木(1983)の言う「ホテル家族」に類似した型だと理解することもできる．また，

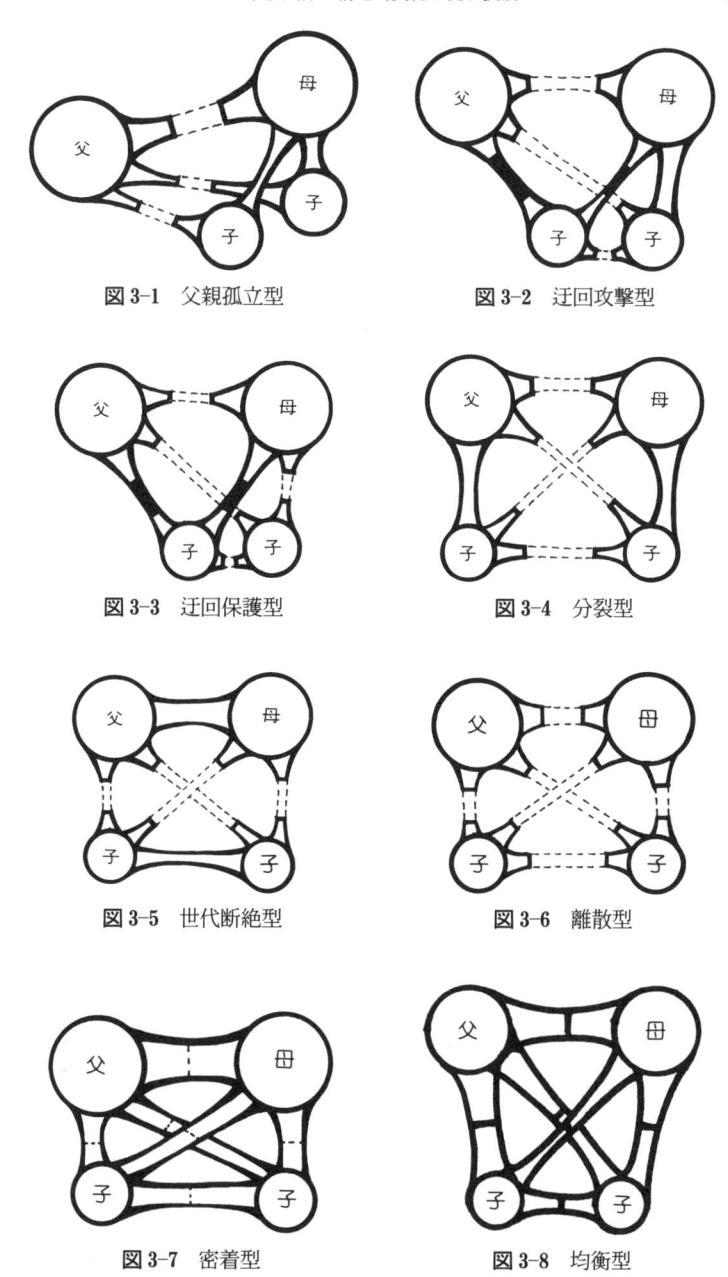

2 家族関係の構造的変化を促す技法   139

図 3-1　父親孤立型

図 3-2　迂回攻撃型

図 3-3　迂回保護型

図 3-4　分裂型

図 3-5　世代断絶型

図 3-6　離散型

図 3-7　密着型

図 3-8　均衡型

非行などの問題行動が生じやすい家族システムでもある．行動面での特徴としては，各人の生活リズムが一致せず，すれ違いが多い．その典型は食事であり，家族全員がそろって食事することはほとんどないといってよいほどである．

とくに都市部における生活スタイルの多様化に伴い，この型の家族システムが増加する傾向にある．個人の自由な行動や生活を確保し，その権利を主張しようとする現代人の一般的傾向がそのまま家庭に持ち込まれた結果だとも考えられる．したがって，この型の家族システムの増加を安易に非難するだけではすまされない面もある．とはいえ，発達途上にある子どもにとって両親との親密な感情の交流や価値観の伝達がなされないことは，同一性の確立という観点からすれば，重大な問題をはらんでおり，肯定してばかりもいられない．また，両親にとっても夫婦としての親密さを共有できないのであれば，結婚そのものの意義は失われ，破綻状態にあると理解することもできる．

⑦ **密着型**

離散型とは逆に，この型では家族全員が心理的に密着しているために，個々人の心理状態が他の成員にすぐさま影響を与える（図3-7参照）．過度に敏感なシステムだといえよう．そのため，情緒的反応も伝播しやすく，連鎖反応が生じる傾向を常に有している．たとえば，子どもが試験を目前にして不安感を抱くと母親を始めとして家族全員にその不安感が広がり，子どもはさらに不安感を募らせることになる．ただし，不安感を解消できる外的状況が明白になると，今度は安堵の感情もすみやかに家族全体に伝わり，家族を覆っていた不安の暗雲は一気に消え去る．

この型の問題点は，親世代と子世代との間に適切な世代境界が存在しないことである．

つまり，子どもの情動反応に親も巻き込まれ，自他の適切な分化がなされないままで事態に対処してしまう危険性を有している．また，両親間でも適切な役割の分化がなく，まったく同じような情動反応を示すところに，現実の事態に対応する際のシステムとしてのもろさを窺わせる．さらに，この型のシステムでは，個人としての心理的成長が阻害される傾向があることも指摘しておかねばならない．いわゆる，親離れ・子離れが困難な家族である．

⑧ 均衡型

家族システムとしては標準型と理解してよいだろう（図3-8参照）．家族成員間の心理的距離は近すぎるということも遠すぎるということもなく，ほどほどである．しかし，異世代が混在するシステムとして十全に機能するためには，同世代間に比して親子間の距離のほうが相対的により離れている必要がある．それは，前述した世代境界の存在を確認することになるからである．とりわけ，思春期以降の子どものいる家族では家族発達の主要な課題になる．

(2) 家族イメージ法を用いた家族査定

前述した家族システムの類型は，家族療法や家族研究の集積をもとにした家族療法家の経験的な判断が根拠となっている．当然，家族の側ではこれとは違った自己像ないし，「自家像」を有している可能性も高い．援助者側からの類型化による家族理解とは別に，家族自身による自己査定を実施することは，家族の自己理解を深めるためにも有益だと考えられる．このような視点から開発された家族査定法の模索が，わが国でも80年代以降にいくつか試みられた（水島，1993）．

家族イメージ法は，亀口（1999）によって開発された家族査定法である．これは，家族が自分たち家族にどのような視覚的イメージを抱いているかについて，円形シールを個々の家族に見立てて用紙上の枠内に配置させる動作法を用いた自己査定法である（図3-9参照）．個別実施も可能であるが，むしろ家族同席で実施し，相互に結果を確認させるところに最大の特徴がある．とりわけ，家族臨床の初期段階では，家族面接を通じて何を達成しようとするかについてのアカウンタビリティ（説明責任）を達成するうえで，簡便かつ有効な手法である．ここでは，不登校の問題をかかえた家族の臨床事例を取り上げて，この家族査定が実際にどのように実施されるかについて説明する（田中，1998）．

① 主訴：中学1年女子の不登校
② 家族構成：40歳の父親，43歳の母親およびIPの3人家族．
③ 来談経過：IPは，小学生の時にいじめにあい，不登校気味であった．

公立の教育相談機関からの紹介では不登校が主訴となっていたが，初回の家族面接では，母親から「家族全員のことについて相談したい」との希望が述べ

家族イメージ法

東京大学大学院　教育学研究科　亀口憲治研究室作成

さあ、今から5色のシールを使って、自分の家族を描いてみましょう。

1. まずシールの色の違いは、力（発言力、影響力、元気のよさなど）の差をあらわします。家族のメンバーそれぞれに一色ずつ選んでください。

    黒（強い）←　　　　　　　→白（弱い）

2. シールを1人に一色ずつ選んだら、右の枠内にシールをはり付けます。その時、シールについている印は、家族の人がよく向いている方向に向けてください。枠内であれば、誰をどの位置にはってもかまいません。

3. シールをはり終えたら、それぞれのシールが家族の誰か（父、母、自分、兄、姉など）を記入してください。

4. 名前を書き終えたら、家族内の2人（父－母、父－自分など）が、どのような関係であると思うか、下の線を使って書き加えてください。

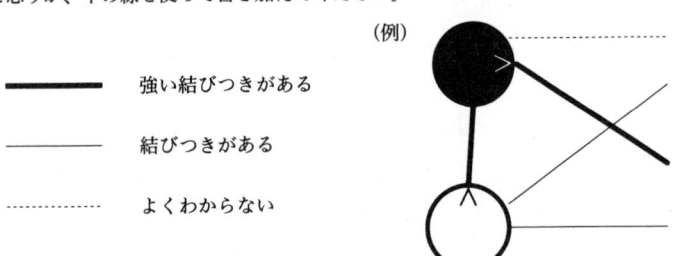

    (例)

    ――――　強い結びつきがある

    ――――　結びつきがある

    ………　よくわからない

5. さて、あなたの家族はどんな形になりましたか。
    ひとこと感想を書いてみましょう。

図3-9 家族イメージ法の

2　家族関係の構造的変化を促す技法

No._____

氏名_____（イニシャルでも可）　続柄_____（例：父親、子等）

作成年月日　　年　　月　　日　　年齢____　　学年____　　性別　男　・　女

家族構成

```
┌─────────────────────────────────────┐
│                                     │
│                                     │
│                                     │
│                                     │
│                                     │
│                                     │
│                                     │
│                                     │
│                                     │
│                                     │
│                                     │
└─────────────────────────────────────┘
```

感想_____

_____

実施要領と記入用紙

られた．家族関係については，IP は小さい頃からおとなしく，よい子であった．しかし，IP 自身は，両親が自分を理解しない，冷たい両親と見ていた．中学入学後は，一転して IP は両親の過去の自分に対する仕打ちについて激しい言葉で責めるようになり，不登校に陥った．

④ 面接方法：月1回で，11回の家族面接が実施され，6ヵ月後にフォローアップ面接が実施された．

⑤ 査定結果：初期の第2回面接時の家族イメージ法の結果は，図3-10 の最上部に示されている．なお，円形シールの濃淡は家族内でのパワーの強弱に対応し，相互の距離は心理的距離に対応し，描かれた線分の太さは関係の強弱に対応している．父親と母親の家族イメージはかなり類似しているが，パワーの認知や関係強度の認知について，多少の差異が認められる．一方，IP が描いた家族イメージは，両親のものとは大きく異なっていた．IP は，枠の両端に遠く離れた両親の中間の位置に自分のシールを置き，しかも，いずれの親との関係も不明確な点線で表示した．両親のものと比較して，家族全員のパワーをきわめて低く見ていることが注目された．また，関心の方向を示す家族の互いの鼻が，IP では，すべて別の方向を向いていた．家族イメージ法を用いた，この自己査定の結果を見ることで，両親は IP の家族イメージが自分たちのものとは大きく異なることを痛感したようである．

フォローアップ時点での家族イメージ法の結果は，図の最下部に示してある．両親の家族イメージの変化はそれほど顕著ではないが，細部においては家族療法の効果を反映したと推測される変化が認められた．父親は，自己を妻と娘よりも下方に位置づけた．母親の家族イメージは，形態としては無変化であるが，夫が外部ではなく，母子の方向に関心を向けているように配置した．パワーについても微妙な変化を示している．

IP の家族イメージは，初期のものとは一変しており，形態は両親のものに近似してきた．しかも，パワーについては，自己を最強とし，母親を次に位置づけ，父親については最下位としていた．両親間の距離は近接し，同方向を向くように配置した．両親に対して IP は逆の方向を向くように自己を位置づけ，自立もしくは親離れの兆候を窺わせていた．近接する両親間の距離に対して，母子，父子間は相対的により離れた位置関係となっており，このことから世代

2 家族関係の構造的変化を促す技法

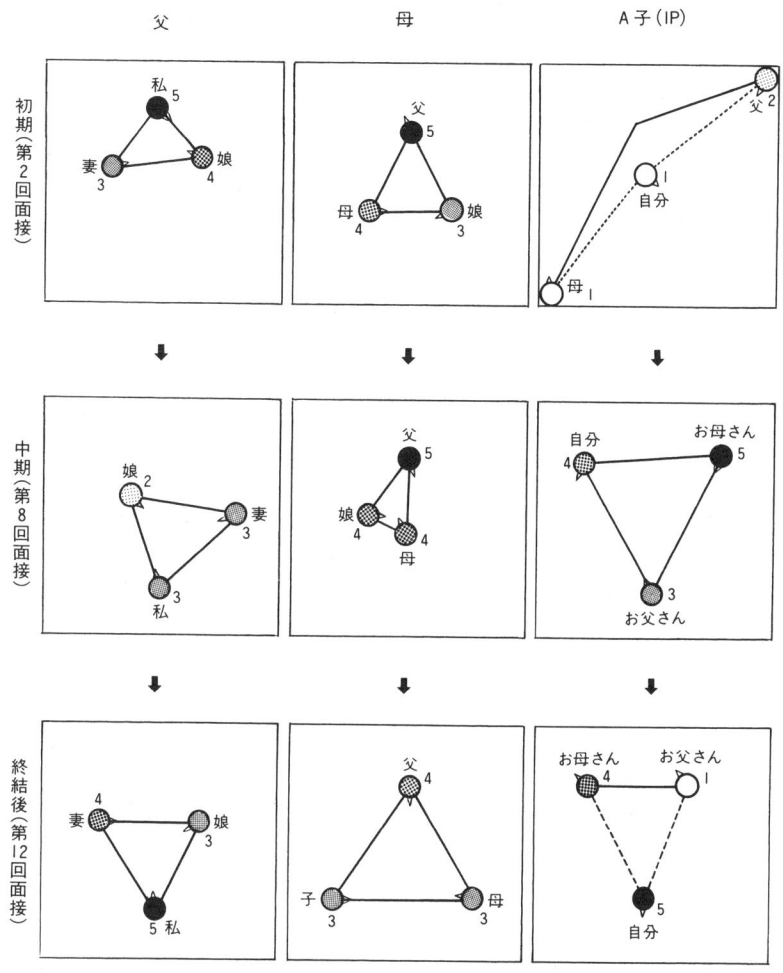

図 3-10 家族療法による家族の自家イメージの変化

境界の設定ができはじめたと判断されたのである.

(3) 家族システムの構造的変化

家族療法の治療過程で家族システムが構造的に変化する瞬間に立ち合うことは，家族療法の醍醐味とも言えるものである．家族療法の巨匠として知られた

ウィタカーとその同僚であったナピアは，家族システムの治療過程における構造的変化に伴う感情の役割について次のように述べている．

　「家族は自分たちが慣れ親しんだやり方で治療者を支配しようとする．これは家族療法家にとっては格言のような言葉であるが，家族は治療者に侵入される脅威を和らげるために，無意識に治療者を家族システムの中に巻き込もうとするのである．いわば治療者を自分たちの世界に誘い込むと言ってもよいだろう．また別の言葉に，治療者は治療中の家族に自分自身の家族システムを投影するというのがある．治療者が理知的な段階にとどまらず，感情的な面でも家族に強く関与するようになると，治療者の感情を「出す力」と家族の「引く力」とが複雑に作用して恐ろしい結果を生むことがある．しかしこの危険な要素は，治療に感激をもたらすものでもある．人間はだれしも自分本位であることを思えば，それは治療者にも当てはまる．つまり治療者が家族の何かに「魅せられ」，それに個人的な関心を寄せたり影響されたりすれば，治療にほんとうの意味で生の感情が行き交うことになる．治療を成功させる力とは，こうした感情の作用にほかならない．もし治療者がこうしたかたちで感情的なかかわりを持たないとすれば，治療は単なる機械的な作業にとどまってしまう．たとえ治療者が知識を提供することはあっても，それだけでは真に家族の気持ちをとらえることは難しいと言えよう．一方，治療者が必要以上に感情面で家族に巻き込まれるような事態になれば，専門家としての立場は失われ，その能力に疑いをもたれてもしかたのないことである」(Napier & Whitaker, 1978, 邦訳 Pp. 326-327)．

　この指摘から窺えるように，問題をかかえた家族システムに構造的変化を引き起こすことは，臨床経験の乏しい初心者には非常に困難な課題である．とりわけ，感情面を考慮しつつ家族の問題に直面していくことは，セラピスト自身の人格的な側面にも関わってくるだけに，適切な協働セラピストや指導者なしには修得することが難しいといえよう．そこで，次項では初心者にも比較的取り組みやすい技法を紹介する．

3 家族の問題解決能力を高める技法

(1) 問題の吟味

　心理療法が適切に終結するためには，適切に開始されなければならない．まず解決可能な目標を立て，次にその問題が出てきた状況を明らかにする．治療はクライエントの申し立てる問題を吟味することから始まる（Haley, 1976）．
　初回面接は一人だけ，数人の場合，家族だけの場合，友人さらに他の専門家を含むこともある．あるグループには格式ばったアプローチが効果的であっても，他のグループにはもっとくだけた雰囲気が必要なこともある．一人のクライエントだけに面接して心理療法を行うのは，現在ではハンディキャップのあるやり方だといわれている．かつて個人内部に心理的問題の原因があるとされた時代には，一人に面接すれば十分だと考えられていた．症状や問題はクライエントの順応や適応力の欠如と見られていたからである．だから，適応していないその人物を相談室に送り込めばよかったのである．ある家庭の主婦が不安発作を起こしたとしよう．かつてそのような発作は，彼女の結婚生活に関係あるものではなく，心の中の非合理なものが発現したものと，セラピストは見立てた．夫は妻にとってのストレス要因ではあっても，「真」の問題は妻の内部にあるとされたのである．
　家族の一人だけを治療することで，結婚生活や家庭生活の問題点を解決できないわけではない．しかし，この方法は膨大な時間を要する割には，成功率が低いことが統計的にも知られている．家族は問題が表出した場であり，いわば家族全員が「当事者」である．したがって，家族面接が最も有効なやり方なのである．
　問題を生きた文脈の中で考えるかぎり，個人療法か家族療法かという二元論は意味をなさないであろう．セラピストにそのつもりはなくても，たとえ家族の一人だけに面接しても，それは家族全体に介入することになるからだ．個人療法にこだわるセラピストは，他の家族が自分とクライエントの関係をどのように憶測しているか，それが家族の日常的な関係にどのような影響を及ぼしているかを想像してみたことがあるだろうか．個人療法家も，家族の一員とだけ

面接を継続するという援助行為そのものを通して，一つの家族にまぎれもなく「介入」しているのである．家族療法との差異を指摘するとすれば，それは家族への介入を意識しているか否かの違いにすぎない．家族療法では，「援助行為」や「治療行為」あるいは「見守ること」も，介入だと考えるからである．

セラピストがある家族の夫，妻，祖母，子どもの四人に個別に面接したとしても，それが家族全員でなかった場合には，家族システムの全体像を知ることなしに，特定の家族成員とだけ共同戦線をはることになる．家族療法が進んでいくなかで，セラピストが家族と個別に面接をすることがあっても，初回面接では同じ屋根の下に住む家族全員をいっしょに面接することが望ましい．そうでなければ，家族がかかえる問題の内実を，そしてその問題を維持させている社会的文脈を正確に把握することは難しいからである．

(2) 初回面接の段階

家族療法的援助は相談機関に接触した時点で始まる．ふつうはクライエントが電話をかけ，予約を取ることになるが，その時，基本的情報を聞いておくことが望ましい．とくに，ミラノ派の家族療法では，電話チャートを使った綿密な聞き取りが行われ，初回面接での仮説設定に有効に使われる．また，同居している家族全員で来談するように要請する．ただし，全員の出席は現実的な制約から困難な場合も少なくない．とりわけ，わが国では父親の仕事上の不都合が大きな障壁となって立ちふさがっている．その場合には，父親欠席を大きなハンディキャップと覚悟したうえで，家族療法を開始することになる．

初回面接は，次の4段階で進められる．

① 社交的段階――あいさつや互いの自己紹介，来談までの途中で不都合がなかったかの確認などを含む．セラピストは笑みを忘れず，面接室の特徴などを丁寧に説明することなども，家族の緊張を緩めるのに有効である．

② 問題確認段階――主訴を中心にやり取りが行われるが，クライエントの訴えや症状だけを主訴と決めつけず，セラピストは家族全員の訴えに耳を傾け，その差異や共通点を明確化する．

③ 相互交渉段階――家族成員が互いに問題をめぐって話すように要求する．ただし，わが国の家族の中には，初回面接でこの段階にまで進むことが難

しい場合も少なくない．その場合には，セラピストが通訳のような形を取って家族の間を取り持つことも必要になる．
④　目標設定段階——治療の結果として何が変わってほしいのかを，できるだけ細かく話し合うように家族に要請する．家族全員の合意に至らないことも少なくないが，そのこと自体に家族療法の意義があることを忘れてはならない．つまり，主訴の解決に当たって，初回面接の時点では，その家族に協力態勢ができていないことが，そもそも解決すべき目標であることが明らかになったからである．

最後に，次回の日時が決められて初回面接は終了する．家族全員に来談を要請することが多いものの，家族の状況によっては一部の家族成員だけが継続参加することもある．

(3)　指示の与え方

これまで多くのセラピストにとって（行動療法家を除いて），クライエントや家族に何らかの「指示」を与えることを躊躇する傾向があったことは否定できない．極端な場合には，指示することは「悪」だと決め付けるような治療スタイルを堅持しているセラピストも見受けられる．しかし，ここでいう指示とは広い意味をもっている．直接的な言語的指示や命令だけでなく，セラピストの声の調子や体の動き，あるいは沈黙によっても指示は与えられる．面接中に生じるすべてのことは指示だともいえる．「そこのところをもう少し聞かせてください」といったときに，セラピストは指示を与えることになるし，ただうなずいたり，にっこり微笑むだけでも指示になりうる．ただほんの少し体をそむけたり，眉間にしわを寄せただけでも，もう言うなという指示を与えることになる場合もある．セラピストが，このようなことを一切せず，「非指示的」態度を取りつづけることは，実際には不可能だと考えられる．むしろ，自らの言動が常に何らかの「指示的メッセージ」を帯びてクライエントや家族に伝えられる可能性があることを，セラピストは自覚しておく必要がある．

ヘイリーは，セラピーにおける指示について次のような説明をしている．

「私，幸福じゃないんです」というクライエントにセラピストが「そう

ですか，あなた幸福じゃないんですね」と答えたとしよう．一見指示にみえないが，セラピストはこのことについてもっと話しなさい，そのようなことをいってもよいのですよ，といっているのである．他のことではなくまさしくそのようにいったということで，セラピストはクライエントに「あなたのいっていることは重要ですよ」と告げているのである．セラピストは，自分がいったり，いわなかったりすることで，相手に何かをするようにまたはしないようにと勧めていると思えば，指示を与えているということへの抵抗は減少するだろう．事実，セラピストに指示を仰ごうとしていると指摘することで指示を回避しようとする時でも，セラピストはクライエントの行動を指示していることに変りはない（Haley, 1976, Pp. 51–52）．

また，セラピストはクライエントや家族を従属させたり，服従させるために指示を出すのではなく，むしろそれに抗う言動をクライエントが示すことを密かに期待することもある．このような指示の出し方は，戦略的あるいは逆説的とも受け取ることができるが，むしろ抑圧されていたクライエントや家族の側の主体性や自主性が解放されるきっかけを作る作業と考えることも可能である．筆者自身は，そのような立場をとっている．

4　家族の認知構造に働きかける技法

(1)　家族の心理力動的構造の理解
①　円環的質問法

円環的質問法は，円環的認識論に基礎を置くミラノ派の家族療法の実践を通して創案された独創的な面接技法である．ペン（Penn, 1982）らによって定式化された．その後も，世界各国の家族療法家がさまざまな修正や改良を続けている．この面接技法に習熟することによって，セラピストは時々刻々に変化する家族の立体的な心理力動的構造を目の当たりにすることができる．これは，個人面接の結果を寄せ集める手法では決して把握できない，家族療法独自の人間理解の手法だといっても過言ではない．ここでは，ペンの円環的質問法に関

するパターン分析について紹介する．
　一般的に言って，円環的質問法はさまざまな順序で実施される．たとえば，過去についての質問から始めて，現在に来たり，現在の話題から始めて過去に戻ったりする．これは，円環的質問によって引き出される家族からのフィードバックや反応によって変わる．円環的質問を通して浮かび上がってくる家族関係のパターンは，家族の中で問題が発生してくる経過と構造的に等価であり，同形的なものだと考えられている．円環的質問法の目的の一つは，システムの歴史の中で重要な同盟関係が変化しはじめた時点と，その変化に伴って家族に問題が生じてきた時点とを同定することだとされている．円環的質問法によって探し出された情報は，その問題が始まった時点の前後でその家族が体験した関係の「差異」である．ペンは，過去と現在をつなぐ「円弧」を行き来するために使う円環的質問の類型を，以下のように列挙している．
　ⓐ　言語的および類推的情報
　言語情報に関しては家族が使う「キーワード」に注目することが有益とされる．とくに，問題を説明するせりふの中に埋め込まれた「キーワード」を発見し，家族内の関係とその「差異」に置き換えていく．「母親が自分を責めているときに，誰が一番そのことを心配しますか？」，あるいは「家族の中で一番話をしないのは誰ですか？」などが，その実例である．面接の進行とともに，セラピストと家族の間で副次的主題が展開されていく．それは，互いの目つき，姿勢変化，口調あるいは介入のタイミングなどの行動上の指標に現れてくる．この副次的主題のやり取りと言語的情報を集積することによって，セラピストと家族の間に共通理解のための認知的基盤が形成される．
　ⓑ　問題の定義
　「今のあなたがたの問題は何ですか？」というセラピストの最初の質問は，一つの円弧の端を決める作業であり，面接の後半部で，問題が発生した過去のある時点と連結される．
　ⓒ　現在の同盟関係
　問題を定義した後の課題は，現在の問題をめぐる同盟関係を識別することである．「その問題を誰に打ち明けましたか？」などが，その例である．

ⓓ 行動の連鎖

問題が起こった時に,家族がどのように行動するかについて尋ねる.この情報によって家族の同盟関係や関係のパターンを明らかにすることができる.「その問題が起こったときに,誰が最初に気づいて行動しましたか?」などと質問することができる.

ⓔ 分類と比較の質問

現状と過去の比較をさせたり,親密さの違いを尋ねたりすること.この質問は,家族の間の同盟関係の変化を追うために組み立てられる.「その問題に最初に反応するのはお母さんのようですが,以前からそうですか?」,「お父さんはその時どうしていたのでしょう?」などが,この種の質問の具体例である.

ⓕ 同意の質問

セラピストは,この質問によって同盟の強度や優先順位を判定できる.「お母さんの考えでは問題解決が無理なようですが,その意見に賛成するのは誰ですか?」などと尋ねることができる.無口な子どもなどがはっきり言語化できなくても,表情やしぐさでそれと判断できる場合も多い.

ⓖ 面前でのうわさ

三角関係についての情報がさらに必要な場合には,家族の中のある人に他の二人の関係についての意見を求める質問が有効である.これを順次繰り返すことで,全体の関係認知の構造が浮かび上がる.「お父さんと長女の方は同じ趣味をお持ちのようですが,お母さんは二人をどう見ていますか?」,「長女の方はご両親をどう見ていますか?」というような質問は,一見するととても難しいもののように思われがちであるが,実際にはそれほどではない.また,ある家族成員の「よく分かりません」という答え自体が,当該家族の認知構造の理解に貴重な手がかりを与えることは多い.

ⓗ サブシステムの比較

家族の中のサブシステムの比較は,多様な目的を持っている.サブシステム比較の特殊分類は,「もし,……」で始まる質問である.これは治療的介入の準備としても使われる.これは,家族内での変化の結果を予測するものであり,それ自体が強力な介入の力を秘めている.「もし,お母さんがいなくなってしまったら,家族の誰が一番困るでしょうか?」,「あまり困らないのは家族の誰

でしょうか？」

① 説明的質問

セラピストは，家族からのフィードバックを参考にしながら，説明的質問のパターンをつかって，過去から現在に向かって作業を進め，あるいは，逆に現在についての質問から始めたのであれば，過去に向かって作業を進める．説明的質問というのは，各家族成員に「～をどう・説・明しますか？」と聞くだけのものであるが，家族の反応を手がかりにして作業仮説を立て，治療的介入を考案する合図にもなる．

このような下位分類を持つ円環的質問法の利点としては，適切な仮説を設定したり，適切な介入を行うために必要な情報を集めるのに有効な技法であること，また同席している他の家族成員の認知や感じ方を相互に知ることによって，家族自身が自分たちのことをシステミックに見る機会を与えること，などの諸点が指摘されている．さらに，家族が相互に関連している行動への気づきを深めることは，新たな自己組織化を引き起こすきっかけにもなる．つまり，家族が面接での複合的な対話（メタローグ）を展開し，家族の心理的力動の内実を生々しく体験することで，それまでの表層的で仮面のような役割を果たしていた家族像に違和感を抱き，やがてそれを脱ぎ捨てるようになる．いわば，家族の「脱皮」を促すのが，円環的質問法のねらいと理解してもよいだろう．

② リフレーミング技法

ワツラウィックら（Watzlawick et al., 1974）の定義によれば，「リフレーミング」とは，ある状況がクライエントによって経験された情緒的文脈（フレーム）を取り替えることによって，その状況に帰属していた意味を根本的に変更することだという．このような家族療法家側の解釈が，問題状況や症状の事実にうまく適合するように工夫されることによって，家族の側の現実認識にも適合するようになる．

たとえば，拒食症の家族にとって解決すべき問題は，両親が子どもに食べさせられないことではなく，子どもが家族を思う余りに自己犠牲的にやせていくことにある，という家族療法家の認知を受け入れるようになれば，拒食という問題を作り出し，そして維持してきた家族全体の思考や行動が変化し始める．その変化が拒食そのものにすぐさま影響を与えるとはいえないが，問題発生の

前提となっていた認知的・情緒的状況を修正することによって，やがて主訴そのものが軽減しはじめる．

リフレーミングの特徴の一つに，そのような認知的変換を要請された個人や家族の側に動揺や混乱を引き起こす傾向があることが指摘されている．家族療法家が問題のレッテルに疑問をはさみ，そのレッテルを巧みに捨て去ることで，そのレッテルに結びつけられていた症状行動が軽減し始める．その理由を考えてみると，問題をそれまでとは違った視点から見れば，かつて思っていたほど深刻なものではなく，あるいは問題自体が消滅していることすらあるからである．

たとえば，家族成員の間の争いを，「おたがいがもっと親密になろうとする努力の表れ」と見れば，そのような敵対的な行動も，もっと肯定的な意味合いを持ったものとして理解されるようになる．そして，たがいの見方が修正されれば，争いはもはや適切で筋の通った行動とは見なされなくなり，家族はもっと率直な関わり（たとえば，一緒に食事にでかけることなど）を始めるようになる．

だからこそ，リフレーミングが的を射たものであり，それによって問題が改善する場合には，必ずしも現実の状況の変更は必要条件とはならない．実際，現実状況のなかには変えようのないものもあるからである．見方が変われば，その結果も変わってくる．個人の症状や問題行動を家族システムの歪みの表れとしてみるという新しい枠組みが，IP の問題に対するイメージと同時に，他の家族の IP に対するイメージをも変えさせることになる．その結果，症状行動が担っていた特定の機能は取り除かれ，この行動を続けさせていた習慣的な家族成員間の相互作用も放棄されるのである．

(2) 家族イメージの刷新

円環的質問法が，家族に内側からの脱皮を促す技法だとすれば，家族描画法は，家族の内的イメージを描画という表現行為を通じて用紙の上に外在化させる技法だといえる．また，欧米以上にわが国の家族臨床では好んで用いられる技法でもある（石川，1983）．家族成員の内側から取り出したイメージとしての「家族」を直視し，ふたたび内面化する過程を通して，やはり硬直化してい

た各自の家族イメージが刷新される気運が生じてくる．セラピストは，その脱皮のための作業を注意深く見守り，移行過程に伴うさまざまな危機に対処する役回りを担っている．ここでは，代表的な家族描画法を紹介し，それぞれの特徴や実施に当たっての留意点を述べることにする．これらの技法は，いずれも心理査定技法として用いられることのほうが多いようである．しかし，ここでは治療技法としての有用性に力点を置いて見ていきたい．

① **人物描画法**

家族描画法は，人物画テスト（DAP）から発展し，児童の知的・情緒的発達の評価法として発表され，今日では自己知覚や自己認知との関連から，成人の臨床にも用いられている心理査定技法の一つである（秋谷，1982）．フルセ（Hulse, 1952）は，情緒障害の評価には，人物像の部分的な採点評価よりも，家族画として被検者（描画者）を含めた集団としての人物画の全体的な把握のほうが，より適切に問題を把握できると主張した．

しかし，家族画を含め，人物画の解釈についての伝統的な研究が絵そのものに集中してきたことに，ハンドラー（Handler, 1991）は異を唱えている．彼の主張によれば，絵そのものの客観的な細部に焦点を当てるよりもむしろ，テスト解釈者の多様な性格特徴を解明することが重要だと判断して，一連の研究を行った．その結果，心理的技術が無いか，または乏しい被験者でも，熟練した臨床家と同様に人物画を判定できることが判明した．つまり，人物画解釈に関与する因子が，臨床経験や理論についての知識とは直接に関係していないということである．

ハマー（Hammer, 1968）の指摘では，性格の投影テストとしての人物画の利用価値や有効性は，それを用いる人の判断能力によるとされる．また，人物画分析の優れた技能は，認知的な要因というよりも，むしろ感情的要因と関連する，という指摘もなされている．

人物画を解釈する能力に劣るのはコントロールしようとしている人で，自我の働きとして必要な適応的退行が妨げられており，そのために絵画そのものに心から関わることができない面を持っている．解釈能力の劣る者たちは，自分自身の経験に対する見通しを欠いているので，直観的機能の働きが乏しいのであろう．一方，解釈能力の優れた者は，現実に対して余裕をもち，リラックス

することができる．彼らは，仕事と人に対する接し方が柔軟である．おそらく，直観的に優れた解釈のできる者は一般的な制限枠を越えようとし，また実際に越えることができる．そして，仕事を進めるうえで，新しい紋切り型ではない方法を見つけ出すことができる．したがって，解釈能力の優れた者に共通する性格特徴は，「心から何ごとかに打ち込むための心構えと心の広さ」であり，新鮮で自発的な態度と興味を持ってそれに迫ろうとする能力だと言えるだろう．

② **合同家族描画法**

家族画と合同家族画の共通点は，人物描画の際の身体的部分の欠落や部分のバランス，線の切れ，重複などの細部による評価はせず，家族集団として完成された構成を評価する点であり，両者の差異は，前者では主に問題となっている子どもとその両親を対象とし，後者では家族を一単位として扱い，成員間の相互交流と葛藤を投影的および行動的に捉えようとしている点である．したがって，前者では各人の描画を見せ合って評価することはなく，もっぱらセラピストが問題の把握に利用するに留まっており，後者では，セラピストが描画を通してその家族病理を把握し，家族療法への方向づけを行う．また，家族成員それぞれが，完成した家族像から感じたものを述べ合うことに，すでに治療への動機づけが含まれており，評価と治療とが一体となって展開される．

③ **動的家族描画法**

バーンズら（Burns & Kaufman, 1972）の主張によれば，描画に運動を加えることは，子どもの自己概念に関したものが投影されるばかりでなく，対人関係の領域での子どもの感情を引き出す手段となりうるという．ただし，この元の方法では，子どもだけを対象とするために，家族集団の力動的な関係を直接に把握することは困難である．石川（1983）らは，この問題を解決するために家族合同での動的家族画の実施を試みている．

④ **円枠家族描画法**

バーンズ（Burns, 1990）によれば，母，父，自分を円の中心に置き，円の周辺に視覚的な自由連想を行って描いたシンボルを配すると，円枠家族描画ができる．この円枠家族描画法で見られる頻度の高い要素を以下にまとめておく．

　ⓐ　不健康に内在化された両親像と自己像の描画に見られる特徴
　　・画像や身体の各部が省略された人が描かれている．

- 母像，父像，自己像が歪んでいたり，適正な範囲を超えたサイズで描かれている．
- 親しげでない顔や省略された身体の各部が描かれている．
- 両親像が中心にいたり，中心部が空白である．
- 成員が密着していたり，逆に非常に離れて描かれている．
- ゼスチュアによって両親像を押しやったり，守ったりしている．
- 両親が自分を見ていない，向こうを見ている，目が無い．
- 周囲のシンボルが否定的である．
- 人が住みたくないような世界を描いている．

ⓑ 健康的に内在化された両親と自己の描画に見られる特徴
- 人物像はどこも省略されたり，歪んでいない．
- 父像，母像，そして自己像と身体各部が適正なサイズでバランスよく描かれている．
- 父像，母像，そして自己像に目，鼻，口がつき，親しげな顔で見ている．
- 自己像は中心にあり，安定感がある．
- 成員は，密着しすぎず，適度に離れて立っている．
- ゼスチュアは開放性を示し，両親を押しやろうとしていない．両親像は対称的に位置し，自己像に隣接する側の身体の歪みはない．
- 理想的には，両親像は自己像を見上げ，見つめる．
- 周囲のシンボル（とくに両親像と自己像の真上にある）は肯定的であり，希望に満ちている．
- 人が住みたくなるような世界を描いている．

この査定法は，センタリングという鍵概念を家族画の分析で積極的に活用する目的で開発されたものであるが，被検者個人を対象としている点では，従来の家族描画法と違いはない．したがって，査定結果はあくまでも一人の被検者の内的な家族像を理解するという観点から分析されるべきであり，現実の被検者の家族関係の分析と混同されてはならない．後者の目的のためには，前述した合同家族描画法が適している．

⑤ **各種家族描画法の実施**

家族画法の実施に当たっては，シャーンら（Shearn & Russell, 1969）によ

れば，児童に画用紙と鉛筆を与え，「家族の絵を描いてください」とだけ教示する．描き終わると，これらの人物は誰であるかが尋ねられ，どの人物から描きはじめたか，その順番が記入される．両親にも子どもと同様に画用紙が与えられ，それぞれ別室で家族を描き，出来上がったときには，人物が誰であり，描き順はどうであったかが尋ねられる．このテスト技法では，問題になっている子どもとその両親だけが対象とされ，他の家族成員には施行されない．描画結果の分析は，症例検討によって行われ，画用紙の中の位置，描き順，人物間の距離などは問題にするが，その量的な分析は行っていない．

　合同家族描画法では，家族が相談所を訪れると，全員が同じ部屋に案内される．そこには円卓と二つの小さな長方形の机，画架2脚と補助机があり，以下の一連の作業が始まる．

　まず，成員は自由に円卓の周りに座り，中央に置いてある種々の画具のなかから好みの画具を取るように勧められる．各自の席には，22×30 cm の白紙が置いてあり，この画用紙の上に線によるなぐり書きを行わせる．このなぐり書きは，閉眼，開眼のいずれでもよく，完成したときにこれをじっくり眺め，そのなかからあるイメージを見つけ出し，それを1枚の絵に仕立てて，題名をつける．家族成員全員がこの作業を終えたとき，画架の上に絵を置き，その絵の制作者が作品の説明を行い，他の人々がそれに応答し，批評する．

　第2の作業では，成員は家族画を描くように求められる．それは，抽象画でも写実的なものでもよく，画具も最初の場合と同じく好みのものでよいが，描く場所は円卓と限らず，好きな場所に移動してよい．全員が完了すると全作品を壁または机上に展示し，全員が一度にそれらを見ることができるようにする．それから各自が自分の作品を説明し，他の人が質問したり，注釈を加えたりする（図3-11参照）．

　最後は，合作の壁画である．90×180 cm の大きな用紙が壁に貼られ，成員全員で1枚の絵を描きあげるように求められる．自由画であり，成員はまず自分たちの描く絵の題名を決め，画具はポスターチョークに限る．完成後に，全員でその絵について話し合い，集団での体験を討議する（図3-12参照）．

　動的家族描画の実施に当たっては，21×27 cm の白い画用紙を用い，子どもに「あなたも含めて，あなたの家族のそれぞれが何かをしているところ，何か

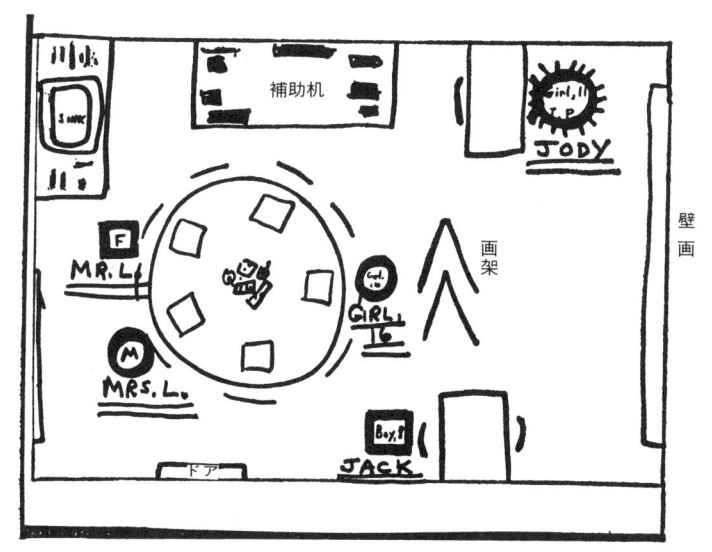

図 3-11 L 家の人々が行った家族描画作業の見取図 (Rubin & Magnussen, 1974)
L 家は赤ん坊を含め 6 人家族だが，Jody と Jack は養子である．
2 人は残りの 3 人とは離れて机の前にそれぞれ座っている．

の動作を思い出してください」と教示する（Burns & Kaufman, 1972）．

円枠家族描画法を実施するには，描き手に，19 cm から 23 cm の直径をもつ円がすでに描かれている 21cm×28 cm の標準紙を渡す．円枠家族描画法実施の教示は，次のようである．「円の中心にお母さんを描いてください．円の周辺に，描いたお母さんについて自由に連想したことを描いてください．中心の人物像は棒状や漫画風ではなく，全身像を描くようにしてください」．これらの教示は，次に別の画用紙に父親，その次に別の紙に自分を描くときにも繰り返され，三つの別々の描画が得られる．

以上列記した各描画法の実施は，「急性幻覚妄想状態」や「不眠の続く状態」といった時期は避けるべきであるとされている．精神病的なレベルでは，教示が曖昧であると無意識や前意識的な心理過程が一気に前面に出る危険性があるからだとされている（中井，1976）．また，クライエントや家族が嫌がったり，難しそうな様子を示す場合には控えたほうが賢明である．一般的な判断としては，精神病圏内でない，児童期あるいは思春期の事例については，あまり禁忌

図3-12　L家の人々の合作による壁画（Rubin & Magnussen, 1974）
テーマの選択に小さな衝突があったが，恐竜を描くことに決定．Jack は彼の構想が採用されなかったので，初めはすねていたが後には協力し，明るい楽しげな壁画が完成した．それはこの家族集団の結合力を反映している．

を恐れないで実施してよいといわれている．

いずれにしても，描画という行為を通して，家族がそれまで意識化することのなかった自らの家族イメージと対峙し，さらにそれを描きなおすことによって，家族イメージを一新しようとする期待感が芽生えてくることは確かである．

(3) 家族物語の再編

家族の認知構造の変化を促すために，家族療法独特の質問法や描画法が有効であることを紹介してきた．さらに最近では，家族の語る「苦悩の物語」を脱構築し，家族とともに「希望の物語」へと再編する試みが，ナラティヴ・アプローチを中心にして盛んに行われるようになった．

国谷（1998）は，ミラノ派の円環的質問法を仔細に分析した結果，M. エリクソンの新催眠療法と呼ばれるアプローチに関係が深いことに気づいた．クライエントの個性を大切にし，一つ一つの出会いから新しいアプローチを創造していくエリクソンの治療的態度は，ナラティヴ・アプローチの基本原則とも共通すると指摘している．

ナラティヴ・アプローチの開拓者であるホワイトは，エリクソンの業績についてはまったく知らなかったそうである．彼は，人類学者でもある家族療法家のエプストンの臨床報告から得た「物語」のメタファーを取り入れたのだという（White & Epston, 1990）．ナラティヴ・アプローチをとるセラピストは，特定の症状を解消するために仕事をするわけではない．セラピストはクライエントと出会い，その出会いによってより健全な物語を再編していく編集者の役

割を果たしていく．それによってクライエントのかかえる問題が自己治癒力によって自然に解決される．つまり，クライエント家族が物語を書き換えることによって，現実の見方がまったく異なってくるというのである．

問題を持っている人間や家族に問題があるのではなく，問題そのものが問題なのである．人間や家族と問題とを切り離して捉えようとするのが，ナラティヴ・アプローチの基本的前提となっている．そのためにさまざまな技法が開発されている．

① 正反対の問題を練習する技法

面接の初期段階で主訴と IP を明確にすることで，家族の物語の主題が明らかになる．そこで，セラピストは問題解決につながる新たな物語へと再編できるように移行的な文脈を提示する．たとえば，次のように語りかける（Keeney, 1991, Pp. 30-31）．

> 家族と面接を続けていると，ときどきとてもユニークな問題解決の方法が発展してくることがあります．たとえば，家族の中で元気がなく，すっかりやる気をなくした人がいて，そのことに家族が悩んでいる場合に，他の家族がそれとは正反対の問題を表面化させることがあります．つまり，やたら元気すぎたり，仕事中毒のようになる家族が登場するのです．そうなると，家族の心配はその人物に向かうことになり，やがて最初に問題視されていた人物が回復し始めることがあります．典型的な例として，鬱状態の夫がいる場合を想像してみましょう．その場合には，夫をへたに励ましたりしないで，妻にかわりにできるだけ元気にふるまったり，家事や仕事をおもいっきりやってもらうのです．妻に多少の無理が出始める頃には，夫の問題が改善することが期待できます．

このような説明の後に，夫婦で躁状態にある人物の話題や仕事中毒の弊害などの話題を中心とした面接を進める．鬱の物語から躁の物語へ場面転換し，躁状態にハイライトを当てる．それによって，問題と正反対な心理状況にも**それなりの問題**は発生する可能性があることを，クライエント家族は理解できるようになる．この体験をもとに，家族は鬱と躁の主題を適度に含んだ新たな物語を作り始めることになる．もちろん，セラピストの最終的なねらいは，夫婦の

あいだに相補性を主題とする物語（会話）が始まることに向けられている．

② 問題の外在化

国谷（1998, Pp. 202-203）は，問題の外在化を日本語によって実践する際に役立つ質問の具体例を示している．たとえば，「私は何をやっても自信がないんです」と訴えるクライエントに対して，次のように質問する．

- どういうふうにして，自信をなくすようになったんですか？
- あなたが最も自信をなくすのはどんなことですか？
- あなたが自信をなくす時，よく起こる典型的な出来事はどんなことでしょうか？
- 自信をなくされた時，自信がある時と違う行動を何かなさいますか？
- あなたが自信をなくすことによって，どんな結果が人生にもたらされたでしょうか？
- あなたの抱えている問題のうち，自信のなさのために起こるのは何でしょう？
- 自信をなくされた時，ご自分の自己イメージがふだんとは違いますか？
- 魔法で，ある朝突然自信を回復されたとしたら，あなたの生活はどんなに変わるでしょう．具体的な例をあげてください（ミラクル・クエスチョン）．
- 「自信のなさ」があなたを振り回すようになってしまったのは，どんな事情によるのでしょうか？
- 「自信のなさ」が支配権を握ってあなたを圧倒してしまうのは，どんな時でしょう．あるいはどんな状況の場合でしょう？
- 「自信のなさ」に圧迫を感じる時に起こる，典型的な出来事を教えてください．
- あなたの的確な判断を「自信のなさ」が妨げてしまうのはどんな場合でしょう？
- 「自信のなさ」によってあなたの人生と人間関係にどんな影響がもたらされましたか？
- 「自信のなさ」はどのようにしてあなたを現在のトラブルに導いたので

しょうか？
・「自信のなさ」はあなたの持っている能力を発見する妨げになっていませんでしょうか．それとも，「自信のなさ」をすかして，自己回復，自己成長などの能力が見えますか？
・あなたは「自信のなさ」の出現にかかわらず，なんとか耐えて，セルフコントロールできたというご経験があるのではないでしょうか．あるいは，「自信のなさ」体験から何かを学びとったという感じがございませんでしょうか？

　これらの質問をみると，後半においては問題が名詞化され，「自信のなさ」という言葉が使われている．このような名詞化が問題の取り扱いを容易にしていることに注目されたい．
　ホワイトら（White & Epston, 1990）は，問題の外在化に役立つ質問の特徴をつぎのようにまとめている．まず，問題が当人の人生や人間関係にどのような影響を与えているのかが見渡せる俯瞰図を描き出すような問いかけをする．これによって，問題は単にどこかに静止して存在するものでなく，刻々変化する動態的なものになる．次に，当人や家族が問題の存続にどのような影響を与えているかの俯瞰図を描き出すような問いかけをする．これによって，人々と問題は相互に影響を与え合っているものとして，その姿が見直されてくる．人々は，自分たちにも問題に影響を与える力があることに気づいてくる．
　ホワイトらの技法は，『東京物語』などの名作で知られる小津安二郎のような映画監督が，ある家族のドラマを構想し，俳優やカメラマンに指示を出していく時の，「目の付け所」や「心理描写のコツ」のようなものに類似している．セラピストは，これらの技法から得た「発想のヒント」を袋小路に陥った家族に提示し，そこからの脱出を手助けすることが可能になる．優れた物語を作り，人を感動させる手法や知恵は，領域の違いや専門性の壁を超えて，心の問題解決に有効に作用することが大いに期待されている．

5 家族の心を癒す技法

(1) ユーモアと遊びの導入

　家族臨床の場に不可欠な要素として,「ユーモア」や「遊び」が重要であることが,近年ますます強調されるようになっている.『夜と霧』などの著作を通じてわが国でもよく知られた心理療法家のフランクル (Frankl, 1960) は,患者に自分の症状を笑い飛ばすように励まし,催眠療法家のM.エリクソンもユーモアを利用することを勧めている.たとえば,M.エリクソンは次のように述べている.

　　訓練でも治療でも,努めてユーモアを用いるといいでしょう.患者さんはすでに嘆きと悲しみを抱いて治療にやってきていて,それ以上の悲嘆を必要とはしていないからです.すぐにでも,いくぶんかでも愉快な心持でいられるようにしてあげたほうがよいのです (M. Erickson, 1980, p. 71).

　ユーモアは,何よりも人間的な活動であって,他のいかなる技法よりもセラピストの人柄や言語的・非言語的コミュニケーションに左右される.筆者の経験では,初回面接で1回でも家族の中で笑いが生じたり,少なくとも笑顔が見られるようであれば,その後の面接の展開に希望を持つことができる.つまり,成功するジョイニングの指標として「笑い」や「笑顔」に注目しておくことは,有力な手がかりになる.

　家族とともに笑うことによってラポールを形成し維持できると同時に,リフレーミングを行うこともできる.たとえば,子どもの行動がそれまでは両親を怒らせるようなものであったとしても,少し見方を変えると何か愉快に感じられる側面を持っていることに,思い当たるかもしれない.これも立派なリフレーミングである.

　ただし,ユーモアにも注意すべき点はある.家族にユーモアを理解する準備状態ができているか否かである.これができていなければ,冗談も的はずれになり,まともに受け取られてしまうかもしれない.これは,パラドックス技法

を用いる場合と相通じるものがある．この点を考慮に入れても，ユーモアや笑いは傷ついた家族の心を癒す力を持っていると理解してよいだろう．癒し人としての家族臨床家には，良質のユーモアを駆使できるように研鑽をつむことが求められている（Barker, 1986）．

ユーモアと同様に遊びも家族の心を癒す技法として有力視されている（Gil, 1994）．これまで欧米でも，家族療法家は幼い子どもを対象とする遊戯療法の経験に乏しいことが多かった．そのために，家族療法家は幼い子どもが家族面接に同席することをためらいがちであった．これは，大人の会話を中心に面接を展開しようとすれば，それに参加できない幼児や児童はむしろ邪魔な存在になってしまうからである．

しかし，家族療法の技法として子どもの遊びに焦点を当てるようにすると，局面に大きな変化が現れてくる．何よりも遊びは，子どもの有力なコミュニケーション手段である．そこに注目することで，子どもだけでなくその家族についてのより深い理解が可能になる．幼い子どもの「ままごと遊び」を観察していれば，そこに個々の子どもの家庭の状況がそっくり再現されていることに気づくことも少なくないはずである．大人が予想する以上に，子どもは偉大な「観察者」でもあることを思い出していただきたい．

また，子どもの遊びに家族が加わることによって，共に遊びの楽しさを味わうことができる．遊びによって子どもが癒されるだけでなく，親や他の家族も癒されるという波及効果を期待できることになる．子どもは遊びを通して何ごとかに熟達したり，統制する感覚を身につけることもできる．このような治療場面での遊戯体験が，さまざまな要因によって傷ついた子どもの心を癒し，回復させることに有効に作用する．それは，大人である親にとっても，同様の心的作用をもたらすと理解してよいだろう．その意味で，子どもだけではなく，両親を含む家族が同時に参加する「家族遊戯療法」の諸技法は，家族療法そのものに大きなインパクトを与え始めている．さらに，今後わが国で家族療法が広く受け入れられていくためにも，遊びが家族全員にもたらす癒しの効果に着目した技法の発展が望まれている．

(2) 造形活動による癒し

家族造形法は，デュール（Duhl, B.）らが開発した非言語的な特性の強い家族療法の技法である．家族のイメージやファンタジーを身体的な表現行為へと発展させていく技法として幅広く用いられている．言語表現が苦手であったり，逆に言葉だけが上滑りをしているような家族に対しても適用可能な点が特徴となっている．

具体的な手順としては，家族が自分たちの関係を，直接に目で見たり手で触れて確認できるように身体を使って造形化していく．これは，家族関係の「外在化」でもある．家族は交替で彫刻家の役割を取って，自分たちの関係のイメージを造形化することで，互いの差異や共通点に気づくようになる．この一連の体験過程を通して，家族は自分たちの関係の歪みや問題点がどこにあるかを発見し始める．

その初期の気づきをもとに，セラピストは改善の方向やポイントを示唆し，実際にそのイメージを身体的に表現してみるように家族に促す．この時点で，何らかの治療抵抗を示す家族成員も現れることがある．しかし，経験豊かなセラピストであれば，その抵抗自体をイメージとして造形表現に持ちこむように援助することができる．「抵抗」も治療的に重要なイメージの素材になるからである．最初はぎこちなく表現していた家族も，似たようなイメージやパターンの造形表現を数回繰り返すうちに，しだいに硬さを脱し，イメージ活動の中に溶け込めるようになる．このような変化は，心身両面での癒しがなされていく過程としてもみることができる．この段階になると，言葉での表現も容易になり，より現実的な問題解決に家族は取り組めるようになる．

前述したように，家族造形法は欧米の家族療法家の臨床実践から生み出されたものである．わが国では，1988年にデュール，ついで1992年にパップ（Papp, P.）が来日してワークショップの講師を務め，家族造形法の技法を具体的に指導した．筆者も両女史の指導を受け，その後の家族療法の実践において家族造形法をより適切に用いることができるようになった体験をもっている．

しかし，家族によっては通常の面接形態を壊して，身体を使った造形表現に移れない場合も少なくない．また，セラピスト自身が，そのような技法を家族に提案することが困難な場合があることに気づいた．そこで，筆者はもっと簡

便な造形活動を導入することを着想した．それが，「家族粘土技法」である．

　非言語的技法あるいは造形的技法として，粘土は遊戯療法や芸術療法の分野ではよく用いられている．粘土遊びの特質としては，「自由な構成と創造の喜びを子どもに与え，子どもの自信・自発性を高める」等の指摘がなされている（高野・古屋，1966）．芸術療法は，心の内奥にあるものを，何らかの形で表現したいという人間が生来的にもつ欲望を基礎とした心理療法である．その中で，造形療法として粘土は普及し，粘土の持つ特有な触感や立体的なイメージの表出が可能になる点などに治療的可能性をもっている（伊藤，1992）．このように，粘土は遊戯療法の中では遊具として，芸術療法の中では表現手段として扱われている．

　これまで，家族療法に粘土を組織的に利用する例は少なかったが，「家族粘土技法」は有効な治療法であることが徐々に確認されつつある（横尾・亀口，1995）．家族粘土技法は，面接室内で家族が共に粘土の触感を共有しつつ造形活動を楽しむものである．その点で，この技法を用いる家族療法は，主に子どもを対象とする遊戯療法とは異なり，親・兄弟を含む家族集団を対象とする「家族遊戯療法」の特徴を備えている．この技法では，症状や問題をかかえたIPの子どもだけでなく，その問題で悩みつづけてきた親や他の兄弟のストレスや心の傷を癒すために，遊戯療法の原理を巧みに応用している．個人としては患者や問題をかかえた人物としてのレッテルを貼られていない家族成員も，少なからず，心の重荷をかかえている．家族療法家の視線は，その点にも鋭く向けられているのである．

　子どもを対象とするわが国の心理療法では，母親が面接を受けている間に，子どもが遊戯療法を別のセラピストから並行して受ける「母子並行面接」の形態が一般的となっている．しかし，この手法では，同席しない父親や兄弟との関係はもちろん，家族関係全体が醸し出す「雰囲気」やその変化などを，正確に把握することは困難である．家族全員が参加する家族遊戯療法であれば，家族が造形活動を楽しみながら日頃の偏ったコミュニケーションのパターンを打ち破ることができる．母子並行面接法を用いている場合でも，時に母子同席での粘土療法を導入することで，新たな母子関係を形成するきっかけを作り出せるのではないだろうか．いずれにしても，家族粘土療法を体験した子どもたち

が，次の回にも進んで粘土造形をやりたがることは，セラピストにとっても大きな励みとなっている．

　苦悩の渦中にある家族にとって，面接室で自分たち家族がうちそろって粘土をこねる図は，現実の深刻さや重苦しさとは対極の雰囲気をただよわせているだけに，逆のインパクトを受けることになるようだ．家族の感想として，「事態は深刻であり，こんなのんきなことなどしていられないはずなのに，でもなんとなく楽しいし，面白い．そういえば，こんな団欒があれば，わが家も明るくなるだろうな」といった心境の変化が語られることもある．

　セラピストはその体験を促すために「場」をしつらえる黒子の役回りに徹する．ただし，セラピストが舞台の黒子と異なるのは，面接場面で展開していること，とりわけ家族が内的に体験しつつも，明瞭に意識化できないでいる互いの情緒的な関係パターンを，粘土造形から一種のメタファーとして読み取れることを，適宜示唆する点である．そこで，実際に粘土造形法を用いた家族療法の面接場面を示すことにしよう（亀口, 1989）．

　　IP：15歳女子（高1）G子
　　主訴：盗癖
　　家族構成と現状に至る経過：運送業の継父，自宅内職の母親，G子，そして母親の再婚後に生まれた4歳の妹．両親は互いに再婚同士で，G子が実父や兄と生き別れになったのは，小学4年生のときであった．小学2年の時に給料袋から現金を抜き取ったことをはじめ，その後も盗癖は止まず，高校入学後も同じ寮生の衣服や持ち物を盗んだために退寮処分を受けた．対応に苦慮した担任等を通じて両親からの相談依頼を受け家族療法を実施した．

　　面接経過：家族面接は月1回で計7回（6ヵ月間）実施された．全セッションとも家族全員が参加した．粘土造形法は，第2, 3, 4, 6, 7回目の面接で行われた．
　　第2回
　　G子が退寮して帰宅後1ヵ月経っている．G子は母親の離婚前の思い出や家族関係についてあまり臆することなく話すことができた．そこで，粘土造形を提案した．「何を作るかは家族全員で決めてください．もし，テーマが見つからなければ，『私の家族』でもいいですよ」と指示して退室し，隣室からテレビのモニターでの観察を行った．完成した作品は2匹の犬と2羽のチャボ（自宅で飼っている）であり，両群は離れて配置されていた（図3-13）．
　　G子「犬とチャボはあまり仲良くない．オスは気が弱くて，メスは気が強くてうる

図 3-13 第 2 回面接での家族粘土作品
（ペット家族の分裂・葛藤）

図 3-14 第 3 回面接での家族粘土作品
（家族の願望としての統合された家族像）

さい．オスはとりあわない．犬はチャボが近づくのをじっと見ている」．

母親「G子の言うとおりですね．メスは強くて，オスが弱い．メスは甘えん坊．チャボは犬が吠えると頭をもたげてキョロキョロする．2匹の犬と2羽のチャボは互いにそっぽを向いています」．

この二人の説明に継父も異論を示さなかった．明瞭に言語化されてはいないが，この動物たちの関係が家族の関係と二重写しになっているとの認識が，両親とG子の間で共有されているようにセラピストには感じられた．

第3回

G子は以前に比べると母親の小言が少なくなったことを認めている．母親は，注意するときについ過去のこと（盗み）を持ち出してしまうので，気をつけていると語った．G子が在籍している高校を選んだのは，志望の学科があったことと家を早く出たい気持ちの両方だったことを打ち明けた．

粘土造形では，G子は粘土に手を出さず，両親と妹が作っているのをただ眺めているだけであった．作品は，丸テーブルの周りに家族4人と担任の教師が腰掛けて食事をしている情景であった（図 3-14）．

G子「ごちそうがたくさんある」．

母親「これは将来の希望ね．庭は広いからいつかは……」．

継父「庭に芝生を植えて，外でバーベキューをするといいな」．

しかし，実際には継父は仕事の都合で家族と食事をすることはほとんどないことが語られ，この家族の現実と理想のギャップが明確になる．

第4回

この回は治療的転回点となった重要なセッションであった．まず，母とG子の間で互いの不満が直接に表明された．母親はG子に対して，もっと自主的に行動してほしいと注文を出した．いっぽう，G子は言い合いになるとすぐに過去のことを持ち

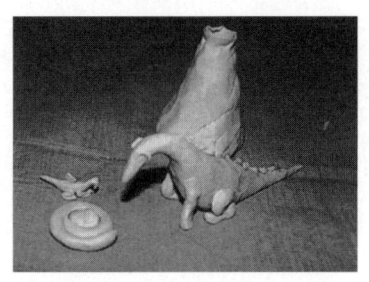

図 3-15 第 4 回面接での家族粘土作品
（母娘の葛藤への直面化）

出す母親に対して腹が立つと逆襲した．G子は，家では両親と妹の3人に対して自分は1人ぼっちだと訴えた．

この回の粘土造形にもG子は参加せず，父親が大小2匹の恐竜と火山を作り，母親と妹がバナナとクッキーを作った（図3-15）．完成後，粘土像を見ながらセラピストが「何か物語が作れないだろうか」と家族に水を向けると，G子がそれに応えて次のような物語を語り始めた．

G子「2匹の恐竜が私とお母さん．火山がもうすぐ噴火しそう．恐竜は今は穏やかな顔をしているけど，もうすぐ……この小さな恐竜よりも自分はもっと大きいと思う」．

父親「妻はG子をこの小さな恐竜ぐらいの大きさだと思っているかもしれません．体は大きくなっているけど，きっと母恐竜は火山から子どもの恐竜を守ろうとしているのでしょう．自分は火山だと思う．そして，じっと耐えている」．

G子「お父さんは，2匹の恐竜の中間くらいの大きさで，離れたところにいる」．

このやり取りに対して，母親は苦笑しながら聞いていたが，積極的には否定も肯定もできないが，冷や汗をかいたと感想を述べた．しかし，夫が"子どもを守ろうとする母親"という表現を使ったことに，安心感を覚えた様子であった．いずれにしても，面接開始直後の険悪なムードは一掃され，終了時には家族全員に笑いがあふれていたことが印象的であった．セラピストは退室する母親に，「G子さんはまだ冬ごもりの時期なので，芽が出るまでもう少し待ってあげてください」というコメントを与えて送り出した．

第6回

G子は自宅から通学が可能な高校を受験することを決意し，その準備を進めている．母親もあまり干渉せず，母子の争いも穏やかなものに変化している．

粘土造形でセラピストが提示したテーマは「5年後の私たち」であった．G子がプ

レゼントした温泉旅行に家族全員で出かけた情景を，G子を含む家族全員が完成させた．作成時には笑い声が絶えず，終始和やかな雰囲気であった（本事例については第4章でさらに詳述する）．

粘土造形法は幼稚園段階の幼い子どもにも歓迎され，会話形式だけの面接とは異なる利点が多い．両親を含めた全員が，発達初期の心性に水準を合わせた交流を行うことができるために，"失われた団欒"を比較的容易に取り戻せるのではないだろうか．本事例のように，粘土が傷ついた家族の絆をつなぎ，また癒す役割を果たしていることを実感させられたことは，他の事例でも稀ではない．

(3) 動作法による家族への癒し

両者の成立過程や形態には何ら関係がないようにみえながら，家族療法的アプローチと動作法的アプローチには，いくつかの共通点がある（亀口，1989）．第1は相互作用の重視であり，前者では家族成員相互，ないしセラピストを含む治療システム内の相互作用が焦点になる．後者では，「動作」を鍵概念として心理過程と身体過程の緊密な相互作用が焦点化される．第2は，全体と部分の相互関係である．前者では，個人の症状や問題という「部分」の役割を家族システムという「全体」との関連のなかで理解し，改善させようとする．後者では，特定の身体部位の障害の改善ではなく，全体の動作システムとの有機的関連のなかで，個々の動作課題の改善をめざす．第3は，「抵抗」の有効利用である．前者では家族の示すさまざまな治療抵抗を否定的にとらえるよりは，むしろ治療的に有意義な変化を生み出す「てこ」の働きをするものと考えて，「対抗パラドックス」などの技法のなかで，おおいに活用しようとする．後者では，動作課題に対してクライエントが示す抵抗（他動抵抗）を巧みに操作することによって，動作改善を促進する．第4は，チームアプローチの採用である．前者では，セラピストが単独で，家族面接を行うのではなく，観察室にいる治療チームとの協力関係のもとに治療を展開させる．後者でも，スーパーヴァイザーを含むチームアプローチは重要な役割を与えられている．第5は，治療記録の重視である．前者では，面接のビデオ記録が慣例化しており，後者でも種々の評定尺度が活用されている．行動療法などと同様に，治療的変化を実

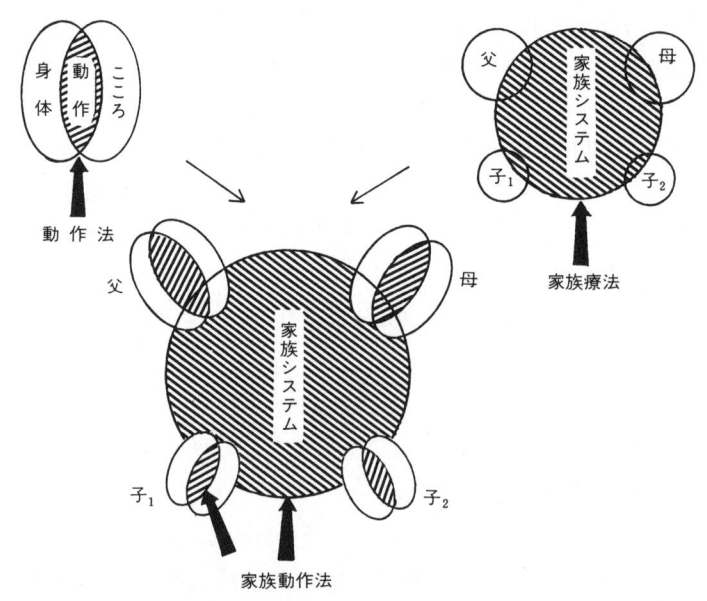

図 3-16 家族動作法の概念的位置づけ（亀口，1992，p. 150 を修正）

証しようとする態度が顕著である．

　以上に述べた共通点を前提として，筆者は1989年に「家族動作法」の可能性を示唆し，その後さらに概念的に整理した（亀口，1992）．図3-16に動作法と家族療法という二つの源流から家族動作法が統合的に生み出されてくる経過を示している．この治療技法は，動作法の応用としても，あるいは家族療法の新たな技法としても位置づけることができる．おそらく，セラピストがいずれの立場に立つかによって治療的焦点のあて方が異なるはずである．いずれにしても，拒食症などの心身症の家族には有効だと考えられる．

　筆者としては後者の観点からの臨床事例を蓄積しているが，その経験を通して前述した家族造形法に家族動作法の要素を組み入れようと考えている．とりわけ，パップの振り付け技法は，動作的要素の強いものであり，家族療法の側からのアプローチとしては，もっとも家族動作法の趣旨に近いといえるからである．これに，「比喩的動作」あるいは「象徴的動作」の概念や技法的工夫を持ちこむことは，治療的に有益ではないかと考え，適切と判断した事例で試みつつある．

6 夫婦療法の技法

(1) 夫婦療法の適切性

　現在のわが国では，夫婦療法の専門家の数はきわめて少ないのが実状である．日米両国の夫婦を対象としたカウンセリングの豊富な臨床経験を持つ佐藤（1999a）は，日本人の夫婦カップルが親密性に関して大きな問題をかかえていることを，鋭く指摘している．佐藤によれば，日本人の夫婦カップルは親密性についての要求がまず言葉のレベルで話し合われていない．言語化されていないので，本人が自分の親密性についての境界をはっきり自覚できていないわけである．たとえば，性的な親密性に関して妻たちは，夫との疎遠であわただしいセックスに不満を持ち，それをさまざまな形で夫に伝える．しかし，夫は妻のそのような親密性への要求を「さかりのついた犬じゃあるまいし」などという軽口で片付け，妻を深く傷つける．彼女らが心の底で望んでいるのは，実は「すばらしいセックス」ではなく，「人間的な触れ合いが欲しい」という性愛的・情愛的親密性だということが理解されていない．結果として，「家庭内離婚」もしくは「心理的離婚」と称される夫婦が，多数存在することになる．

　グルーンバウムら (Grunebaum et al., 1969) は，夫婦のためにセラピストが最善の治療形態を決定するために，以下のような基準を設定している．

① コミットメント——問題や症状に二人で立ち向かい，夫婦関係を変化させようとの積極性があるかどうか．これがない場合には，夫と妻がそれぞれセラピストを持つことになる（個人セラピー）．

② 問題・症状の所在——コミットはしているが，問題・症状が結婚生活に内在していない場合は，夫と妻が同じセラピストにより同時進行の個人セラピーを受ける（並行セラピー）．

③ 緊張度——夫婦がコミットしており，問題が夫婦関係に内在しているが，それが慢性化している場合は，夫婦集団療法を受け，急性の場合は夫婦同席の合同療法を受ける．

　ふつう夫婦療法と呼ばれるのは最後の同席合同療法であるが，これは夫婦が問題・症状に二人で直面することに意味を見出し，しかもその問題・症状が直

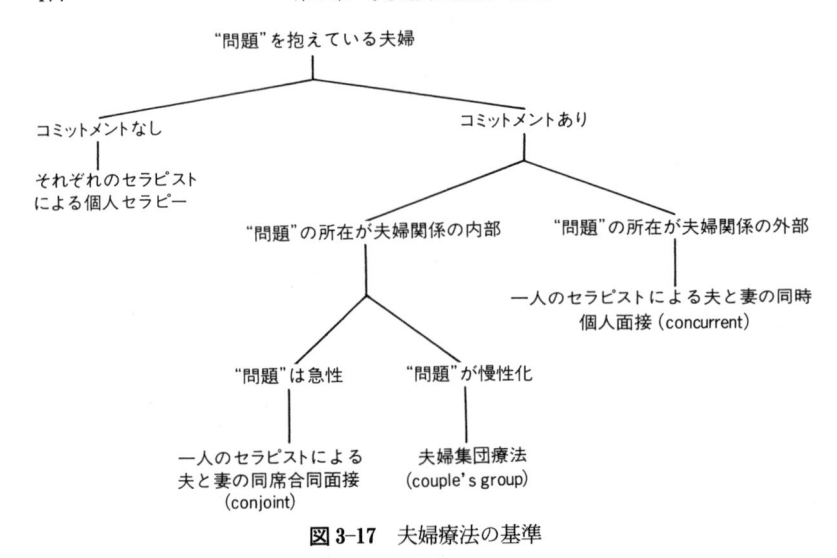

```
                    "問題"を抱えている夫婦
                   ┌─────────┴─────────┐
              コミットメントなし         コミットメントあり
              それぞれのセラピスト      ┌─────────┴─────────┐
              による個人セラピー   "問題"の所在が夫婦関係の内部   "問題"の所在が夫婦関係の外部
                              ┌────┴────┐         一人のセラピストによる夫と妻の同時
                         "問題"は急性  "問題"が慢性化        個人面接（concurrent）
                         一人のセラピストによる   夫婦集団療法
                         夫と妻の同席合同面接   （couple's group）
                            （conjoint）
```

図 3-17　夫婦療法の基準

接二人の「関係」にかかわり，緊急性を持つと明確に知覚されている場合に有効な治療モダリティである（図3-17参照）．

(2) 夫婦療法の過程
① 初回面接と査定

夫婦が問題の緊急性を認識し，共同で解決しようとの構えを見せた時に，夫婦療法は始まる．初回面接では，査定が中心になるが，多くの情報を得ようとして一方的に質問を続けるようなことは避けるべきである．表3-2に示す佐藤の査定フォームは，臨床的にみて有効なものである．

② 2回目以後の面接

セラピーが進行するにつれて夫婦間相互交渉の中心的な話題が変化することを観察し，話題をチェックすることで治療の進行状況が把握できる（Bernal, 1980）．

 ⓐ　事柄（金銭，頭痛，役割，帰宅時間等）中心段階
 ⓑ　個人中心（話題は"誰が悪いか"に集中）段階
 ⓒ　相互交渉中心段階（対人行為の因果性に気づく）
 ⓓ　関係中心段階（相互交渉の認識を越えて関係そのものに注目）

表 3-2　夫婦関係のアセスメント（佐藤，1999a, p. 100）

　　　　　　　　　　　　　　　　　　　　　　　　　年　　月　　日

　　　　　　　　　　　　　　　　　　来談者（　　　　　　　）
　　　　　　　　　　　　　　　　　　記入者（　　　　　　　）

a）"問題"の理解と確認
　　　夫
　　　妻

b）典型的な葛藤と解決の試み

c）結婚歴

d）関係の長所

e）査定

f）介入プラン
　　　・具体的目標
　　　・そのための具体的タスク
　　　・治療期間，費用など

● コミュニケーション査定

1）何を（What）コミュニケートしているか
　　　話題のタブー
　　　主題（話題への意味づけ）が共有されているか
　　　表出の傾向（緊急感情か親愛感情か）

2）いかに（How）コミュニケートしているか
　　　①成立条件としての相互容認の在・不在
　　　②三項コミュニケーション構造の在・不在
　　　③コミュニケーションの乖離の在・不在
　　　④メッセージの無効化（ジャクソン）の在・不在

3）コミュニケーションの連鎖

ⓔ　文脈中心段階（関係のあり方を規定する心理−社会的条件が話し合われる）

　実際の治療過程は明確な形でⓐからⓔに移行するとは限らず，また面接時間中にもⓐからⓔに移ったり，各段階の間を行きつ戻りつすることも多い．しかし，全体的な流れとしては洞察のレベルが具体から抽象に動くことで，セラピーは進んでいく．

③　面接の行き詰まり

　面接過程でクライエントとセラピストの双方が「うまく行かない」との感覚にとらわれることがある．この行き詰まりの底には不安がある．クライエントはさまざまな不安を経験するが，第1に自分の問題をセラピストに委ねているという自己統制の喪失による不安がある．第2に，問題そのものに関する不安がある．第3は，問題がセラピストによって治療されていくペースによって起こる不安である．面接の進行を自分で止めて，セラピストに確認を求めることができないために，面接室で不安を増幅させるクライエントは多い．最後は治療・相談の結果に伴う不安である．

④　行き詰まりの解消

　この行き詰まりを解消するための方法として，佐藤（1999a）は次の3点を示唆している．

　ⓐ　まず自分と相手の経験している「行き詰まり」の状況に，またその時経験している気持ちに気づくこと．

　ⓑ　気づいた状況と気持ちを言葉にして表現する．「私の言ったこと通じたでしょうか？」，「分かってもらったかどうか不安なんだけど」，「退屈でしょうがない」．

　ⓒ　状況と気持ちの内容を話し合う．どこがどういう理由で行き詰まったのか．

　夫婦の危機は，日常的に経験するコミュニケーションの「困難さ」に誤った対応をした結果生じたものであるから，危機をきっかけにして夫婦関係を変化させようとする夫婦療法の第一歩は，コミュニケーションの行き詰まりを解消することにある．その点で，セラピストがこの「行き詰まり」に臆することなく真正面から取り組むことが，セラピーの成否の鍵になると言えるだろう．

(3) 離婚療法の実際

　誰もが結婚したからには幸福でありたいと期待するが，現実には配偶者が十分にその夢に応えてくれることは多くはない．そこから，失意や落胆，あるいは怒りといった破局につながりかねない心理状態が生み出されることになる．この段階から，すでに離婚療法による心理的支援を受けることが可能である．わが国では，まだその恩恵を受ける状況には程遠い．そこで，欧米ですでに一般化しつつある離婚療法の一端を紹介することにしよう．離婚療法には，離婚前療法，離婚期療法，離婚後療法の3段階がある（佐藤，1999b）．

　離婚前療法では，夫婦それぞれの状況認識と夫婦間のコミュニケーションの行き詰まりの解明から援助の介入が始まる．別離の意思表示が一方の配偶者から出された場合には，新婚期以降の失望体験や葛藤の掘り起こしを行う．それから将来もカップルとしてさまざまな人生の危機を乗り越えていくことができるか否かを，夫婦が再確認できるように援助する．

　離婚期療法では，夫婦双方が離婚に合意した時点で，それまでのセラピストが面接を継続するか，それとも別の離婚調停者を中心とするセラピーに移行するかの決断が下される．このとき夫婦はまだ愛憎の葛藤の渦中にいるが，具体的に決断すべきことは多い．子どもの監護，訪問権，財産分与，慰謝料，住居や就業問題などを取り上げながらも，夫婦の情動体験に十分な配慮をした面接をすすめる．とりわけ，子どもへの対処の仕方については，「夫婦の別れの事実」と「子どもへの愛情」とを分離して説明するように助言することも必要とされている．

　離婚後療法は，離婚に伴うさまざまな喪失体験や外傷体験によって生じた「心の傷」を癒すために行われるものである．離婚経験者の喪失体験に伴う悲哀を哀悼する同伴者としてのセラピストの役割は重要である．離婚の痛手を癒す方法として「離婚式」を提唱している専門家も存在する．これは，離婚した夫婦が疎外感，無力感，挫折感を克服し，新たな出発をするための儀式として援助的役割を果たすとされている．離婚式において，「影の存在」であった子どもたちが，両親の離婚について，意見や感想を述べることは特に意義のあることだとされている．

第4章
家族臨床心理学の臨床事例

1　不登校の家族療法事例

(1)　不登校と家族の時間

　不登校あるいはその予備軍ともいえるような子どもをかかえる多くの親にとって，毎朝の登校時刻は「魔の時刻」であり，焦りや不安，苛立ち，無力感等々の否定的な感情が渦巻く場合が少なくない．子どもも同様であろう．所定の始業時刻に遅れず登校するために親子が維持しなければならない心理的緊張は相当なものである．そこにはしかるべき理由がある．つまり，定時の登校は，明治以降の近代の学校で重視されるようになった始業時刻の厳密な順守という，「かくれたカリキュラム」の一部を成しているからである（河野，1991）．

　さらに，学校の時間管理は間接的にではあれ，登校準備が始まる家庭にまで持ち込まれていると理解してよいだろう．したがって，子どもの遅刻は，家庭での時間管理の失敗とも見なされ，親はその責めを負わされることになりかねない．母親がまずその矢面に立たされるのが普通である．大多数のサラリーマンの父親も，学校と同質の始業時間順守の鉄則に縛られているために，暗黙のうちに子どもの遅刻防止策を妻に委ねることになる．フルタイムの共働きの母親には子どもの遅刻を容認する余地などは，あまりなさそうである．

　つまり，学校や職場での一斉始業にテンポを合わせられない子どもと母親（父親）は，いずれ脱落せざるをえないだろう．もともとテンポのゆっくりした子どもばかりでなく，心身の不調によって一斉始業に歩調を合わせられなくなった子どもも，同様にその危険性をかかえることになる．近代的な効率重視の工場で稼動するベルトコンベアーの故障に似て，一斉始業のつまずきは学校

生活全般での不適応に直結するだろう．多くの子どもが，ほんの些細なきっかけから不登校状態に陥る構造的な要因は，このあたりにあるのではないだろうか．

　学校と職場における単一的な時間管理に比べて，家庭で家族全員を拘束する時間管理の原則は存在しないと考えてよいのではないだろうか．もちろん前に述べたように，朝方の登校や出社に合わせた時間設定については，家庭外の時間管理の原則が前倒しで準用される．しかし，それは家族全員に一律に適用できるものではない．各家族成員の帰宅時間や，帰宅後の就寝時間までの管理の原則は，部分的にあるにしても実際にはきわめてあいまいなのが実状ではないだろうか．食事にしても，家族全員がそろってとる習慣を維持している家庭は，実態調査の示すところではごくわずかだとされている（総務庁青少年対策本部，1993）．

　このように見てくると，家庭での時間管理の原則が帰宅後から就寝までの夕・夜間と起床後の朝方で，極端に変化することが理解できるのではないだろうか．つまり，個人ペース容認から集団ペース拘束への急変である．この落差に気づき，もっとも敏感に反応するのが，不登校状態に陥っている子どもである．彼らが前夜まで登校の意欲を見せていても，翌朝に挫折するのは，理由のないことではない．家庭での時間管理の原則が夜と朝とで一変することに，彼らはすんなり従うことができないのである．一夜明けた早朝の家庭は，登校準備のためにすでに学校と同じ時間管理の原則に支配された世界に転化している．彼らの心身は，目覚めとともに「学校時間」に縛られる予感に反応を示し始め，さまざまな変調を訴えるようになり，登校が困難になっていく．

(2)　家族療法のねらい

　家族療法の観点から不登校事例に心理臨床的な取り組みをする場合にも，時間の問題が解決の鍵を握っていることが多い．最初に結論の一部を提示しておこう．時間の枠組みに焦点を置く家族療法では，時計という機械が刻む時間に厳密に管理された「学校の時間」とは異質な「家族の時間」を家族全員が体験できるように援助する．人の心理状態とは関わりなく均一に刻まれる時計時間と異なり，家族の時間は有限な生命体としての各家族員に意識された固有の時

間(人生周期)によって構成されている.したがって,家族の時間は複数の時間軸をもっており,ほっておけば家族成員間に意識のずれが生じてくるのも当然であろう.

とりわけ,世代が異なる親子間では相互の時間意識の調整作業が重要な役割を担うことになる.家族の日常生活で,この調整作業が短時間に集中するのが,前に述べた起床後から登校までの時間帯である.実際,多くの家庭で迫り来る登校時間との戦いが,毎朝のように繰り返されているのではないだろうか.家族のごくわずかなテンポの乱れが,分刻みの行動スケジュールを達成困難にする.このような時間構造は,もともと個性的な人物の行動パターンとは相容れないと理解してよいだろう.少し立ち止まって考えごとなどをするようなタイプの子どもには不向きである.あるいは,そうでなくとも気懸りなことがあって内省的になっている場合には,外的な時間にペースを合わせることが難しくなる.早朝の家族にとって,時間的調整が破綻したり,子どもの不登校が発生する潜在的な可能性はどこにでも転がっていると言えるだろう.

したがって,不登校に陥った子どもをかかえた家族に心理臨床的な援助をしようとする際には,登校直前の早朝の家庭にみられる緊迫した雰囲気を取り除く工夫が必要になる.家族が同席する家族療法の面接場面の初盤は,大なり小なり早朝の家庭の雰囲気に似て緊張をはらんでいる.そこで,家族療法家はこの緊張を和らげるためにさまざまな配慮をすることになる.

たとえば,父親の多くは普段の子どもの様子についてあまり詳しくは知らないものである.しかし,母親だけが話すようでは父親の存在意義は薄れてしまう.そこで,家族療法家は父親にしか語れないこと,つまり仕事上の苦労話などを誠意をもって聞いたりする.これは前章で述べた「ジョイニング」と呼ばれる技法の実践でもある.ついで,母親に父親の話についての感想を求めるが,ふだん父親が家庭でその種の会話をしていなければ,その確認自体が家族理解の貴重な手がかりを提供することになる.話題の焦点が自分の登校問題に向けられていないことを知った子どもは,ここでほっと一息つくことになる.

しかし,話題が何であれ会話そのものが乏しい家族にあっては,顔を見合わせているだけで緊張が高まり,リラックスどころではないことも少なくない.そこで,会話にこだわらず,描画や粘土造形などの手作業を取り入れると無用

な緊張を取り除くことができる．不思議なことに，家族がそろって絵を描いたり，粘土をこねたりしているうちに，自然に互いの言葉のやりとりが始まることが多い．これは質疑応答式の会話ではなく，各家族成員の「自由連想」風の発言といえるかもしれない．むしろ，今では一般家庭で消えつつあると指摘されている夕食後の家族団欒の情景に近いといえよう．

　実は，この場面での時間体験が，学校での時計に支配された時間体験とは異質な「ゆとり」の実感を子どもや親に与えてくれる．1分1秒の時刻に切り刻まれるのではなく，豊かな時の流れに身をまかせるような時間体験を家族が共有できることの意味は大きい．不登校の子どもをかかえた家族に限らず，現代日本の多くの家族が時計時間に追われる生活を強いられているからである．不登校事例に対する家族療法による筆者の援助経験からすれば，いったん，時計時間から切り離された「家族の時間」を体験できた家族は，独自のペースで歩みをはじめ，結果的に順調な再登校を達成し，その後も問題の再発をみていない．これは，家族療法での時間体験が家庭での生活パターンにも少なからぬ変化をもたらしたためではないだろうか．事実，そのように報告する家族も多い．また，家族療法家の中には課題や儀式を処方することで，家庭での家族の生活パターンに直接変化を持ち込もうとする手法を用いる者もいる．この場合にも，家族成員相互の時間的な調整作業や連携が鍵的な役割を果たしているのではないかと考えられる．

(3) 教師・学校との連携

　いうまでもなく，家族のみならず教師や学校システムの側の時間意識の変革も重要である．不登校の子どもの担任教師が硬直した時計時間順守の態度をゆるめ，家族療法の体験過程を通じて子どもと家族が少しずつ変化していくことを見守り，校長をはじめとした学校関係者がそれを背後から息長く支援する態勢を取れるようになった事例では，問題解決の可能性は非常に高まる．

　逆に，時計時間にのみこだわった管理や指導を続ける教師や学校システムでは，多大な労力を払ったにもかかわらず，不首尾に終わる事例も少なくない．やはり，教師や学校側が子どもの外面的な行動で評価・判定するのではなく，日々の生活をどのように意識し，体験しているか，子どもの内面にまで踏み込

んだ理解が必要だといえよう．

しかし，教師は，通常でもさまざまな雑事の処理に追われており，とても 30 余名の生徒の心の理解まで手を広げることは出来ないのが現実であろう．そこで，臨床心理士などの資格を持った学校カウンセラーや家族療法家などの専門家との連携が，有効な手立てとなるにちがいない．われわれの家族療法によるアプローチでは，家族の協力態勢が整い再登校の可能性が出てきた時点で，教師にも同席を求め，両者が共通の時間体験をもてるように工夫している．なぜなら，その同席面接の設定が，学校復帰に向けた教師と生徒の絆の形成に役立ったと了解できる事例を数多く経験しているからである．

(4) 中学生不登校の家族療法事例

中学生の A 男の両親は高齢であるだけでなく，とくに父親（76 歳）は脳血管障害のために半身不随で意思疎通もままならない状態であった．ひとりっ子の A 男は，1 年生の夏休み以降不登校状態に陥り，強い対人恐怖の状態を示すようになった．以後，母子が家族療法に参加した計 29 回の面接過程を 4 期に分けて見ていくことにしよう（亀口，1989a）．

第 I 期（1〜10 回面接）

A 男の生活は昼夜逆転し，ラジオの深夜放送を聞いたり，テレビの番組表や鉄道網を自分で作成して楽しんでいた．一方，母親は A 男の現状を受容しようとしていたが，教育委員会や学校，あるいは児童相談所から施設入所を勧められ動揺せずにはいられなかった．

やがて，自閉傾向が強まり，体力的にも来談が困難なこともあった．母親は早期の再登校を諦めようとする心境になってきた．家族療法家は不登校の肯定的リフレーミングを行い，母子を心理的に支えた．家族療法のために片道 3 時間以上かけて来談することも，視点を変えれば他に外出の機会がない母親を家から連れ出し，夫の介護者や自営業の責任者としてではなく，不十分だった「母親」としての役割や学習の場を確保しているとも了解できたからである．A 男自身も変化のない現状を安定状態として肯定し，家業の先行き不安や障害のある老父を思えば暗い将来しか予測できないことを理由に，「むしろ，今のままで時間が止まってほしい」と述懐するほどであった．

第Ⅱ期（11〜17回面接）

　登校をめぐる母子間の対立関係が緩み，A男は外出できるようになった．母親は，再登校の可能性が見えてこないために家族療法への期待感が薄れ始めたようであった．これに対し，A男は来談を楽しみにしていると表明した．

　そこで，家族同様に生活している遠縁の古参女性従業員に同席を求めた．この3人でタブーであったはずの「父親の死」について話し合ったが，母親が動揺を見せなかったことにA男は安心感を覚えたようであった．同様に，タブーとなっていた「学校」の話題に接近するために，この女性に「先生」の役を取ってもらい，A男が進路相談をもちかける場面を演じるように要請した．A男はとくに抵抗も示さず指示に従った．この回以後，家族の間で父親の死だけでなく，学校という言葉もタブーではなくなったのである．

　やがて，A男は小学校時代の友人との文通を始めると同時に，偏食を改善する課題に自ら取り組みだした．また，それまで接触を避けていた教師との面会について話し合った．次の回にA男の同意を得て，教育相談担当の教師にも同席してもらった．最初のうちは教師を直視できないほど緊張していたものの，後半にはリラックスして笑顔も出てきた．4日後，事前の約束通りに教師が家庭訪問してA男に直接自宅学習用のプリントを渡すことが実現した．

第Ⅲ期（18〜24回面接）

　A男は自宅の階段を使ってジョギングを始めた．家業の手伝いは増えたものの，学校関連の話題は拒否する姿勢を取り続けていた．第19回面接では，意図的に学校の話題を取り上げた．A男は「学校は僕にとって仮想敵みたいだ」と述べたのに対し，家族療法家は，「再登校をいっそ断念するか，それともK先生が放課後に学校の無線の機械（A男がおおいに関心をもっていた）を見せてくれると言っている話にのるか，どちらか選択するように」と迫ったが，A男は拒否的な態度を見せなかった．ここで，家族療法家はA男との間で確かな信頼関係を築けたと実感した．この確信をもとに次の回には，さらに積極的な母子関係の再確立を目指した介入を行った．

　この回以降は，母子間で学校を話題とした話が楽にできるようになり，A男は徐々に教師や他の中学生と接触するようになった．教育委員会主催のキャンプにも部分的ではあるが，参加できるまでになった．その後，友人宅を訪問

し，話し込むようになった．自宅でも電話に出たり，客との応対も避けなくなった．この時点で中学3年生になっていたA男は，定時制高校への進学の可能性についてK先生と相談をし始めた．またA男が単独で来談することに母子双方が同意したことから，母子分離の手ごたえを感じることができた．

第IV期（25回〜29回面接）

A男は約束通り単独で来談し，登校を想定した場面のリハーサルを行った．最初は家族療法家がA男の役割をとり，逆にA男が同級生の役割をとって，その同級生にからまれる場面（A男が恐れている恐怖場面）をリハーサルした．この回で，A男はついに再登校することを決意したのである．10日後，K先生の行き届いた配慮もあってA男は2年4ヵ月ぶりの再登校を果たした．その後は，宿直室での個別学習を続け，校長の強力な後押しも得て定時制高校を受験し，見事合格した．最終回となった第29回は高校入学後であったが，A男は単独で来談した．休まず登校し，年齢や職業もさまざまな同級生との交流を楽しみながら，勉学を続けている様子を生き生きと語ってくれた．家族療法開始時点の，他者の視線に怯えていたA男とは別人のようであった．

フォローアップ面接（1年後）

母子で来談し，終結後1年間の経過について報告を受けた．A男の高校での適応に問題はなく，欠席もほとんどないとのことであった．親友との交際が続き，家業の手伝いも確実に実行できていることを母親はうれしそうに語っていた．高齢で病身の父親も幸い著変はないとのことであった．

本事例は，不登校の子どもへの心理的援助を行う際に時間的枠組みを柔軟に取り扱うことが必要であることを筆者に教えてくれた．父親が70歳を超す高齢で，しかも重度の脳卒中の後遺症をかかえているために，母子はたえず，「父の死」の不安に脅かされていた．父親の発病以来，母親がA男の自立を焦ったのも，父親の余命を考えればやむをえなかったのであろう．しかし，不登校に陥り，対人接触を極端に避けるようになったA男とその家族の問題解決にあたって，早期の再登校を目標にすることがはたして適切なのだろうかという疑問に直面した．

むしろ，時間の枠（面接回数）にしばられず，A男の家族の問題を心理的に援助しようと考えた．なぜなら，母親が高齢の夫に残された時間の少なさに

追い立てられるようにA男の自立を急き立てただけではなく，中学校での生活も時間に追われる毎日だったからである．不登校になった当時のA男は，迫り来る「時間」という怪物に押し倒されるかのように怯えていた．もし，家族療法家までも「短期」あるいは「限定された面接回数」という時間的な枠組みに縛られていれば，A男は心理的援助の手立てからも締め出されたかもしれない．

そこで筆者は，A男の家族に時間の豊かさを実感できるように援助しようと考えた．つまり，面接回数を限定しないことにしたのである．それは，父親の死に対する母子の不安に家族療法家が巻き込まれないための安全装置でもあった．また，二重拘束に近い状態にあった母子関係を性急に改善しようとすることは，からみあった糸を無理に引っ張り，かえってもつれを強めてしまうようなものだと判断したからである．

A男は定時制高校を大変優秀な成績で卒業したばかりでなく，独力で受験準備をして関東の有名私大への入学を果たした．高校時代は，外国語の修得に熱意を示し，折々の筆者への近況報告にも外国語の短文を書き加えていたほどであった．A男からの手紙を読み，面接開始当初の彼の姿を思い出しながら，人間の可能性の奥深さを痛感しないわけにはいかなかった．同時に，最初は筆者の直観的な理解でしかなかった不登校の子どもへの心理的援助における「時間意識」あるいは「時間体験」の見直しの必要性を，再確認できたように思う．

(5) **考察**

最近になって，ミラノ学派の家族療法家たち，とりわけボスコロら（Boscolo & Bertrando, 1993）が「時間」の問題に本格的に取り組み始めたことを知った．18年を超す不登校の家族療法経験から筆者も家族療法における多面的な時間の理解と介入技法が，心理的援助の可能性を飛躍的に拡大させるのではないかと期待し始めている．時計やカレンダーによって表示される時間は，人によって体験される多様な時間の一つにすぎない．同じ家族の中でさえ，時間の体験過程がいかに異なっているかということを，家族療法の経験者は熟知している．とりわけ，成長期の子どもにとっては，大人が介入しない心理的時間を確保できているか否かが重要ではないだろうか．親や教師の問題と時間の

枠組みに巻き込まれなくなった不登校児が，自分自身の時間を楽しみ始めた「瞬間」を察知することは，彼らと向き合う家族療法家にとっての大きな喜びである．

2 家庭内暴力の家族療法事例

(1) 家庭内暴力

　子どもが家庭内で家族員に暴力をふるう家族にあっては，その家族の関係に何らかの歪みがあることは，すでに指摘されている（小野，1984）．ここでは問題とされる家族関係を「家族システム」の観点でとらえ，事例を記述・検討する．家族療法家は家族面接の場面での家族の発言内容，家族成員の発言に対する他の家族成員の反応（表情，姿勢，動作）の量的差異や順序，座席の位置などの多面的な情報から，家族の間で反復されている情緒的相互作用のパターンを抽出しようとする．そのパターンを生み出す「母体」が家族システムだと考えるのである．

　本項では，家庭内暴力の一事例を通して各家族成員の個人的側面とシステムの側面とのからみあいを追いながら，家族システムとその変容過程について家族システム図を用いた検討を加える．

(2) 事例：O家

　〈主訴〉　B男（18歳男子，高校中退）の家庭内暴力とそれに伴う家族の別居

　〈家族構成〉　建築業（自営）の父（44歳），母（41歳），高校1年の妹（15歳）（図4-1参照）．

　〈生活史および現状に至る経過〉　B男は幼児期より中学2年になるまで喘息症状があり，手がかかったものの，「清潔好きで，真面目で，優しく素直ないい子」（母の表現）として成長していた．友人も比較的多く，問題行動が表面化するまでは，学校の出席状況も良好であり，成績も中より上であった．

　しかし，中学3年になって喘息症状が消失するのと入れ替わりに，最初は母親に，継いで父親に対しても暴言を吐くようになり，高校1年の10月からお

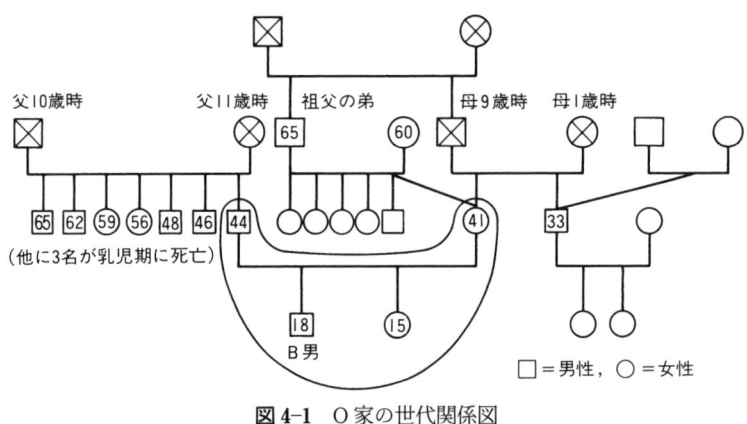

第4章　家族臨床心理学の臨床事例

```
          ⊠ ────────── ⊗
    父10歳時    父11歳時 祖父の弟  母9歳時  母1歳時
  ⊠        ⊗     65  60  ⊗       □──○
  │        │                      │
┌─┬─┬─┬─┬─┤ │  ┌──┬──┐  ┌──┐    ┌──┬──┐
65 62 59 56 48 46 44 ○  ○  ○   41  33    ○  ○
(他に3名が乳児期に死亡)
                          │         
                       ┌──┤
                      18  15
                      B男

                          □=男性，○=女性
```

図4-1　O家の世代関係図

もに母親に対して家庭内暴力が始まった．高校2年の6月に，両親がB男に内緒で担任の教師に，家庭内暴力の問題を相談した．その直後に，B男は担任教師から家庭内暴力について説教されたため，両親に対して，いっそう不信感をつのらせ，7月から登校拒否状態になった．10月より高血圧症状のために100日間入院した．高校3年の6月には高校を中退した．

翌年4月には，さらに激しさを増したB男の暴力に耐えかねた母親と妹は親類宅を転々としたあとで，母方の実家（母の養父母宅）に避難し，別居生活を始めた．以後は，自宅で父とB男の生活になったが，周囲の人たちから体罰を非難された父は，B男から「召使い」のようにこき使われることになった．この関係はエスカレートし，最終的には要求を拒否されたことで不満を爆発させたB男が父にハサミを投げつけ，それが父の足に突き刺さった時点で，父も同居を諦めて家を飛び出し，すでに避難していた二人とともに母方の実家に身を寄せることになった．

その後の2ヵ月間，家族はB男との接触を完全にたち，所在を隠していた．この間，B男は一人で自宅に留まっていたが，2ヵ月後に，家族が祖父母宅に居ることを突き止めてからは，毎日電話で母親に夕食を注文し，自宅に届けさせるようになった．夕食を持参した母親に口のききかたが悪いと暴力をふるう状態は続き，父親に対してはけっして自宅には入れさせようともしなかった．また，母親に対しても掃除や洗濯が終ると，すぐに祖父母宅に帰らせていた．

(3) 面接経過

基本的には，ホフマン（Hoffman, 1981）が述べているシステミックな観点に立つ家族療法の理論的枠組みで面接を進めた（亀口，1984，1985）．B男の来談は当初から実現困難だとの見通しがあったため，両親と妹を対象にして面接を行った．月1回を原則として計7回で面接を終了した．しかし，面接以外にも母親からの電話での相談には応じた．

［第1回面接］

両親が来談する．両親ともに競うようにB男の家庭内暴力の惨状をセラピストに訴える．父親は「B男が中学の頃まで，言うことを聞かないときにはいきなり殴る，というように力のしつけをしてきましたが，今回のことで相談に行ったところの先生から体罰を禁止されたので，今は自制しています」と語った．また，父親は酒癖が悪く，母親はそれに合わせてきたというが，面接場面では「B男のことでは私とお父さんの考えは違ってるんです」とセラピストに訴え，夫婦間の差異を強調するようになっている．一方，父親も自分の判断や態度についての助言や支持をセラピストに積極的に求めてくる．夫婦が互いにセラピストを味方にしようとする傾向が強いが，セラピストは中立性を保持するように努めた．

セラピストは終了時に「B男は今回の件（家庭内暴力）で，両親が本音で話し合うのを確かめているのではないでしょうか．現状では性急に自宅に戻ることを考えるより，B男の縄張り（自宅）を尊重してください」とのメッセージを与えた．

〈家族システム図〉 この回の面接記録（ビデオ）の各家族員の発言内容を，A（支持），B（非支持），C（要求・期待）の3種のカテゴリーに分類し，各2者関係（B男については伝聞）ごとにその数を集計した表をもとにシステム図を作成したのが，図4-2である．円は各家族員を示し（二重円は女性），円の直径はメッセージの総数を比例換算した数値を使って主張度を表示している．円が大きいほど主張の度合いが強いことを表している．各円の間の距離は親密度を表しており，近接しているほど親密であることになる．この算出法は，(A＋C)－Bの数値を距離に換算する．各円を結ぶ線の太さは矢印の向いた相

手への関与度を表し，A＋B＋C の数値から算出された．図 4-2 の特徴として
は，父と B 男の間の親密度が低く，妹が他の 3 人にくらべて主張度の低い点
が指摘できる（亀口ほか，1990）．

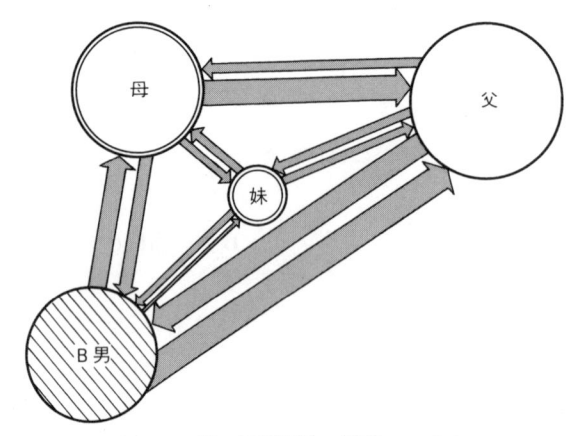

図 4-2 第 1 回面接時の家族システム

［第 2 回面接］
　両親と妹が来談．3 人が寄り添うように座る．
　ほぼ連日，母親が食事を作って自宅に運んでいる．数日前，飼っていたインコが死んだと B 男が連絡してきたため，両親が駆けつけ，埋葬を手伝う（B 男の優しい一面が窺われる）．父親の勧めと B 男の同意が得られたので，母親がその夜は自宅に泊まった．翌日も妹と母親が宿泊した．しかし，B 男が「僕がいいといったときにだけ来ればいい」といって拒否的態度を示したために，その後は宿泊を断念した．
　父親は「前回相談に来たあと，少し気が楽になりました．今までは私のやりかた（B 男に対する厳しい接し方）は，学校の先生などから全部禁止されていましたが，自然にやっていいといわれて楽になりました」とうれしそうに語る．しかし，母親は前回同様に，B 男に対する接近法については，夫と自分の考え方が違うことを強調する．妹は，B 男の話をしようとしても，父親が怒るので話せないと訴える．
　母親はセラピストに具体的な支持や許可を再三求めてくる．セラピストは直接それに応じるかわりに，父親の意見を聞くように努めた．

面接終了時にセラピストは各人に課題を与えた．父親には，拒否されることを見越したうえであえて帰宅の希望を伝えること．母親には，現在のB男に対する働きかけ（身の回りの世話）は，B男との絆を強める手がかりだとして，続けるように指示した．妹には，B男に対して「甘い」母親と，「辛い」父親の態度をよく観察し，両者の「味見役」を務めるように指示した．これらの課題は，B男に対する両親の態度の差異を明確化したうえで，妹にその仲介役を取らせ，家族システムの再調整をねらったものである．

〈家族システム図〉 図4-3に示すように父母間の親密度が低下する一方で，母とB男との間の親密度は高まっている．他の3人に比べ，父の主張度は高く，孤立感が反映されているとも考えられる．

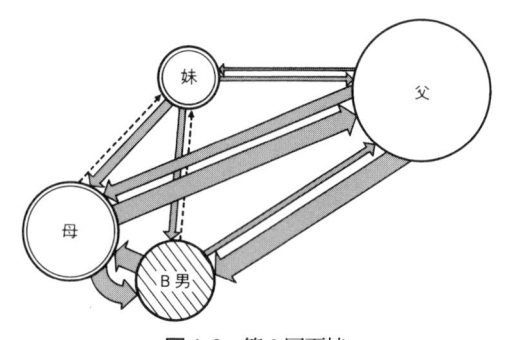

図4-3 第2回面接

［第3回面接］

両親と妹が来談．B男は髪を切り，服装もきちんとしてアルバイトに行き始める．将来，消防隊員になる希望を持っているらしく，入隊準備のためもあって間食をしなくなっている．母親はB男の留守中にも家に入ることを許されるが，電話に出ることは許されていない．まだ，母親への暴力はあるものの，「以前ほどではなく，殴るのは1回きりになりました」という（かつては何度でも殴りつけていた）．

この回は，母親がB男の世話に熱中するあまり，B男と母親，および父親と妹の二つのサブシステムに分離しつつあることが確認された．セラピストは二つのサブシステムの存在を指摘し，「今大切なのは，母親だけがB男君に対して過去の償いをするよりも，3人（両親と妹）が『足並みをそろえること』

（ここでセラピストは口調を強める）です」という介入的メッセージを与えた．

父親と妹は，セラピストのこの介入によって母親とＢ男の過剰な結び付きに歯止めを掛けたことを理解した様子で，安心したような表情を見せた．一方，母親はやや水を差された表情を示したものの，「親子３人の協力態勢」というニュアンスは積極的に受け入れる態度を見せた．

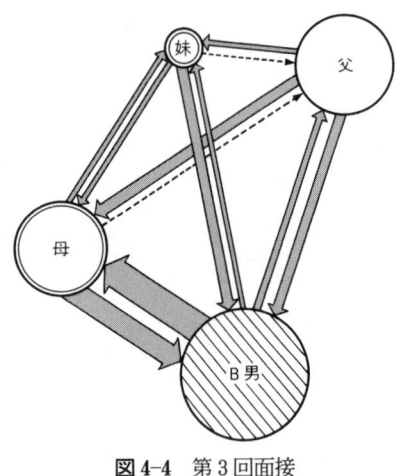

〈家族システム図〉 図4-4に示すように，Ｂ男に対する両親の親密度がかなり均衡化してきたのみならず，家族全員の親密度が等質化してきている．ただし，母とＢ男の関与度は他の関係にくらべて高いことが注目される．

図4-4 第３回面接

［第４回面接］

両親のみ来談．

Ｂ男は欠勤もなく，アルバイトに出ている．この回までには母親への暴力はほとんど消失している．父親には「玄関までしか入ってはいけない」と言いつつも，パチンコ屋であった父親に玉を分けてもらったり，ゴルフ道具を借りるなど，自宅外では関係を修復しつつある．さらに「じいちゃん，ばあちゃんは年だから，もう仕事を止めればいいのに」などと，年老いた祖父母に対する気づかいも見せ始める．この回で家族の問題が，Ｂ男の暴力から家族の帰宅に移行したと理解された．

〈家族システム図〉 図4-5は，他のシステム図とはきわめて異なっており，

家族システムが質的に変化してきたことが了解される．B男が一家の中心的な位置を占め，両親との関係もコントロールしていることが窺われる．一方，妹は全く周辺的な位置に押しやられており，スケープゴートに近い存在になっている．また夫婦関係も背景に隠れてしまっている．

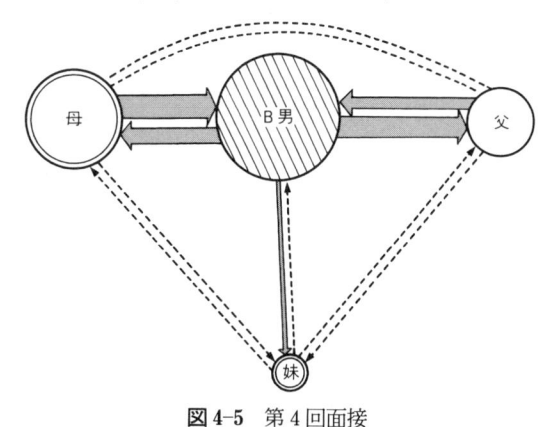

図 4-5　第 4 回面接

［第 5 回面接］
両親と妹が来談．

狭い祖父母宅での同居が限界に達してはいるが，B男の拒否により帰宅できないため，自宅近くに借家住まいするしかない状況にあるとの訴えがなされた．B男は家族の帰宅を拒否しつつも，祖父母宅に預けていた犬だけは帰宅させてもよいと申し出た．母親に対しては，「用事（掃除，洗濯など）はすぐに済ませて長居はするな」と依然として自分の縄張りを主張し，母親に「けじめ」（B男の表現）をつけさせようとしている．

妹が最近，自宅に出向き，直接B男に「家に帰らせてほしい」と涙ながらに訴えたが，B男は「早く帰れ」と追い返した．しかし，その後B男は，祖父母も一緒であれば帰宅を許すと言い出した．

父親は面接のなかで，「あの子がああなってから私も変わりました」と自分の心境の変化をしみじみと語った．妹も「お父さんは最近弱くなった」と同意した．また父親は，「以前は親子の対話は少なかったですね．中学になるまでB男は私に反抗することがなかった．今，思えば，私がそれを押えつけてきた

気がします」とB男との関係を父親なりに了解しようと努めている．

セラピストは「兄さんは母親から洗濯，食事の世話と，いろいろやってもらっていますが，妹さんは何もしてもらってはいません．おまけに不自然な別居生活で友人にも気兼ねしなければなりません．今一番辛いのは，妹さんではないでしょうか．ですから，妹さんは今の自分の苦しい気持ちを直接，家で王様のように振る舞っているお兄さんにもっと伝えるほうがよいでしょう．お母さん，お父さんは，それを見守ってあげてください」という介入メッセージを与えた．この介入の趣旨は，これまでB男に向けられていた家族の関心を，周辺的な存在に押しやられていた妹に向けさせ，家族システムの直接的変化をねらったものである．

〈家族システム図〉　図4-6はシステムが質的変化を遂げつつある状態を示している．とりわけ，妹の主張度が他の家族と同程度になり，B男への関与度が増大している点が注目される．

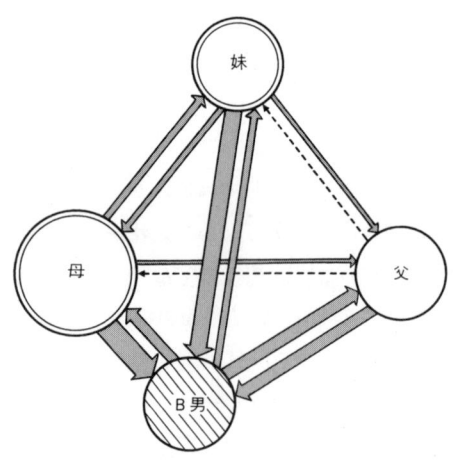

図4-6　第5回面接

［第6回面接］
両親のみ来談．
4月初旬にB男はバイクのスピード違反で免許停止処分を受けた．B男はバイクでの通勤ができなくなるので，勤務先に近い場所に下宿を見つけてほしいと両親に依頼してくる．両親の助力を得て，下宿先に落ち着いたB男は，自

分と入れ替わりに，両親と妹が帰宅することに同意した．妹からB男への「直訴」の必要もなく，家族は1年ぶりに帰宅できたのである．

母親は「最近のB男はどんなに腹が立っていても，私に手を出さなくなりました．自分だけで怒っています」と笑顔で語る．父親も「B男は95％くらいまともに戻ったように感じます」とほっとした様子を見せる．B男と家族との関係は質的変化をともなっていた（その契機となった免停処分は，講習を受ければ短縮される．したがって，下宿はかならずしも，必要ではなかったからである）．

夫婦関係においても，父親は「これまで妻と自分の考えが合いませんでしたが，今では妻の考えが少し分かるようになってきました」と変化を実感している．兄妹関係では，B男が自宅に戻った際に，妹に「愛想をふりまいたり」，妹がB男を脅したりなどの，従来とは逆の交流も見られるようになっている．

セラピストはB男の問題がほぼ解決したと判断し，「今後は夫婦の関係がより重要になります．これからは子どもを間に置かず，夫婦が相手に要望や感情を率直に伝え，話し合うことを課題にしてください」という課題を与えた．これに両親は笑顔で応えた．

〈家族システム図〉　システムの形態は前回とほぼ同様であるが，これまで希薄であった父・妹間および夫婦間の関与度が増加している．

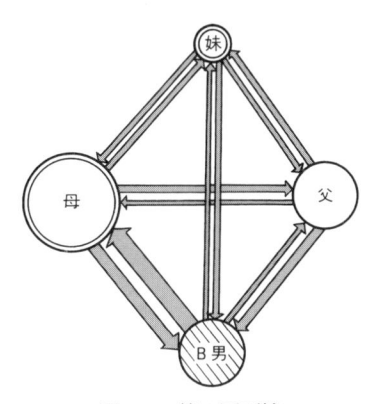

図4-7　第6回面接

［第7回面接］

両親のみ来談.

下宿したB男は自宅にあまり帰ってこないが，時々電話をかけてくる．また，帰宅時に父親や妹が不在であると気にかけたり，妹の学校の成績を心配して「分からないところがあったら教えてやる」などと話しかけ，兄らしい言動を見せるようになる．

両親は，「最近の事件（両親殺害事件）を見ていると，わが家も一歩間違えば，ああなっていたかもしれません」と，自分たちの過去を冷静に見つめる余裕が出てくる．母親は，「B男から要求があれば応えますが，こちらから働きかけることはなくなりました」と語り，B男への適切な対応が可能になっている．

セラピストは，「今回で終了としますが，できればB男君と会いたいので，将来本人が希望すれば連絡してください」というメッセージを伝えて面接を終結した．

〈家族システム図〉　図4-8に示すように家族全員の主張度がほぼ同等になり，また各々の間の関与度および親密度の偏りがなくなり，システムとしての安定度がきわめて高くなっていることが窺われる．

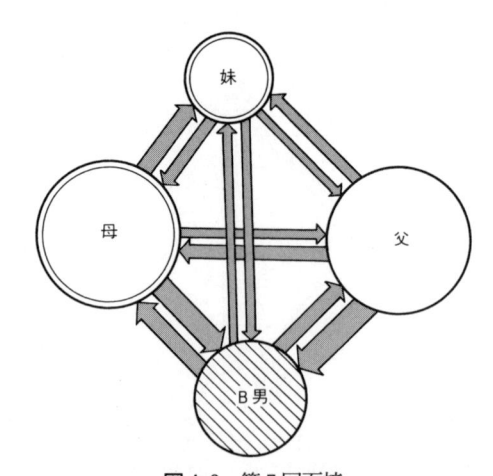

図4-8　第7回面接

[フォローアップ面接]

B男は翌年3月に自宅に戻り,4月から定時制の2年に編入学し,仕事もそのまま続けている.父親ともよく話をするようになっている.夫婦関係はさらに改善し,時に口論になりそうになっても,妹が仲裁を買って出るという.

(4) 家族成員間の親密度の変化

家族面接の展開に伴う各家族成員間の親密度の変化を示したものが,図4-9である.第3回面接まではB男と父,そして両親間の親密度はマイナスであったものが,第4回以降はプラスに転じ,最終回では各成員間の親密度がほぼ一致した値となった.

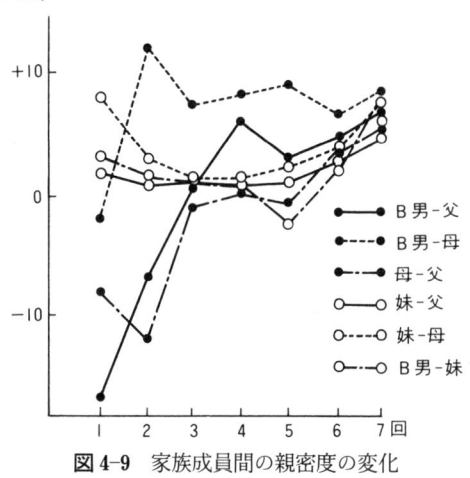

図4-9 家族成員間の親密度の変化

(5) セラピストに対する両親の依存度の変化

図4-10は各面接で両親がセラピストに対して直接に助言や指導を求めた発言の回数を依存度として集計し,図示したものである.回を重ねるごとにセラピストへの依存度が減少するとともに,両親間の差異も減少していることが確認できるであろう.

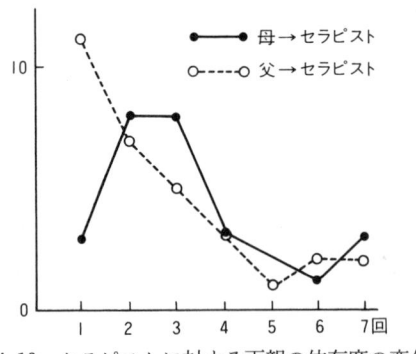

図 4-10 セラピストに対する両親の依存度の変化

(6) 考察

　これまでにも家族システムを記録ないし，記述するための方法として，いくつかの図示法が試みられ，提案されてきた（Kantor & Lehr, 1975；尾方，1986）．しかし，これらの図示法は類型論の枠内に留まっており，環境変化および各家族員の個人的成長・発達とともに，時々刻々とその内実を変えていく生命システムとしての家族の側面を十分にとらえてはいない．

　そこで，筆者らは家族システムの静的・固定的な類型論よりは，時系列的な変化に力点を置いた図示法を開発しつつある（亀口・上野, 1985）．今回はさらに面接場面の定量的解析を加味した図示法を考案し，家庭内暴力を主訴とするO家の面接過程の分析に適用した．

　この事例の最大特徴はIPであるB男が一度も来談することなく，計7回の家族面接だけでほぼ問題を解決しえたという点であろう．筆者自身は，IPの内的なあるいは精神的な病理性よりは，それを包み込む家族システムそのものに治療的な働きかけをした効果が，もっとも鮮明に表れた事例だと考えている．しかし，そのことはIP個人を軽視するものではない．面接経過で述べたように，各家族成員によって語られ，あるいは表情などの非言語的手段によって伝えられる「イメージとしてのB男」は，面接場面に生き生きと「登場」してくるからである．実際，セラピストはあたかもそこにB男がいるかのように感じたことは1度や2度ではなかった．

　これは，個人治療においてクライエントの「内なる母親像」や「内なる父親

像」，そして「内なる家族像」が，セラピーの進行にともなってセラピストの内面に形成される過程と似た側面を持っているのかもしれない．ただし，その関係は家族療法の場合とは全く逆になっている．前者では一個人を通して家族を理解しようとするのに対して，後者では家族の複数の目を通して把握された一個人の像をつかむことができる．後者の像はそれだけ立体的かつ包括的だと考えられる．

　言うまでもなく，家族療法では家族システムの全体構造を直接に確認することも可能である．また，B男はかつて両親が無断で担任教師に家庭内暴力についての相談をしたために，後日その教師からひどく叱られた経験を持っていたため，本人はもちろん両親の来談も嫌っていた．そのため，両親はB男に秘密で来談せざるをえなかった．それを了承したセラピストは，ある意味では両親に加担し，B男に対抗する位置を取ったとも解されよう．しかし，それは事実の一面しか見ない理解の仕方である．セラピストは，B男との直接的な人間関係を作りえないが故に，かえってO家の家族システムにおけるB男の問題行動の「肯定的意味づけ」を積極的に行うことができた．つまり，B男の問題行動の出現によって，それまで極端に父親が支配的な地位にあった夫婦関係が崩れ，母親が発言力を増して父親に対抗するようになった．同様に，父親に抑圧される立場にあったB男は両親に対抗する勢力あるいは「縄張り」を獲得した．また，両親の関心がB男に集中することで，妹は両親からの不必要な干渉を受けず，比較的自由に行動できたのである．もちろん，家族はそれぞれに大きな代償を払わざるをえなかったわけであるが，それはO家の家族システムがそのライフサイクルのなかで，発達的変化を達成するために不可欠なものだと理解できたのである．

　システムに対するこのような理解によって，O家の問題の深刻さにもかかわらず，セラピストは家族面接において比較的余裕をもって対応できたように思う．事実，解決の糸口をまったく見失っていた両親にとっては，事の深刻さにも動揺を見せないセラピストの態度が，不安を解消する要因となったようである．来談によって安定性を回復した両親は，双方の接近法は違うにしろ，B男の「城（自宅）」を尊重しつつ，徐々にB男との心理的距離を縮めていった．

　さらにセラピストが両親の仲介役を取るだけではなく，日常生活場面では妹

にその役を取らせ,家族システム自体に自己調整力が育ってくることを期待した．このような治療的介入によって両親サブシステムはしだいに機能的になり（両親連合の成立），それに呼応するようにB男は生活態度を改め,アルバイトに精勤するようになった．この段階で，両親とB男との3者関係は初めて安定してきた．しかし,その良好な関係も,あくまで別居が前提になっていることを,B男は家族の帰宅を拒否することで主張しようとしたのかもしれない．

家族の帰宅をめぐるこの膠着状態を破る一つのきっかけを作ったのは,いまやO家の家長然とふるまうB男に対する妹の涙ながらの直訴であった．セラピストはこのエピソードに注目することによって,治療的焦点を両親とB男の3者サブシステムから,兄妹サブシステムへと移行させた．なぜなら,両親の間に一定の連合関係が成立した段階では,両親サブシステムとの間に適切な境界（世代境界）が必要だと考えたからである．具体的には,祖父母宅での長期間の仮住いを強いられてきた妹の苦境に両親とB男の関心を向けさせることによって,帰宅の問題を「B男の縄張りへの侵入」という意味合いから,「妹の生活の場の保障」へと転換させた．元来,性格的には優しいB男にとって,妹の苦衷を無視することはできなかったはずである．これが,遠ざかっていた兄と妹の間に再び親愛の情を呼び起こし,ひいては兄妹サブシステムの再確立,そして親・子サブシステム間の適切な世代境界の設定へとつながったものと思われる．

このような家族システムの内的変化が,既に進行していたからこそ,B男の免許停止という些細なきっかけで,家族の帰宅問題が一挙に解決したにちがいない．B男は両親から侵入されない自分の城を,自宅ではなく,下宿先に確保したのである．セラピー終結後の経過によれば,B男は1年後に自宅に戻ってアルバイトを続けながら,編入学した定時制高校に通学している．

この段階に来て,ようやくB男は外的・物理的な「自分の城」に固執することなく,内的・心理的な「自分の城」を建設しつつあると思われる．このB男の見事な変身は,安定化した両親との関係,硬直的でない両親の夫婦関係,および兄妹関係といった家族システムの質的変化と軌を一にしていた．つまり,B男個人と家族システムの「共同進化」の成果だと考えられる．

これまで述べてきたように,問題をかかえた家族のシステムに注目し,それ

に直接に介入していくことは，けっして個人の内的過程や成長を無視するものではない．なぜなら，個人の内的精神世界も，それ自体がきわめて複雑で，かつユニークな「システム」だからである．ウイークス（Weeks, 1986）も主張しているように，個人，夫婦，家族，コミュニティといった各システムを弁証法的に統合する心理臨床の実践的展開と，理論的検討が今後さらに継続される必要がある．

3　低身長児の家族療法事例

(1)　愛情飢餓

おいしい料理を作るための味付けには，塩分にしろ糖分にしろそれなりの適量が存在する．また，それほどの料理上手でなくとも，レシピ通りに計量して調味料を加えれば，結構食べられる料理を作ることもできる．ところが，さまざまな理由で子育てに困難を感じたり，病児の看護に迷いが出てきた母親には愛情の匙加減が分からなくなっている者も多い．他人には見当が付く「愛情の適量」が，当の母親にはむしろ見定めにくいのである．「母親なのだからできるだけ子どもに愛情を注がなければ」という思い込みや焦りが，愛情の際限のなさを生み，子どもにとっては「過剰な母性愛」になる危険性につながる．

適度な愛情の量や濃度とはいかなるものかといくら考えてみても，それを正確に測定できる計量器や濃度計があるわけではない．ところが，親子の心理的な距離という観点から愛情の適切性を見ていくと，その長短からかなりの程度の測定ができそうなのである．つまり，適切な愛情が親子間に通っていれば，両者の心理的な距離は離れすぎず，また密着しすぎずの「ほどほど」のところで安定できる．

そして，この「ほどほどの距離」は，親子をしばらく観察していれば，第三者が目で確かめることもできる．それは，互いの息づかいが感じ取れるほどの距離といえば，具体的にイメージできるのではないだろうか．息づかいにはその人物の心の状態が鋭敏に反映するものであり，心の変調は息づかいの乱れとして表面化するからである．子どもの心身の変化に十分な関心を向けようとする母親は，子どもの息づかいや表情を把握できる「距離」を維持しようとする

はずである．

　また，その距離は子どもの調子がよければ，自然と遠のき，悪化すれば接近した状態を長く維持することになる．ところが，母親が心理的な問題をかかえている場合には，子どもの状態に応じた距離の調節ではなく，母親自身の不安感を癒すために子どもを抱き締めてみたり（まるで縫いぐるみの人形のように），あるいは辛い現実から逃避するために子どものそばを離れてしまうこともある．いずれにしろ，援助者の注意深い観察によって母子間の距離を愛情の指標として活用することが可能になる．

　愛情の量的あるいは距離的側面とは別に，絆の強度という観点からも，愛情の客観的な把握を考えてみたい．「愛の絆」といっても，親子の間に実際に「ひも」のようなものがあるわけではないが，そのような比喩を使えば，前述した母子間の距離を具体的にイメージすることが容易になる．また，ひもの材質をイメージすることで，その強弱，すなわち絆の強度の差異を表現することもできるようになる．たとえば，同じ長さや太さのひもであっても，それがゴムであるか毛糸であるかによって，当然その強度は違ってくる．柔軟な絆があれば，たとえ物理的に離れていても「ぶっつり」きれてしまうことはない．

　ただし，モノではない人間同士の場合では，絆の強度はふたりの会話（コミュニケーション）の様子を観察することで把握する必要がある．しばらく離れていた母子が再会後に，すぐさま自然な会話ができるようであれば，その強度（柔軟性）は十分であると判断できるだろう．

　親にしろ援助者にしろ，大人が子どもの心情を子どもの側に立って的確に理解することはそれほど簡単ではない．あわただしい日常生活のテンポに追われ，大人の側の都合を優先せざるを得ないことが多いからである．そのような親にとって，まことに都合のよいのが「ペアレンタル・チャイルド」（parental child）と呼ばれる子どもである．直訳すれば「親代理の子ども」ということになる．つまり，親の都合に添った行動をする子どもである．場合によっては，元気をなくした親を慰めたり，親の役割を一部代行することさえある．病児の場合でも看病に疲れた親を上手に慰め，いたわることができるようであれば，ペアレンタル・チャイルドの資格があるといえよう．

　しかし，その落とし穴にも注意しておく必要があるといわれている．ある限

度を超えて親役割を取る子どもは，自らの子どもらしさを失い，親に甘えることができなくなってしまうからである．親や看護者は，子どもにとって親が掛け替えのない存在だからこそ，その役割を少しでも代行しようとしている子どもの心情を思い遣る必要がある．

健康な子ども以上に病児にとっては母親の存在は重要である．この母親に対して，子どもがどのようなイメージを持っているかを知る機会は意外に限られている．たとえ，直接に子どもに尋ねたとしても，子どもが適切に言語化できる保証はない．とくに，ペアレンタル・チャイルドでなくとも，親への否定的なイメージを表明することは，思春期以降はともかく，幼児期や児童期の子どもにはためらわれるもののようである．明らかな児童虐待の事例でさえ，当の子どもは虐待を行う親をかばう傾向があるといわれている．

しかし，親の養育態度に何らかの問題がある場合には，親に対する否定的イメージの表明が問題解決のきっかけになる．したがって，援助者は子どもが親に対していだいているイメージをあるがままに受け止め，その表出を無理なく促す必要も出てくる．

普段から接触の少ない父親を，子どもがどのようにイメージしているかを把握することは，母親以上に難しい課題である．母子関係さえしっかりしていれば，子どもの父親イメージなどあまり考慮しなくともよさそうである．しかし，バランスの取れた母子関係を維持するうえで，父親のイメージは隠れた役割を果たしている．とりわけ，普通以上に密着した関係になりやすい病児と母親の間にあって父親のイメージが明確であれば，それが調整弁の役割を取り，母子双方にとって救いともなる．ともすれば看病の重圧に押し潰されそうになる母親にとって，父親の好ましいイメージを病児と共有できれば，大いに励みとなるはずである．当然，そのためには父親自身が限られた子どもとの触れ合いを充実したものとする努力が不可欠である．

ここでは，多くの家庭内葛藤をかかえた自営業を営む家族が，家族療法によって長男の低身長や学業不振，夜尿などの問題を克服した事例を紹介する．

(2) 事例：P家

C君は，中学1年生であるにもかかわらず，小学1年生程度の低身長で，夜

尿があり，強い対人緊張のために日常の会話がスムーズにできず，学業不振などの問題や症状を多く持っていた．専門の小児病院でヒト成長ホルモンの投与を処方され，数年にわたって父親が毎日自宅で注射をしてきたものの効果が現れていなかった．

C君の家は，祖父が創業した自営業を営んでおり，40歳を目前にした父親が経営の実権を引き継ぐ時期にきていた．しかし，父親と祖父との対立があるほか，父親には他に交際を続けている女性がいることなどから夫婦間にも問題があることが分かっていた．長男であるC君の下には2歳の妹を含め3人の同胞がいて，母親はその育児だけではなく店の従業員の食事の世話などにも追われる毎日であった．また，父方の祖父母との同居も心理的に負担となっていたようである．

そこで，C君の大幅な発達の遅れは家族内の強い緊張状態やストレスによる可能性も強いと判断し，家族全体の関係改善を目的として家族療法を導入したのである．

(3) 面接過程

家族療法を開始してまもなく，ホルモン投与による治療効果が認められないとの医師の判断により，ホルモン注射が中断されたため，家族の来談意欲はむしろ高まった．初回から粘土造形を用いた遊戯療法的な色彩の強い面接技法で，家族全員の緊張感を緩和し，和やかな雰囲気づくりに心がけ，2歳の妹も参加できるように工夫した（亀口，1989b）．

初期には夫婦間の葛藤にはあまり踏み込まず，両親がC君の問題解決のために共に協力しようとしている側面を積極的に評価した．むしろ，兄よりも体格，学力，表現力のいずれにおいても勝っている妹とC君の葛藤関係を取り上げ，その関係の調整を図った．しだいに，C君は自信を取り戻し，母親からの働きかけに過敏に反応する傾向も減少した．

面接の後期には，両親の夫婦関係を直接取り上げた．姉さん女房的な役割を取っていた妻は，夫への非難や要求を最初は遠慮がちに出していたが，しだいに甘えとも取れるような態度を示し始めた．やがて，夫は女性問題を清算し，家業にも身を入れ始めた．父親としても子どもたちを遊びに連れ出したり，子

どもたちに店の手伝いをさせるなど積極的に関わるようになった．

家族療法開始後ほぼ 1 年を経過した頃には，C 君の夜尿や言語的コミュニケーションの問題は姿を消していた．身体発育についても改善が見られるだろうとおおいに期待されたが，C 君の主訴や両親をはじめとする家族システム全体の問題の改善が見られたために，1 年半ほどで家族療法を終結した．

その後の追跡調査では，C 君は高校入学時に 136 センチほどであった身長が 2 年生の 2 学期には 158 センチまで急成長したことが確認されたのである．筆者は家族内のストレスの軽減が，いかに子どもの心身の発達に好影響を与えるものであるかを，本事例での臨床経験を通じて改めて痛感した．

(4) 考察

本事例では，家族療法の進行に伴う家族内の緊張度の変化を客観的に測定するために，また家族自身にもそれを知ってもらうために，アルファ・メーターという脳波の簡易測定装置を家族全員に着用させた．その結果，初回は全くリラックスできず，リラックスの指標であるアルファー波の出現がなかった C 君が，数回のちにはかなり出せるまでになったのである．

おそらく，本事例では家族内のさまざまなストレスがその要の位置にいた母親から，第 1 子でありながら，あいにく要領の悪い C 君に集中的にしわ寄せされていたのであろう．毎日のように繰り返される緊張感に萎縮した C 君の心身の発育は，小学 1 年生の時点で停止したものと推測される．しかし，本事例のように家族全員が家族療法に参加して，互いの痛みを分かち合い，相互理解を深めることができれば，予想以上の発達促進も可能であることが実証されたと言えるのではないだろうか．今後，児童を対象とする医療機関においても，幅広く家族療法からの専門的援助が得られるような体制作りが切望されるゆえんである．

4 摂食障害の家族療法事例

(1) 摂食障害

摂食障害には，神経性無食欲症（拒食症），神経性大食症（過食症），異食症

などがある．ここでは摂食障害としては代表的な神経性無食欲症の事例を取り上げる．摂食障害は，生存に不可欠な食事をめぐってさまざまな症状や問題行動が現れるものであり，患者と家族は互いに巻き込み，あるいは巻き込まれる関係になることが多い．親は，娘の発症を自らの養育の失敗とみなし，強い罪悪感にさいなまれる．加えて，母原病的な発想がいまだにはびこっており，配偶者や周囲の人間だけではなく，治療関係者からさえも母親が非難されて続けている例はけっして少なくない．

そこで，摂食障害に陥り入院を余儀なくされた女子中学生が，家族と共に家族療法に継続的に参加することによって，苦境を脱した事例を紹介する．

(2) **事例：Q家**
〈IP〉 D子 14歳 中学3年
〈家族構成〉父41歳・会社員，母39歳・専業主婦，D子（IP），妹M子10歳・小学5年生
〈主訴〉摂食障害

D子は，中高一貫の進学校に特待生として入学後，徐々に拒食傾向が始まった．中等部の3年生になってからは体重が30 kgを下回るようになった．6月半ばに20 kg台後半にまで体重が減少したため，大学病院の小児科に入院した．体調の安定を見て，主治医やカウンセラーは家族療法が必要と判断し，筆者を紹介した．4回の家族面接後に退院できたが，その後も面接を継続し，6回の面接後に保健室等を経ず，原学級にそのまま復帰が可能となった．その後，D子が期末試験を無事受験し，高等部への進学を確認した第10回で終結した事例である．

この間，両親は毎回そろって来談した．D子は2回以降，また妹のM子も3回以降家族面接に参加した．長女の入院という事態を真剣に受け止めた家族が，家族療法で提供された家族イメージ法，家族粘土法，リラクセーション法，遊戯療法等の多彩な援助技法を有効に活用した経過を検討する．

(3) **面接経過**
第Ⅰ期（入院による強制的母子分離と再接近）

［第1回面接］　X年7月　（両親のみ来談）

D子の生育歴や症状の経過等が主に語られた．D子が4歳時に，母親が第2子（妹）の切迫流産ため長期に入院することになり，その時D子は，自宅から遠く離れた母親の実家に預けられた．中学生になってミニスカートをはいていたD子が，父親から「足が太くなった」と言われ，ショックだった様子が母親から語られる．現在入院中のD子は，母親が見舞いに行くたびに母親と喧嘩になるものの，見舞いを心待ちにしている様子も語られた．

［第2回面接］　8月　（両親＋D子）

病院からの外出許可で初めて来談したD子は，青白く痩せており，悲愴感を漂わせている．D子の病院での過ごし方の話から，編み物が好きなD子が「毛糸を持ってきて」と母親に頼んだところ，昨年D子が父親のためにガチガチに編んだマフラーを，母親が見るに見かねて病室に持ってきて，両親とD子の3人でほどき，「ほどいて編み直そう」と3人で話し合ったエピソードが語られる．「（最初は）険悪な雰囲気で，最後は3人で大笑い」と母親が語ったように，これはIPに身体化された家族の緊張を解く，象徴的な出来事と理解された．現在の住居が手狭なため，10月に引っ越しをするという話題になる．Th（セラピスト）は「間のないマフラー，隙間のない家から隙間のある家へ」と話し，家族の緊張を緩ませる事象を家族に明確にリフレーミングした．

［第3回面接］　9月　（両親＋D子＋妹）

D子の体重が増えてきて29 kgになり，検査値もよくなってきたという母親からの報告でこの回は始まる．妹が生まれた翌年，母方祖母が乳ガンの手術を受けた当時の母親の危機状況が語られた．ここで，粘土療法を導入．Thの「粘土で好きなものを作っていいよ」という提案で，各自が個別に好きなものを作ることになった（粘土の導入自体もある種のリフレーミングである）．

4人で何かしら話しながら無心に作っている．父親は，丸みを帯びたオットセイのような飛行機．母親は花瓶に挿したススキとお月見団子，妹は象．そしてD子は，黙々と何層にも粘土を重ね合わせて入れ物を作り上げた．D子の作った入れ物に，母親が作った花をD子が大幅に修正して（めしべも加えて），その花を入れる．粘土作りの感想を尋ねると，D子は「妹のがいいと思う．私だったら父親の飛行機に窓をつけたい」と述べ，すかさず父親は「これは旅客

機ではない，戦闘機なんだ」と応答する．Th「自分のについては？」，D子「まあまあかなあ」という感想であった．最後に，父親が，妹の作った象の横に，象の糞をポンと加える．父親の無邪気な心がのぞいた場面であった．このように4人が各自思い思いに作り上げた作品であった．

第Ⅱ期（家族イメージの相互確認と修正）

［第4回面接］　10月（両親＋D子＋妹）

家族イメージ法を実施した（図4-11参照）．本法によって各人がイメージする家族の全体像が把握できた．家族合作の粘土療法も取り入れる．父親は木を作ることになり，D子は「トンボを作る」と．母親はD子の発言に影響されて小さなトンボを，妹はサルを作ることになった．母親は「早い者勝ち」と言いながら真っ先に父親の作った木にトンボを止まらせ，次にD子が自ら「（羽が）ちぎれそうな」と表現した繊細なトンボを木の裏側にひっそりと止まらせる．感想を尋ねると，D子は「みんなで作った方がよかった．助け合えるから」という返事をした．それに続けて母親は「みんなで力を合わせるとあたたかい感じがする」という感想を漏らした．最近，家でゴルフゲームを4人でしたことが話題となった．

第Ⅲ期（両親関係の再編）

［第5回面接］　11月（両親＋D子）

11月の中頃，D子は退院した．面接では，母親が1歳のころに，母方祖父が九死に一生を得たこと，また，父親は，出産時母子共に危険な状況であったが，生き延びた経験などの両親の原家族にまつわる話がなされた．これによって，三世代の家族人生周期を視野に入れた家族理解が促進された．

［第6回面接］　12月（両親＋D子＋妹）

母親は看護婦をやめて結婚後9年間は体調が悪く，精神安定剤などの薬を飲んでいたことを打ち明けた．D子はそのような状態の母親をいつも気にかけており，一方父親は，体調がよいときの方が少ない母親に対して諦めの感情を抱いていたことを吐露した．夫婦関係の硬さをほぐすという意味も込めて，心身が強ばっている母親へのリラクセーション法を導入する．Thから父親にそのやり方を教え，家庭でも夫婦で継続するように勧めた．本法は，親密さを失いつつある夫婦関係の改善を目的として導入したものである．

第Ⅳ期（D子の再登校への焦点移行と家族の再編）
［第7回面接］　翌年1月（両親＋D子）
　6回の家族面接を経過し，D子は学校の行事に参加できるようになる．退院から2ヵ月，3学期からD子は学校に通学している．病院には1ヵ月に1回通院．脳のCT検査で萎縮していた部分が正常になったことが確認された．学校に復帰できたことに自信さえ窺わせた．この頃，夫婦関係の改善もみられた．D子も驚くほど血色のよいふっくらとした顔になっていた．
［第8回面接］　2月（両親＋D子）
　期末テストを受験後に，疲れのために数日欠席．友達関係の悩みがD子の口から自然に語られた．母親と，友達関係のことで少し言い合う場面もみられた．D子の症状も改善し，学校への再登校も実現したことから，セラピストから終結の予告をする．
［第9回面接］　3月（両親＋D子＋妹）
　ふっくらとしてのんびりとした雰囲気のD子と，受験の追い込みの学年になって少し険しい顔つきに変化している妹の表情との対比が目立つ．第4回面接で実施したものと同じ家族イメージ法を再び実施．第4回から第9回の，家族各自の家族イメージの認知変化は顕著であった（図4-11参照）．姉妹のイメージ図から，父母と子（姉妹）の境界がよりはっきりと分かれたものに変化していた．健康に機能している家族図と同型のものに近づいていた．面接中，母親とD子との間の緊張が再び高まりそうになったとき，ThがD子姉妹を大学構内の見学に誘う．家族療法チームの一人が，姉妹を案内した．夫婦面接では，父親・母親役割の確認が行われ，夫婦の連携が強調された．
［第10回面接］　4月（両親＋D子＋妹）
　D子は高等部に進学．母子双方から，母子関係が改善したことが報告された．D子の病状は改善し，再登校を経て高等部に進学し，学校適応上の問題もほとんどないと判断され，家族の同意も得られたことから終結となった．

(4) 考察
　本事例では，何にもまして事態の改善を望む家族全員の積極的な関与があったことが決定的な要因となった．とりわけ，父親が多忙な仕事の合間を縫って

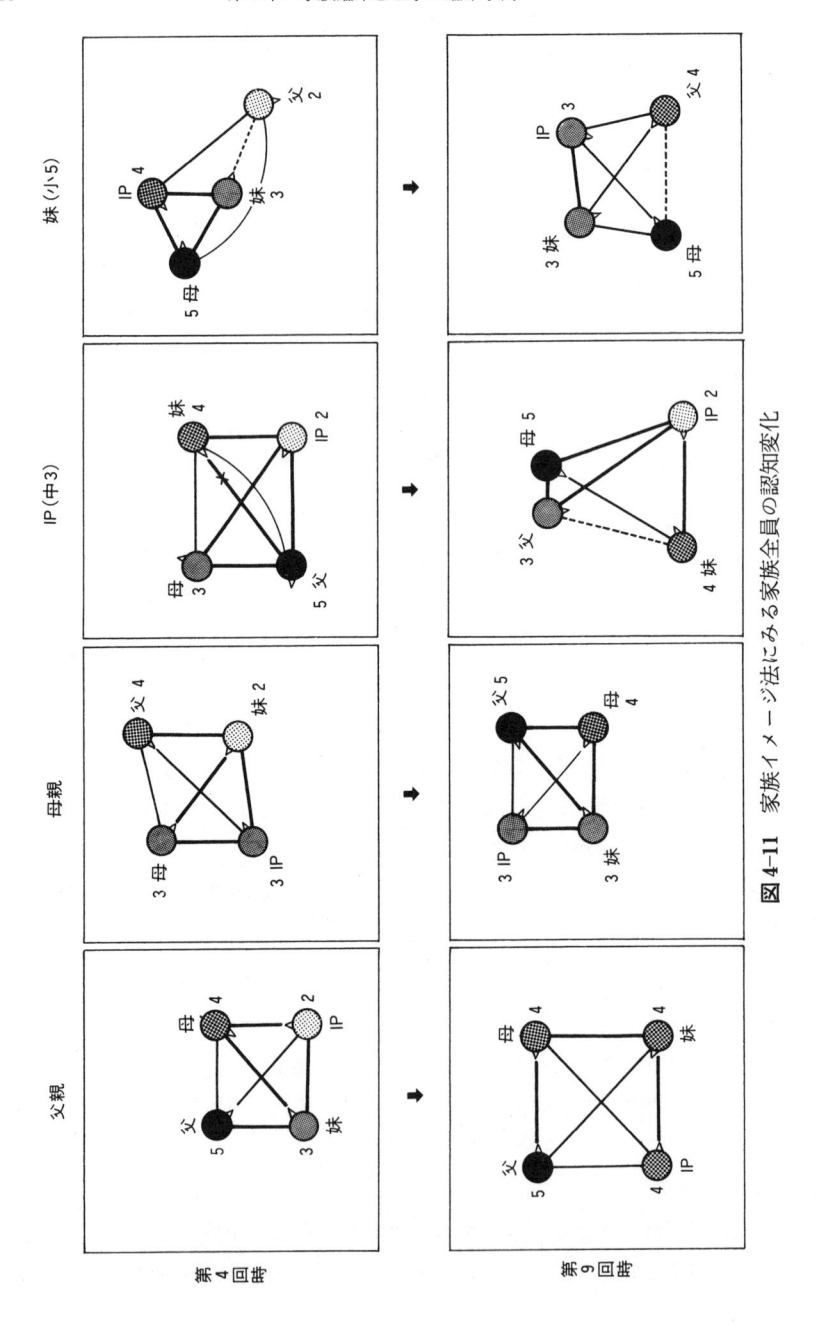

210 第4章　家族臨床心理学の臨床事例

図4-11　家族イメージ法にみる家族全員の認知変化

毎回の家族面接に参加したことは，筆者らにとって心強い限りであった．これまでの多くの家族療法事例と同様に，父親の意欲的な問題への取り組みによって，かなり困難と思われていた摂食障害の問題でも改善が可能だということを，本事例の実践を通じて再確認することができた（亀口，1998）．また，家族イメージ法，家族粘土法，家族リラクセーション法などの非言語的要素の強い技法が，日本人の父親にとって家族面接への参加を容易にした側面もあることを指摘しておきたい．

最後に，純粋な家族療法的接近法と医療における摂食障害の治療との接点をどのあたりに求めればよいかを考えてみよう．精神科医として摂食障害の治療に豊富な経験を持つ下坂（1988, Pp. 15-16）は，個人療法に加えて家族面接を巧みに使った治療実績をあげているが，家族面接の要領について以下のように述べている．これらはいずれも，きわめて有益な指針であり，個人療法と家族療法の統合的利用を試みようとする臨床家にはおおいに参考になるはずのものである．

① 原則として多方向的なえこひいき（multidirectional partiality），すなわち全家族成員に平等に肩入れする——まれには平等に肩入れしないという態度への転換も必要だが——ということに留意する．とはいえ，キーパーソン——多くは母親——に対しては，わずかに他の成員を上まわる「肩入れ」をすることが好い結果を生むことがはなはだ多い．
② IP と他の家族成員それぞれの訴え，考え方，感じ方の差に焦点を合わせながら，問題になっている事態に対する各成員の認識を明確化し，これを確認する——治療者は好んで各人の発言の繰り返しやまとめを行う——．
③ 症状や問題行動の意味を折りに触れて各成員に考えてもらう——この場合，各人の回答の内容もさることながら，考えてもらうというプロセスそれ自体にも意味がある——．家族が IP の立場に身を置いたり，IP が他の家族成員の立場を考えたり，各自が自己について内省したりする余裕をまったくといってよいほど持てなくなっている家族が大部分だから——．その後に治療者も症状のもつ意味について仮説的な解釈を行う——いうまでもないことながら深層解釈を行うのではない，IP ならびに家族の解釈の

うち，あたっている部分をまとめるに過ぎないこともあり，あるいはせいぜい前意識レベルのあたりに触れるのである——ことが多いが，そのさいには，それのもつポジティブな意味合いを強調することが多い．これは家族療法の最近の動向に間接的に影響されている．
④　家族療法一般と同じく，家族内コミュニケーションの特徴あるパターンを把握することとこれを指摘すること（図示することがしばしばである）には意を用いる．ただしこの指摘はやや遅目がよいと私個人は考えている．
⑤　主として各成員の「言い分」の明確化，確認，たまさかの直面化，解釈——解釈といっても大仰なことではなく，明確化と大差はなく，Aということでしょうか，それともBということなのでしょうかと自信なげにいう程度——を繰り返すことによって問題となっている事態へのなにがしかの洞察が家族成員のそれぞれに生まれることを願う．
⑥　ある特定の家族成員（主として母）にいわば共同治療者になってもらう姿勢を保つことがある．これはIPないしは片親が治療に参加しない場合によく行なうやり方である．

5　無気力青年の家族療法事例

(1)　青年の無気力——アパシー

　子どもの成長は親の喜びである．青年期に達したわが子が，親の背丈を越すまでに成長した姿を見て，幼い頃の記憶と照らし合わせながら，感慨にふける親も少なくないことだろう．ただし，子どもの成長がそっくりそのまま親の喜びとなる保証はないようである．たとえば，体格面での成長だけではなく，激烈な受験競争を勝ち抜き，大学に入学できたにもかかわらず，無気力，無感動のアパシー状態に陥る青年は後を絶たない．外見的には人生の勝者とも見える青年の挫折は，なぜ起こるのだろうか．
　優等生とも言える青年の心理的な挫折やアパシーの問題は，親子にとっての関係性を考えるうえで，大きな示唆を与えるはずである．なぜなら，ごく普通の親にとって，学業で優秀な成績を修めることができた青年像は，乳幼児期からの子育てのきわめて具体的な（偏差値という数値に裏打ちされた）目標とな

っているからである．親子にとってのウエルネスの数値目標が，子どもの学業成績の偏差値によって代行されているかに見える．偏差値が上昇すれば，親子の「幸福度」も上昇すると錯覚しているのかもしれない．

目標に向かって直進してきた優等生が志望通りの大学に入学できたとなれば，幸福度は頂点に達することだろう．しかし，彼らの場合，目標の達成は目標の喪失を意味するようで，その時点から幸福感は急速に減退していくものと推測される．青年期に達した優等生に典型的に見られるアパシー状態の始まりである．

多年にわたり精神科医として大学生のアパシー問題に取り組んだ笠原（1984, Pp. 231-232）は，アパシー・シンドロームの臨床的特徴を以下のようにまとめている．

① 主観的には無関心，無気力，無感動そして生きがい・目標・進路の喪失が自覚されるのみで，教科書的な症状神経者のように不安・焦燥・抑うつ・苦悶・後悔など自我異質的な体験をもたない．したがって，当然自ら治療を求めるという動機に欠ける．

② 客観行動は世界からの「退却」「逃避」と表現するのがぴったりする．苦痛な主観体験を「内側に」「症状」として形成することがほとんどなく，もっぱら「外に」「行動化」する．ただし，行動化といっても無気力，退却，それによる裏切りといった「陰性の行動化」である．退却はふつう本業ともいうべき生活部分（学生の場合なら学業）からの退却が中心で，本業以外の生活領域への参加にはそれほど抵抗を示さないことが多い．これには優劣勝敗への過敏さが関係する．予期される敗北と屈辱からの回避である．

③ 病前はむしろ適応のよすぎるほどの人である．しかし，広い意味で強迫パーソナリティである．黒白二分式の完全主義，攻撃性と精力性の欠如が共通である．しかしアナムネーゼ（病歴）に強迫神経症的症状の形成はふつうない．

④ 治療は成熟をうながすための精神療法でしかないが，その際治療者は青年後期の男性としてはアイデンティティ形成の困難，心理社会的モラトリ

アムの不可欠さを最低理解する必要がある．治療へのモティベーションがないか少ないことが，治療上最大のガンである．
⑤　症状と経過から少なくとも2類型を認めることができる．

一つは退却が軽度かつ短期で，ほとんど自力で回復してくるタイプであって，笠原が「準神経症」タイプと仮称したものである．ただし，このタイプも治療への抵抗を示すことにおいては，次のより重篤なタイプと軌を一にする．

第二の類型は「ボーダーライン群」と称したもので，その経過中に一過的にだが，対人恐怖，軽うつ，軽躁，昏迷様状態，関係・被害妄想を呈する．経過は，前者より当然長いが，思ったよりよく，分裂病への移行例は一例もない．
⑥　いわゆる登校拒否症のなかにはこの病態の若年型を見出すことは困難でない．
⑦　鑑別を必要とする類症としてはうつ状態と分裂質がある．典型例においては鑑別は容易であるが，ときに困難なケースに出あう．

このような臨床的特徴をもつアパシー・シンドロームは，かつての高学歴の学生に限らず，最近では高校生や社会人となった青年にも広く見受けられるようになっている．

(2)　無気力青年の親子関係

アパシー・シンドロームのように無気力，無感動，無快楽を臨床的特徴としてもつ青年の病前性格はどのようなものであろうか．笠原（1984, p. 254）は，彼らの性格がDSMⅢの回避型性格の以下の特徴によく合致すると指摘している．

①　拒絶，嘲笑，恥辱に出会いそうな場面へのあらかじめの敏感さ．
②　批判をうけないという強い保証のないかぎり，人間関係の中へ入りたがらないこと．
③　社会的な退却．密接な個人関係を結ばない．社会生活中での末梢的な，そして職業上での関係にはかかわることができるけれども．

④ 愛されること，受け入れられることへの欲求．
⑤ 低い自己評価．自分の業績について過小な評価しかできず，つねに自分の欠点への他人の批判に戦々恐々としている．

ここで，「希望に満ち，はつらつとした青春時代」といった形容とはおよそ無縁な状態に陥っている，これら青年の親子関係についてみてみることにしよう．

前にも述べたように，児童期までの親子関係でさしたる悩みを経験したことがない親子が大多数である．それだけに，親の側のとまどいは大きいはずである．しかも，青年自身は心理療法やカウンセリングに対する積極性や意欲が乏しいことが多く，本人の自発的来談を前提とする従来の個別面接のみでは，積極的な問題解決が難しいといえよう．

とはいえ，年齢的には成人に達した子どもをかかえた親（すでに初老期にある例も少なくない）にとっては，のんびり構えているわけにもいかない．なぜなら，普通に子育てを終え，「空の巣」と称される境遇にある親にとって，再度子育ての難しさに直面させられるからである．当の子ども以上に親がストレスを感じるのも無理からぬ状況である．

窮地に追い込まれた親が家族療法に救いを求めてくる心境を理解することは，むしろ容易と言えるかもしれない．家族療法では，青年自身が来談しない場合でも，両親をはじめ他の家族成員が出席できれば実施可能だからである．事実，医療機関等で青年自身の治療参加の見込みがなければ対処できないと言明されたのちに，筆者に家族療法による問題解決を依頼してきた事例も多い．

そこで，次に示す筆者の最近の臨床事例をもとに，無気力青年と家族の関係やその治療的変化の可能性について，家族療法の観点から考えてみることにしたい．

(3) 事例：R家

19歳のE男は，高校生の時に不登校状態に陥ったあげく，両親の期待に反してその後退学してしまった．次の進路が決まらないまま，自宅閉居を続けるようになった．やがて，家人と口をきかず，独り言を言ったり，食事も満足に

とらず，昼夜逆転の生活になったために，両親は青年期内科のある病院の医師に相談したものの，本人に来談・治療の意欲がなければダメだといわれ，病院のカウンセラーの紹介で筆者を訪れることになったのである．

E男の家族は，40歳代の両親と2歳下の高校生の妹の4人家族だった．中小企業の代表者である父親は，頻繁な出張のために自宅に帰るのは，月の半分といった典型的なモーレツ・サラリーマンであった．当然，E男が父親と接触し，親密な会話を交わす機会など皆無であった．高校中退後，しばらくは友人との交際もあったが，その友人たちも高校を卒業して転居するなどして縁遠くなり，そばにいるのは母親と妹だけという状況になっていた．いちおう，大学検定試験の受験準備をしてはいたものの，本腰を入れるまでにはなく，アルバイトにしばらく行っては，また止めるなどしていた．E男自身は，進路選択に行き詰まって焦燥感を募らせていたはずであるが，自宅ではファミコンにかじりつくばかりで，カウンセリング等への来談は拒否していた．しかし，勝気な妹になじられたことをきっかけに暴力をふるったり，家具を壊す行動が出現したこともあって，母親の不安感は極度に高まっていた．

そこで，両親だけの来談となったのである．しかも，家族療法開始直後に父親が関東に転勤となり，相談の継続すら危ぶまれる事態となった．以下，各回での面接の主要部分を示すことにしよう（家族療法はほぼ1ヵ月おきに実施された）．

［第1回面接］

セラピスト（以下 Th と略す）：本人としては今どういうことを思っているでしょう．

母：選択肢がなくて困っていると思います．

父：心の底では学校に行っていないことを悔しいと思っていると思います．今は，自動車学校に通っています．そのことで，私とも少し接点があります．昨日，ドライブに行こうと誘われました．

Th：お父さんの腕の見せどころですね．

父：でも，車のなかで話はあまりありませんでした．

Th：最小限で構いません．あまり，教えようとしないでください．

父：それ以前は部屋のドアを壊したことがありました．

母：昔はそんなことはまったくありませんでしたのに．
Th：お母さんはとくにびっくりされたんですね．
母：はい．
Th：お父さんはどうですか．
父：思春期のころも私が抑えていたのでしょうか．
母：小さいころ，友達にちょっかいだしたりするのを，社宅だったので親の都合で怒ってきました．妹とのことでも兄を叱っていました．

以上のように，両親ともに過去のE男に対する対応に不適切な点があったことを率直に認めようとしていた．セラピストは，親が過度に自罰的になる必要はないことを伝えておいた．

［第2回面接］
母：(E男の)生活のリズムがちゃんとなってきました．テレビも消すようになりました．
Th：変わったのはなぜでしょう．
母：「しっかりせんといかん」とつぶやくようになりました．でも，私が「がんばれ」というとだめですね．独り言に相槌をうつとだめ．何か提案してもだめです．
Th：でも聞いてほしいんでしょうね．
母：そうです．
Th：父親の転勤や自動車の免許取得のことなどで緊張感が生れたのでしょうね．
父：ファミコンも減りました．苦しいときに逃げなくなりました．家族全員の身体に触れるようになってきて，軽くつつくなり，肩をもむなりしてきます．
Th：お母さんは気づきましたか．
母：はい．頭をおさえたり……
Th：それは大きな意味を持っていますね．互いの必要性を触れ合うことで確かめている．言葉ではなく……

　　　　　(中略)

Th：E男の仕事の適性をどう思いますか．

母：コンピューター関係とかですね．自分が取り戻せるからと本人も希望しています．
Th：具体的には？
母：大工さんとか，絵描きとか．何か作り出す仕事を．
Th：数ヵ月前は自分の生活がバラバラであったのが，今はそれを再構成しているという段階ですね．
父親：手先は器用なんですよ．目覚しなども分解して直してしまいます．飛行機の整備士になりたいといったこともあります．ただし，行動に移せないんですね．

E男の昼夜逆転の生活に改善の兆しが現れるが，進路に関しては，めどは立っていない．次回予定日には父親は転勤・転居しているものの，両親そろって来談を希望した．

［第3回面接］

父親はすでに関東に転勤しているが，予定通り両親が来談した．父親の転居は，母子に少なからぬ心理的動揺を与えたようで，E男の生活は再び昼夜逆転し，自動車学校も仮免まで行きながら，中断してしまったとのことであった．

父親は翌日には関東の転勤先に戻らねばならないと言いつつも，息子の状況が後退し，しかも期待していた運転免許の取得も中断してしまった状況を放置できないとも感じている様子であった．母親も，これまでとは違って，仕事を理由に夫が予定通り帰京することに同意できるほど心理的な余裕はなく，涙を浮かべて辛そうであった．

セラピストは，この時点で家族が危機の頂点に達したと直感した．そこで，父親に対してしばらく自宅にとどまり，貴重な「父親の時間」をE男のために提供するように要請した．会社の経営責任を負っている父親にとって，その決断は容易なものではなかった．セラピストは両親に，その場で話しあうように促した．しばらく二人で話しあった結果，帰京を2日間延長することに決意した旨を父親が表明した．セラピストは，父親の決断を称賛し，「ムダになるかもしれませんが，効率の問題でもテクニックの問題でもなく，息子さんのために時間を提供すると考えてください」と言葉を添えた．

[第4回面接]

今回は父親が仕事の都合で参加できず母親のみ．しかし，夫からことづかったセラピストあての手紙を母親は持参していた．その手紙には，丁重な欠席の断りとともに前回来談直後のE男との関わりについて，日記風の詳しい説明が書かれていた．その概略は以下のようであった．

前回来談からの帰宅後に，息子と二人で夜間のドライブに行った．翌日も九州の山に日帰りのドライブに二人で出かけ，薄着であった息子に自分の着ていたジャンパーを貸したところ喜び，次の日もずっと着ていた．翌日も，父親の故郷である北部九州方面にドライブし，少しは会話もできたようで，とりわけ昼食後に息子が「ああうまかった」と感激していたことが父親にはうれしかったとのことであった．3日間，父親と一緒にいたことで，息子は気持ちが落着いた様子で，ファミコンにも手を出さなかった．

父親は帰京後に，自宅から持ち帰った息子の子ども時代の写真を全部アルバムに整理し，それに手紙を添えて息子に送ったことも書かれていた．それに対する息子の反応は，じっと手紙を読んだあとで，アルバムを見て「俺にもこんな可愛いときがあったんだな……」とつぶやいていたそうである．

母親の報告によれば，対立していた妹との関係が改善し，中京地区から帰郷した友人と久し振りに外出したとのことであった．アルバイトを自分で探している様子なので，しばらく様子を見ていくことを，セラピストも了承した．

[第5回面接]

両親が来談．

父：夜間にガードマンのアルバイトをしています．1週間ほど続いていますが，目に落着きが出てきたように思います．

母：寒い日も靴下を2枚履いたりして頑張って行っています．

Th：大変でしょうね．

母：慣れていないのでもつかなと思います．

父：母親の関東への転居予定が春から夏に遅れることになりました．

母：もう一度免許を取るために，お金をためようとしています．

Th：自分で頓挫してしまったので，何とかしようとしているんですね．

母：職探しもしようとしています．アルバイトから帰ってきて，むしゃむし

ゃ食べて,死んだように眠っています.人間らしくなってきたようです.
母：妹がひどいことを言っても適当にかわすようになっています.
Th：妹さんより息子さんのほうが態度の変化が大きいわけですね.
母：職探しも,ただ眺めていた状態からペンをとって探す態勢に変わってきました.
父：今年になって会話が変わってきた感じです.まだ,不安定ですが.

［第6回面接］

両親が来談.妹は高校卒業後アパートに移り,専門学校に通い始めている.E男はガードマンのアルバイトをやめており,再び無気力状態に戻っている.しかし,両親とりわけ,母親の様子は以前と異なり,あまり不安定な印象は受けない.E男の現状や過去の経過について両親とともに振り返る形で,面接が進んだ.E男の高校受験に際して,本人の意思決定ではなく,周囲の人間の意見に合わせた決定がなされたのではないかとの反省が,両親から出された.E男の現状にさしたる変化はないが,息子の自立を願いつつ見守るしかないという点では,両親の考え方は一致していた.しかも,互いを気遣うそぶりも見られることから,両親連合に問題はないと判断した.転居の件に関しては,夏までには母親が自宅を引き払って父親とともに関東の新居に住むこと自体には変更がないことをE男に改めて伝え,E男自身の決断を待つこととした.

［第7回面接］

母親のみの来談.
母：息子は20歳になりました.その数日後に,自分で見つけた中部地方にある自動車組み立て工場（ラリーで勇名をはせた車種を生産している）の季節工の仕事に就くといって,身の回りのものだけもって家を出ていきました.突然でしたし,住むところも決まらないままだったので心配しましたが,1週間後に電話で住所を知らせてきたのでほっとしました.その後も電話をくれます.
Th：そんなに楽な仕事ではないはずですが,身体を使って実感しようとしているのでしょうね.
母：家族4人がバラバラになりましたが,気持が分かれているわけではないのでいいと思っています.

Th：離れ離れになって，お互いのことを考えるようになったのかもしれない．

母：電話のあとで，反対に自分が試されている気がしました．（息子から）「しっかりしろよ」と言われているような気がしました．私がちゃんと生きていることが大事ですね．

Th：離れて気づくこともあるんですね．

母：生れたとき，あの子は泣かなかったのです．背中やら，顔やらをたたかれてやっと声を上げました．そのときのことを思い出しました．似ています．

Th：第2の誕生という言葉がありますが，母親にとってもそうですね．

母：予感していたことが来たなという感じです．

Th：それを体験したわけですね．

母親の転居が目前に迫っていることもあり，この回で終了とした．

［フォローアップ面接］

3ヵ月後のフォローアップによれば，E男はその後も自動車組み立ての仕事を続けていて，他の家族も元気に生活している旨の情報を得ることができた．

(4) 考察

度重なる挫折体験のなかで無気力となり，現実の行動に移ることができなくなっていたE男が，20歳の誕生日を境に，突然とも見える自立を達成した．この物語の結末部分で，母親が語ったE男誕生にまつわるエピソードは，実に印象深いものである．彼は，分娩後に自発呼吸ができず，しばらく仮死状態にあったというのである．

無気力状態は，ある意味では「心理的な仮死状態」とも理解できる．そこから脱するためには，何らかの衝撃が必要である．誕生時には，彼は背中や顔を叩かれて生き返った．やがて成長して青年となり大人になる直前で，素直な子どもとしての彼は死を迎え，かつ大人としてまだ再生できていない仮死状態に陥ったのではないだろうか．

仮死状態のわが子をかかえた母親にはなすすべがなかった．ここでは，救助者もしくは産婆役としての父親の登場が必要不可欠だったといえよう．それま

で縁の薄かった父子をつなぐ絆の役を果たしたのが,「自動車」だったのではないだろうか.

　セラピストの勧めもあって多忙な仕事を休んだ父親は,3日間連日息子をドライブに誘った.彼は,待っていたかのように喜んでそれに応じた.しかし,再生の課題は親子にとって容易ではなかった.自動車免許の取得は最終段階で断念し,アルバイトも短期間で終わった.20歳の誕生日直前には再度仮死状態に戻ったかに見えた.急転回は,その直後に起こった.彼は,自動車の運転ではなく,その生産に従事することで,自らの大人としての再生に賭けたのであろう.

　それが彼にとって文字どおりの「通過儀礼」であったことは,家を出る際に母親に「死ぬときは死ぬよ」という物騒な言葉を残していたことにも表れている.しかし,それを達成できた彼は母親への気遣いすら示せる大人になっていた.また,心配しながらも母子を見守り,心理的な支えを提供しようと努めた父親の存在もやはり大きかったと言えるだろう.

　筆者が本事例を通じて痛感したことは,危機に立つ子ども(ここでは青年期の)に父親が直接手を貸すことの重要性であった.しかも,とりわけその「タイミング」の見極めをどうするかが課題となった.本事例について,筆者のタイミングの判断が本当に適切であったのか否かは分からない.ただ,そうあろうと努力したことだけは,事実である.

　無気力の事例は,本人の来談意欲が乏しいだけに従来の心理的援助の手法だけでは効果を上げにくい.しかし,両親を主体とした家族療法が実施できれば,両親の関係変化を通じて予想以上の効果を達成することが可能である.無論,個々の事例で状況は著しく異なるために,家族療法が一律に有効であるなどと主張するつもりはない.ただし,困難とされる無気力問題に対して関係者が無気力になる必要はなく,おおいに「希望」があることを伝えたかったのである.

6　三世代同居家族の不登校事例

(1)　三世代同居の家族

　わが国ではかつては家父長的な「家」制度があり,三世代同居が常識であっ

た．しかし，戦後は民法の改正によって家制度が廃止され，多数を占めていた三世代家族は年々減って，現在では祖父母と孫のいる世帯は12.8％と少なくなっている．祖父母の時代に有効であった知識や技術を孫に伝承する慣習は急速に薄れ，祖父母と孫の関係のありようも大きく変化してきた．

　このような変化のなかで，少数派となった三世代同居家族の子どもの中には，思春期になって不登校などの問題をかかえる者も少なくない．多数派である核家族の同級生の多くが，祖父母世代からの直接的な影響を受けずに育っているために，三世代同居家族の子どもが身につけている「行儀や言葉づかいのよさ」あるいは「やさしさや思いやり」といった特性にむしろ違和感を示し，場合によっては異分子扱いをするようになっても不思議ではない．逆に，三世代同居家族の子どもの側が核家族の子どもに違和感を感じて，友人関係に支障が出てくることも考えられる．

　また，三世代家族の中でも，伝統的な夫の祖父母と同居している妻の立場は，さらに少数派となった感があり，同年代の女性との異質性は際立っている．夫婦の関係も，核家族の夫婦のそれとはおのずと異なってくるはずである．三世代同居家族の祖父母も，孫が思春期に達するころには息子夫婦や孫たちとの関わり方を，多少とも変更せざるをえなくなる．しかし，多くの三世代同居家族にとって，この家族人生周期の移行はかなり難題であるようだ．そこで，思春期に達した孫が長期の不登校に陥った三世代同居家族の家族療法事例を紹介することにしよう．

(2)　事例：S家

〈IP〉　F子　中学2年（13歳）

〈主訴〉　不登校

〈家族構成〉　総合病院の検査技師である父親（41歳），同病院の事務員である母親（42歳），父方祖母（77歳），F子，次女（小5，11歳），三女（小3，8歳）の6人である．父方祖母とは両親の結婚当初から同居．父親は次男．母親は長女．ほかに，F子が登校拒否になって以後，F子の希望でオスの柴犬をペットにしている．

〈現状に至る経過〉　F子が中学1年の5月よりさしたる理由もなく不登校と

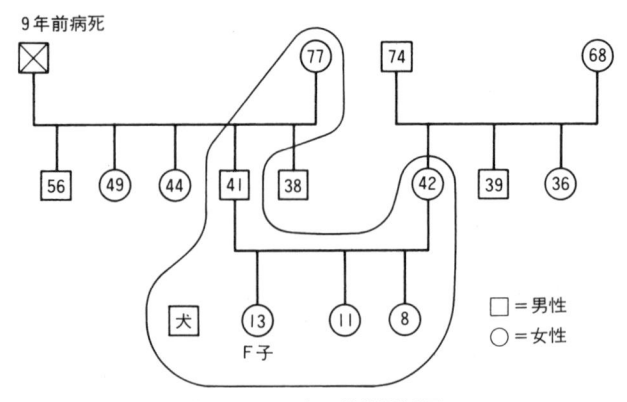

図4-12　S家の世代関係図

なり，以後は3学期初めに数日登校しただけで，登校できない状態が続いている．両親は1年間，教育相談に通ったものの事態に変化は見られなかった．

(3) 面接経過

ほぼ月1回で計10回（9ヵ月）の家族療法（筆者が担当）が実施された．以下，4期に分けて治療展開に伴う家族境界膜の変化を示す．

第Ⅰ期：IPを含まない「家族境界膜」との接触（家族査定）

［第1回面接］　X年6月　（両親と父方祖母が出席）

不登校の初期には，両親ともに体罰を含む強い叱責により登校を強制したが，F子が逆に妹たちにその苛立ちをぶつけるようになったため，しだいに放任するようになった．中学2年の4月に初潮があり，以来生理時には情緒不安定で，泣くことが多く，ペットの犬以外は家族をそばに寄せつけないという訴えが母親から出された．

面接場面では，父方祖母の発言が優勢であり，父親はほとんど発言しなかった（祖母が親役割を維持しているために，両親は子ども世代の一員にとどまり，明確な世代境界は引かれておらず，思春期に達したF子だけが家族境界膜の外側にはみ出した状態）．

［第2回面接］　7月　（両親と妹2人）

F子の心身の不安定さが家族全体に影響を与えているが，F子自身は疎外感を強く持ち，犬と祖母が部分的な安全地帯の役を果たしている（ペット，祖母，

F子は，いずれも「境界的存在」としての共通性を持っている）．

　セラピストは，「F子は命令されることを嫌います」という父親の発言を受けて，「命令されることが嫌いな人間は，命令することは好きなことが多いので，F子さんに家族に何か命令してよいという私からの伝言を伝えて下さい」というセラピストからの逆説的なメッセージをF子に伝えるように両親に指示した．また，次回にはF子が来なくても，犬の顔を見たいので連れてくるように要請した（犬を準構成員として明確に位置づけ，その主たる世話役としてのF子を家族境界膜内に取り込むことをねらった）．

　第II期：ペットを媒体にした家族境界膜の部分的な組み換え（症状への焦点化から治療的媒体への焦点化への移行）

　［第3回面接］　7月　（両親，祖母，F子，次女，三女，犬）

　それまでまったく相談機関に足を向けなかったF子が犬と一緒に来談したため，家族全員が勢揃いすることになった．また，前回にセラピストが託した「命令許可」のメッセージを母親から聞いたF子は，喜んで父親と次女に命令（実際は簡単な依頼）を出したとのことであった．

　面接場面でも，祖母に比して両親の存在感が希薄であることが顕著になったため，セラピストは両親にF子を含む子どもたち全員に実行可能な身辺自立の課題（机上の整理など）を出すように指示した（家族境界膜内での両親サブシステムの主導的役割の明確化）．

　［第4回面接］　8月　（両親，F子，次女，三女，祖母，犬だけは父親の指示で屋外に留められた）

　前回の課題に対して，父親は母親がいっさい子どもたちに小言を言わず，子どもたちも注意されないようにするという決定を下し，ほぼ守られているとのことであった．父親は「F子が気持の切り替えができるようになり，（親の言うことが）かなり分かるようになってきたと思います」と，やや明るい表情を見せた．F子は，最近では友達と遊びにでかけるようにもなっている（家族境界膜内に足場を取り戻したことで，家族境界膜の外にも安心して出られるようになる）．

　絵画セッションでは，大人は見ているだけであったが，3人の姉妹は楽しげに大判の画用紙に自由画を描いた．次女が描いた「おかま」の絵にF子は

〈父〉と書き添えた．S家で唯一の男性である父親の男性性の欠如を娘たちが象徴的に，というより，むしろストレートに表現したことは興味深かった．両親とりわけ父親は，子どもたちが治療面接の場で，まったく動じずにのびのびと絵を描いたことに「われわれの子ども時代には考えられません」と驚きを示した．

描画に大人の参加がなかったことを理由に，用紙を渡して次回までに家族全員で絵を描いて（テーマは与えず）持参するように課題を出した．

［第5回面接］　9月　（両親，F子，次女，三女，祖母）

前回の課題であった絵には，F子の提案で家族全員（犬を含む）の似顔絵が描かれ，周囲には色とりどりの花が配されていた（F子が家族境界膜の内側に戻れたことを象徴的に示している）．F子は10日ほど登校し，運動会にも参加できたため，家族は喜んだ．しかし，その後再び不登校状態になった．きょうだい喧嘩の際に，両親がF子に非があるときめつける傾向があることをF子から指摘されたため，親自身の対応にも問題があったことを両親が自覚し始める．面接場面では，セラピストは夫婦間の微妙なズレを強調してフィードバックした（夫婦内境界膜への焦点化）．父親からの発言が徐々に増えてきた．課題としては家族全員で何か物語を作ってくるように指示した（家族境界膜の強化を意図した働きかけ）．

第Ⅲ期：セラピストを媒介とした家族内境界膜の組み換え（父親の自己開示の促進による夫婦間の差異の明確化）

［第6回面接］　10月　（両親，祖母，F子，次女，三女）

家庭では，F子は祖母を手伝って夕食を作るようになっている．きょうだい喧嘩は以前のように激しくはない．一方，父親の焦燥感が募り始めている．前回に出された物語作りの課題は，母親はF子の相手をしたものの，父親は参加しなかった（夫婦内境界膜の変革の兆し）．

面接場面では，セラピストが問題解決のための具体的な指針を与えてくれないので不安であるという訴えを，父親が率直に表明した（家族境界膜外の治療的権威との対決）．セラピストはその不満を明確にしかも共感をもって受け止めたうえで，以後の面接を展開させた．注目すべき反応として，父親が「F子は前回出された課題の意味など何も考えていないのではないか」と指摘したと

きに，F子は「そんなことはない．考えている」と初めて反発を示した（父―娘間の境界膜の出現）．

両親に今後のF子の変化の予測をさせた結果を整理して，セラピストは「年内は（両親が再登校の可能性はないと予測したことを受けて）登校についてF子に向かっていっさい口にしない」ことを両親に約束させ，それを破った場合にはセラピストに報告してもよいとF子に告げた．その際，セラピストは口調をあえて命令的にすることで，家族にとってはF子に登校を強制しないという課題の内容との矛盾を実感させようとする治療的ダブル・バインドの効果をねらった．なぜなら，年内の再登校が不可能だという予測は両親で一致した予測だったからであり，両親がそれに違反することは自己矛盾を生むことが明白だからである．この逆説的な課題によってF子は少なくとも「年内は」不登校を両親から直接にも，また間接にも非難されない保障を得たことになる（セラピストの断固とした口調のなかに，家族は非許容的なニュアンスも同時に感じ取っていたはずであり，それはやや緊張してセラピストを見たF子の表情にも窺うことができた）．

［第7回面接］　11月　（祖母，両親，次女，三女）

父親は実力行使できない戸惑いを訴える（父―娘間境界膜の硬直化）．犬の扱いを巡って，父親とF子の間で葛藤が表面化し，F子が父親を蹴ったため，父親も蹴り返したという．母親には，格別の変化は見られない．

面接場面では，セラピストは治療的ダブル・バインドの態度を取り，一方で，まだF子の自主登校が不可能であることを両親に確認させると同時に，父親に何らかの決断を迫る時期であることを口調で感じ取らせようとした．また，夫が強硬手段に出ようとする素振りに懸念を示し，F子を保護しようとする母親には「強いショックを与えたくないのですね」と共感的にフィードバックした．両親の和戦両様の構えに対して，セラピストはそのような相補性こそが望ましい協力態勢であることを伝えた（夫婦内境界膜の受容と両親連合の確認）．また，父親が厳格な祖父の下でまったく表面的な反抗をせず育ってきた経過が語られ，発言の機会が減っていた祖母もその事実に関しては，積極的に追認した（父親自身の父子間境界膜の不明確さの指摘）．

終了時に，次回は可能であれば担任の同席が望ましいと伝え，少なくとも年

内は登校を強制しないように念を押した（再建されつつある家族境界膜と学校システムとの接点づくりを担任に期待した）．

［第8回面接］　12月　（両親，祖母，次女，三女）

父親は，年明け以後も登校しないようであれば，毎日曜日にF子が楽しみにしている乗馬クラブ通いや家庭教師を禁止する強い態度に出るとの決意を語った．一方，母親はF子の楽しみを奪ってしまいたくないと主張した．口では強硬手段に出ると主張している父親も，反面ではF子の反発を予想しており，セラピストに支持を求めた．セラピストは，「方法より父親の決意の強さが大切です」と言明した（父―娘間境界膜の受容の徹底）．

終了時に，次回は担任の同席が期待されることと，年明け後も冬休み中は厳しい態度を示さないように両親に要請した．

第Ⅳ期：夫婦境界膜を中核とする家族境界膜の再構造化（F子の出立と祖母の引退）

［第9回面接］　1月　（両親，次女，三女，担任）

3学期開始後，週末の登校が可能となる．担任は「F子さんはあまり気後れすることもなく，以前からの友達ともうまくやっています．学習意欲もあるようです」と報告した．その後，数日前に家庭で起きた父親とF子の間の象徴的なエピソードが語られた．その日，まだ登校状態が不安定であることを理由に父親が乗馬クラブ行きを禁止したにもかかわらず出掛け，夕方になって帰宅したF子を，父親は3時間以上，戸外に締め出した．その直後に，F子は持続登校が可能になった．また，珍しい大雪の後に妹たちの作った雪のかまくらをのぞく父親のそばにF子が寄り添う出来事ののちに，父―F子間の対立も緩和したという（父―娘間の境界膜の柔軟化と疎通性）．

面接では，F子の乗馬クラブ通いを巡って表面化した夫婦間の差異に夫婦を直面化させるために，二人を向かい合わせで座らせて話し合わせた．同時に，担任と二人の姉妹については3人だけで中学校生活について話し合わせた．この指示の意図は，夫婦に互いの見解の差異を明確化したうえで，親としての合意形成の体験を促すためであり，家族の問題に深入りさせた担任には，教師として期待される役割と専門性を再確認してもらうためであり，姉妹にはこれまで脇役に追いやられていた立場から，目前に控えている中学生としての生活の

イメージを明確化させるためであった．また，今回参加していないF子については，とくに課題を設定しないことで，彼女がすでに「自立」を果たしつつあることを，セラピストが暗黙に承認していることを家族に伝えようとした．同様に，風邪で欠席した祖母については，あえて言及しないことを通じて，実質的な主婦役を「引退」した家族成員であり，その祖母に替わって両親が中心的な位置を占める段階にきたことを間接的に実感させようとした（家族内境界膜の全体的見直し）．

終了時に，セラピストは「F子さんが乗馬に行くことは，本人のエネルギー源として見てあげてください」と述べ，また両親には「子どもたちがあなたがたを今までどのように見てきたと思うか，アルバムを見ながら夫婦で語り合ってください」という課題を与えた（主導的役割を担う夫婦境界膜と二つの世代間境界膜の強化）．

［第10回面接］2月　（両親，祖母，次女，三女）

F子の登校は安定し，イライラが減っている．友人との関係も良好である．しかし，まだ両親が妹たちを偏愛しているという感情は消失していない様子である．その話題を契機に，両親とりわけ父親のきょうだい葛藤の体験が，ついで祖父との支配・服従関係がクローズアップされた．父親は厳格であった祖父の死後も，とくに対立関係にあるわけでもない祖母（父親の実母）に対してさえ，こころのうちを明かすことはなかったのである．しかし，その事実を表明した父親に祖母が，「この子も歳を取ってくれば長男（父親の兄）がそうだったように，話してくれるようになると思います」と受容的な願望を言語化したことで，今後の祖母—父親（母—息子）間の開放的なコミュニケーションが期待可能となった（多世代間境界膜の構築と疎通性の確認）．

家族の家事分担が問題となったので，前回同様に夫婦を向かい合せで座らせて，分担方法を決めさせた．二人に前回の戸惑いは見られず，「親子で協同作業をすることに決めました」と笑顔で報告した（全体としての家族境界膜の再建の確認）．

［フォロー・アップ面接］6ヵ月後

F子の登校は続いている．家族療法チームの一員であったF子の家庭教師の報告によれば，家族全体の緊張が逓減し，和やかな雰囲気が支配的になって

いる.最近では,F子は高校進学を真剣に考え始めており,犬にはあまり関心を向けなくなっている.友人との結び付きが強くなり,学校生活を楽しんでいる.家族を始めとした他者への配慮もできるようになっている(F子が家族境界膜内部に過度に取り込まれていないことの確認).

(4) S家の家族境界膜の変化過程

図 4-13 に,治療過程に伴う家族境界膜の構造的変化を各期ごとに示している.第Ⅰ期では共働きの母親に代わって主婦役を勤めてきた祖母のパワーが支配的である.実質的には祖母が「親」役割を取り,両親は 3 人の子どもとともに「子ども」の位置に留まっていた.長女のF子は思春期に達したものの,同性の母親にも異性の父親にも適切な大人世代のモデルを見出せず,さりとて子ども世代に留まることもできなくなっていた.結果的に家族境界膜からはみ出し,祖母とペットを命綱にした状態で危ういバランスを取る以外になかった(図 4-13a 参照).

第Ⅱ期では前期のアセスメントを通じて明確になったF子とペットとの絆に治療的可能性を期待した.また,「F子は命令されることを嫌う」という父親の発言から着想した「F子が家族に命令してよい」というセラピストからの逆説的メッセージにも鋭敏な反応を示したF子は,犬と一緒に面接室に初登場した(いうまでもなく,犬はF子の命令にはよく従う).この時点でセラピストはF子や家族関係の病理性ではなく,ペットという準家族構成員ではあっても人間ではない,「境界的存在」を媒介とした家族境界膜の組み換えにかなり肯定的な見通しを持つことができた(図 4-13b 参照).

第Ⅲ期では,家族境界膜内への復帰に伴う,F子の心理的安定化とは裏腹に不登校状態の持続によってもたらされた両親(とくに父親)のフラストレーションをバネにして,セラピストは両親間の認知的差異を強調した.これは祖母の「親役割」を相対的に弱め,両親こそがF子の「親役割」を取るべきであることを,セラピストが家族に間接的に伝える意図も含んでいた.事実,祖母は「学校のことは親が判断してもらわないと」と発言するようになった(図 4-13c 参照).

最終の第Ⅳ期では,前期で明確化した両親間のY子に対する養育態度の差

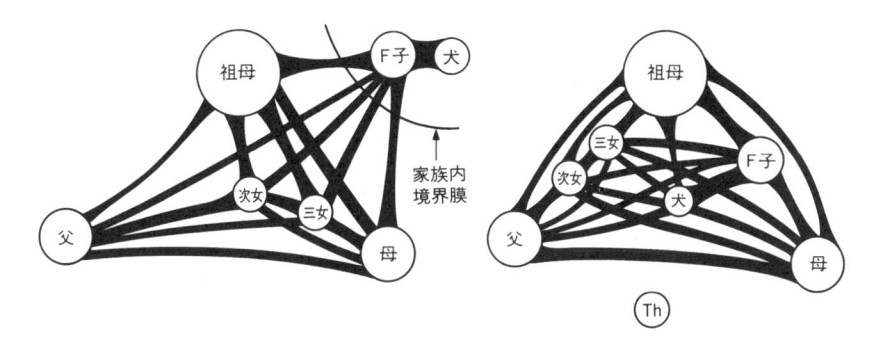

a. 第Ⅰ期・F子を欠いたS家の家族システム

b. 第Ⅱ期・ペットを媒介した家族システムへの治療的接近（Thは治療者を示す）

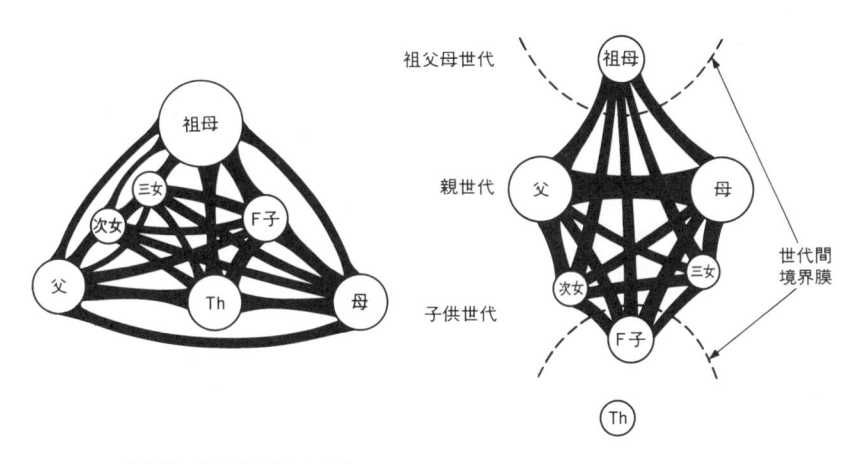

c. 第Ⅲ期・治療者を媒介とした家族境界膜の組み換え

d. 第Ⅳ期・夫婦境界膜の強化による家族境界膜の再構造化（F子の自立と祖母の引退）

図 4-13 S家の家族システムの治療的変化

異を，今度は逆に一致させる話し合いを促進し，夫婦を包む境界膜（両親連合）の強化を図った．それによって，あいまいであった祖母と両親間，および両親とF子間の二つの世代境界を明確化できると判断したからでもある．また，F子が一歩先んじて自立することによって，それまで成績のよい次女によって脅かされていた同胞階層内の地位を確保することにもつながるからである（図4-13d 参照）．

(5) 考察

　不登校状態に陥った孫娘の問題をかかえた三世代同居家族の事例を提示して，家族療法の進行に伴う家族関係の変化を詳細に見てきた．S家の事例を通して筆者が再認識したことは，二つの世代境界に同時に注意を向けておくことの必要性であった．つまり，祖父母・親間の世代境界と親・子ども間の世代境界の両者は相互に関連しており，一方だけに目を向けていては三世代家族関係の勘所を押えることはけっしてできない．卑近なたとえをつかえば，「モグラ叩き」のように表面に見えているものだけを追い続けても成果は上がらない．セラピストが面接での話題の内容にとらわれず，時に祖父母の側に，あるいは親の側に，また子どもの側につねに視座を移動させ，世代境界をはさむ双方の立場や言い分，あるいは見通しを取りあげていく．そのような柔軟で共感を伴った中立性をセラピストが保つことで，二つの異質な世代境界がしだいに姿を表し，混沌としていた三世代の家族関係に，新たな「秩序」が生れる．その時，祖父母世代は安心してそれまでの座を次の世代に譲り，さらに孫の世代は勇気をもって自立への第一歩を踏み出せるのではないだろうか．

　したがって，家族療法の臨床実践からみた祖父母の役割とは，家族とセラピストの双方に二つの世代境界の存在とその質的変化の必要性を体験させる具体的な手掛かりを与えることであろう．

7　再婚家庭の非行事例

(1) 再婚家庭の問題

　両親と子ども二人で構成される典型的な核家族は年ごとに減少し，片親家庭や単身者家庭などが増加して，家族の多様化が進んでいる．この面でも先進国である米国では，典型的ではない家族，たとえば同性愛の夫婦と養子縁組みした親を失ったエイズの子どものいる家族，離婚したのちも相互に親役割を補完し合っている「双核家族」など多彩な家族に対応した家族療法的な援助が開発されている（Ahrons, 1994）．わが国の家族療法も，これからは家族の多様化に柔軟に即応できる態勢を整えていくことが求められている．

子どもがいる夫婦が離婚する場合にもっとも厄介な事態は，子どもの親権をめぐって親同士に対立が生じる場合である．さらに，兄弟姉妹の引き取り先が異なる結末になれば，子どもは片方の親だけではなく，血を分けた兄弟姉妹とも引き離されることになる．親権を得た親がその子を連れて再婚し，再婚相手との間に子どもが生まれれば，父親違いの兄弟との新たな関係が生まれる．このような家族は，「混合家族」(blended family) とも呼ばれ，離婚の増加とともに増えつつある．しかし，両親の離婚や再婚に巻き込まれた子どもにとって，その心理的な安定を確保することはたやすいことではない．次に紹介する再婚家庭の事例でも，複雑な家族体験を経て疎外感を強めた子どもが，しだいに盗癖という問題行動へと追い込まれていった経過が明らかにされた．この家族が家族療法によって危機を脱していった経過をつぶさに見ていくことにしよう．

(2) 事例：T家

〈IP〉 G子　15歳（高校1年）

〈主訴〉 盗癖

〈家族構成〉 家族は，運送会社に勤める父親（34歳），元保母の母親（36歳），G子，そして妹（4歳）の4人である．両親は再婚同士でG子は母親の連れ子であり，妹は再婚後の子どもである．母親の離婚によってG子が実父と別れたのは小学4年生の時であった．母親と前夫の間にはG子のほかに息子（G子より1歳上の兄）がいたが，現在は前夫とともにかつての舅・姑宅で暮している．一方，継父とその先妻との間には二人の娘がいたが，離婚後に強固に親権を主張した先妻が一方的に連れ去ったままになっている（図4-14参照）．

〈現状に至る経過〉 小学2年の時に実父の給料の一部を盗んだが，使うことはなかった．その後，同級生の集めた金を盗んだこともあった．中学時代，親が買い与えていない品物がG子の机のなかに入れられていた．高校入学後も，同じ寮生の衣類などを盗み，それを寮内で平気で着用していたために，盗みが発覚し，退寮処分となった．

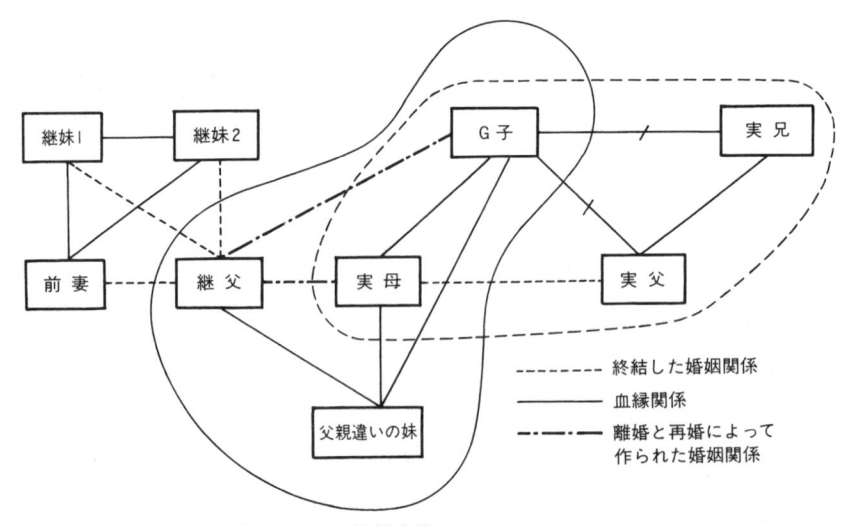

図 4-14　G子にとっての複核家族システム
実線で囲まれた現在の家族と点線で囲まれた過去の家族.

凡例:
------- 終結した婚姻関係
──── 血縁関係
─・─・─ 離婚と再婚によって作られた婚姻関係

(3) 面接経過

　G子の盗癖について両親から相談を受けた学校からの紹介で家族療法を始めた．面接はほぼ月に1回で，計7回（6ヵ月）の家族療法が実施された．全セッションを通じて家族全員が来談した．第2，3，4，6，7回では，粘土創作の課題が面接中に実施された（本事例の粘土セッションについては，第3章5で詳しく説明しているので参照されたい）．

［第1回面接］

　母親は離婚したあと，昼間は保育園，そして夜間はレストランで休みなく働いたが，G子も一人で留守番や家事を分担し，母親を助けた．その頃のG子は爪かみが激しく，指紋がなくなるほどであった．幼いころから欲しいものも我慢し，中学になっても反抗らしい行動は示さなかった．そのようなけなげさを持つ反面で，強く叱っても盗みを繰り返すG子に対して，母親はすっかり養育の自信をなくしていた．また，継父も勤務の関係で外泊が多いために家族との接触が少なく，G子が事件を起こしたときにのみ妻と一緒に叱ってきたが，それでは父子間の溝は深まるばかりで，問題解決にはならないと感じていた．父親自身，家族療法による援助を望んでいたとのことであった．

セラピストは面接終了時に，あえてG子だけに自己の感情表現を促す課題「どんな紙切れにでもいいから，自分がそのとき感じたことをちょっと書いてみるように，そしてそれを誰にも見せないように」を与えた．G子はにっこり笑ってその指示に応じたが，その場面を見ていた両親も，少し安心した様子を見せた．この課題の意図は，セラピストと両親の了解の下にG子が「内的な感情の秘密」を持ち，親世代と子世代の間に適切な境界を設定できるよう促すことにあった．また，子どもに秘密を持たれているという点では，両親の立場は同等になり，間接的に両親連合を強化する意図も含まれていた．

[第2回面接]

G子は課題であった日記をきちんと付けている．その確認に引き続き，G子は過去を回想して次のように述べた．「お兄ちゃんは頭がよくてお母さんからよく勉強を教えてもらっていました．私は続かないので，すぐ怒られていました．私がお兄ちゃんと遊ぼうと思っていたビー玉も捨てられてしまった．お兄ちゃんは素直で優しかった．お母さんは，今でもお兄ちゃんのことを思っているみたい．妹が生れて，その姿を見て思いだしているようです」．

継父も，妻がG子の兄のことを口に出していると明かした．母親は，「そばにいる子よりも離れている子のほうが気になるもので，G子がつまずいたときにも兄がいればよかったのにと思うことがあります」と，しんみりした口調で語った．

粘土セッションでは「私の家族」を主題として与えたが，家族は家で飼っている動物像を合同で作った．2匹の犬と2羽のちゃぼが互いに反目し，しかもメスが強く，オスが弱いといった説明が作品についてなされたが，この家族の関係システムを比喩的に表現しているようで興味深かった．しかし，セラピストは解釈めいた発言はせず，むしろ家族全員が粘土を治療媒体として緩やかに「退行」し，「遊び心」を共有できたことに焦点づけたコメントを与えるように努めた．4歳の妹はとりわけこの粘土セッションを喜んだが，最終回まで全員参加が可能だったのは，この治療要因が有効に作用したものと推測される．

[第3回面接]

G子は復学の意志はあるものの，寮生活をする以外に通学は不可能であることがはっきりしてきたため，別の進路を考え始めているが，親子の間で意見が

合わず，母子間の葛藤が強まっている．感情的になった母親が過去の盗癖の話題を持ち出すこともあるために，G子も反発を強めているが，母子間の会話は以前よりも増えている．

　G子が現在の高校を選んだのは，看護婦になりたい希望と家を出たい希望の両方からであったことを述懐した．母親も高校入学前のG子の孤立感に理解を示した．継父も，妻がG子に対して「父親に感謝するように」などと指示していたことは，自分をいつまでも他人のように意識してしまうので，もっと自然にしておきたいと思っていたと述べた．

　この回の粘土セッションではG子は手を出さず，見ているだけであった．作品は庭の円卓の周りに家族と担任の教師が座って楽しく会食をしている情景であった．家族の実状は，この粘土像とはかけ離れているが，家族全員にとっての将来の「夢」にしたいとの希望が述べられた．セラピストは，父親に家族全員の希望を聞くように指示した．

［第4回面接］

　母子間の対立・葛藤がさらに顕著になっている．争点は前回と大差ない．言い合いになったときには，母親の勢いが強いのでG子は合間に言い返し，最後はG子が黙り込んで終るパターンが続いている．継父は，母子の口論に自分が口出しすると，両親対G子の対立になるので，できるだけ介入せず，区切りがついたときに父子で話をするようにしていると説明した．しかし，母親は夫の態度に満足してはいない．また，G子にとっては，両親と妹の3人組対自分という，対立図式が描かれている．

　今回の粘土セッションにもG子は参加せず，見ているだけであったが，できあがった粘土像を見ながらの「物語作り」には積極的な反応を示し，興味深い物語を即興的に語って聞かせた．継父は大小2匹の恐竜と火山を作っていたのに対し，母親と妹は少し離れた位置に愛らしいバナナとお菓子を作っていた．二つの粘土像は，まったく対照的な二つの世界を象徴していた．そして，G子は継父の作った粘土像の世界を舞台に物語を展開させたのである．その際の家族の会話を以下に再現してみよう．

　G子「恐竜が私とお母さん．火山がもうすぐ爆発しそう．母恐竜は今は穏やかな顔をしているけど，もうすぐ……私はこの小さな恐竜よりも自分はもっと

大きいと思うけど（母恐竜は子どもがそれくらいしかないと思っているだろう）」．

父親「母親はG子をこの小さな恐竜ぐらいの大きさだと思っているかもしれません．体は大きくなっているけど．きっと，母恐竜は火山の爆発から子どもの恐竜を守ろうとしているのでしょう．自分は（父親）は火山だと思う．そして，じっと耐えている（笑顔を見せながら）」（母親も話を聞きながら苦笑している）．

G子（セラピストから父親はどこにいるのか尋ねられて）「お父さんは，2匹の恐竜の中間くらいの大きさで，離れたところにいる」．

その後，母親の原家族の話になり，母親自身の親子関係が語られた．母親は，自分の母親から叱られたことはなく，言われる前に気づくようにしていた．その母親にはあこがれていたが，父親は怖い人で，頑張る子どもは認めるがそうでなければ……というような（父親が持っていた）気持が自分にもあるのかもしれない，と洞察に近い発言がなされた．G子もその話に触発され，母親と喧嘩をしているときに亡くなった母方の祖母を思い出し，祖母が生きていてくれたらなと思うことがあると，語った．亡き祖母をしたう点では母子は感情を共有していることを再確認したのである．面接終了時に，セラピストは母親に「G子さんはまだ冬ごもりの時期なので，芽が出るまでもう少し待ってあげてください」というコメントを与えたが，比較的抵抗なく受け入れられたようであった．

［第5回面接］

G子は自宅から通学できる高校を再受験することに決めてはいるものの，さほど真剣に勉強しているようには見えないし，話もしようとしないと，母親はG子に対する不満を漏らした．一方，G子は自分はきちんとしていると反論し，母親が何につけてもG子が悪いときめつけることに大いに怒りを感じると訴えた．さらに，母親には継父という味方がいるが，私には誰もいない，祖母がいてくれたらと思うとも述べた．母親は，自分の母親に反抗したことはないが，酒ばかり飲んでいた父親には反発を感じていたことを認めた．母親は，G子が継父の前にいるときだけでもよい子でいてほしい，（夫に連れ子であるG子の）きれいな面を見せたいと率直に語った．母子ともに互いの本音を飾らずに

表現できていることが，セラピストにも十分に共感できた．

セラピストは「今は，G子さんにとってお母さんしか気持を伝えられる相手はいないのですから，お母さんがG子さんのお姉さんの役割を取ってあげてください」とのメッセージを与えた．

［第6回面接］

G子は受験勉強に意欲的に取り組むようになっている．母親もあまり干渉せず，G子の努力を評価する態度に変わってきている．母子の口論も最近は長くは続かず，父親もその変化に気づき，むしろ自分が阻害されそうな気配さえ感じると冗談混じりに述べるほどであった．

粘土セッションではG子も参加し，「5年後の家族」の主題で粘土像を作ったが，笑い声も混じる和やかな雰囲気であった．作品は，すでに職についているG子の招待で家族全員が温泉旅行に行った場面とのことであった．

［第7回面接］

G子は見事に志望の高校に合格し，今は原付の免許と算盤の練習に時間を使っているとの報告を受けた．母親は目標に向かって進んでいるG子の顔には満足感があってとてもよいと感じている．それまで姉に冷淡な態度を示していた妹も真剣に努力する姉を見直している様子であった．父親は，合格発表の日には，心配で何度も出張先から電話をしたとうれしそうに語った．

粘土セッションは「青色」を主題にして創作が始まり，大海原に数頭のイルカが泳ぎ，一隻のヨットにG子が荷物を持って乗り込んでいる情景であった．

G子：青のイメージでそれぞれが作ればいい．

母親：皆で作ろう．

G子：私は船に乗って一息ついたところ，荷物を持って旅に出ようという感じ．

母親：今，一番静まり返っている．

父親：争い事が何もない．帆を降ろすのはG子の判断でいい．

　　　　　（中略）

G子：ちゃんとやるのに両親は分かってくれない．

父親：(親が)心配するのはあたりまえ．

母親：人間も(船に寄り添う)イルカと同じで親はわが子に教える．受け入

れるかどうかは本人しだいだと思う．

粘土作りの中に，G子の自立の決意（もう盗みをしないという暗黙の決意でもある）とそれを見守りつつ，同時に不安感も抱いている両親の微妙な心の揺れ動きを察知したセラピストは，G子に現時点での感想を求めた．

G子「今年になって，区切りがついて自分自身も変わった．過去のこと（盗み）は，2度と開けられない心の箱にしまっていたけど，今は，どこにあるのかさえも分からない」．

両親にはまだ高校入学後のG子の行動に対する不安感が残っており，G子は自分を完全には信じようとしない両親に対する反発を感じている．セラピストは，この親子の意識のズレを「世代境界」を示すものとして肯定的に意味づけし，次回までそのズレを親子でしっかり見極めるように課題を与えた．

［フォローアップ面接］

高校入学後のG子の学校適応は，勉学・交友の両面で良好であり，夏休みに入ってからは，継父が見つけてくれたアルバイトに毎日精勤しているとの報告を受けた．前回のG子に対する両親の不安感はすっかり消失し，継父とG子の関係を始め，家族全体の関係が和やかで暖かい雰囲気を感じさせるものへと変貌を遂げていた．G子は，初めて築きあげられたT家族の絆に守られながら，着実に自立への歩みを踏み出していたのである．

(4) 考察

「愛」と「盗み」は，一見したところ何のつながりもない二つの言葉に見えるが，臨床の場ではその意外な類縁関係に驚かされることがある．前者が心情を表す言葉であるのに対して，後者は金品の所有にかかわる言葉である．両者は対照的な世界の言葉でありながら，時に心の深層では通底している様をかいま見ることができる．ここでは，再婚家庭の少女が抱えてきた心の問題が，家族全員で参加しつづけた家族面接の展開と共に解消していった過程を見てきた．

幼いころから，幾多の心の傷や喪失の体験を重ねてきたG子は，表面的には親に要求がましいことをいっさい言わず，やはり困難な生活を続けてきた母親を進んで助ける「よい子」ではあった．しかし，心の底では親への「無償の愛」を求めつづけていたのである．父親の違う幼い妹が——時には，自分がそ

の代理母親を務めながら――両親から無償の愛を受ける姿を見ながら，G子は愛情飢餓を募らせていた．時折の「盗み」は，前意識的な心の補償作用だったのではないだろうか．望んでもけっして得ることのできない愛情の代わりに，「金品」を手にしたG子は，親から厳しく叱責される苦痛と同時に，「赤の他人」とは明らかに異なる母親の心情を身体で受け止めることができたはずである．

　この不毛な「盗癖の物語」に終止符を打つことができたのは，T家の両親が家族療法という「家族の出会いの場」に通いつづけたからにほかならない．継父は自ら離婚経験だけでなく，幼い二人の娘との悲劇的とも言える別離を体験していただけに，継子であるG子との関係を築くことの難しさを痛感していた．それが，片道3時間以上を要する来談を継続させる動機づけになっていた．母親もG子の二面性を，それまでのような厳しい態度だけで改善させることは無理だと実感し始めていたことも，家族療法に対する期待感となっていたようである．幼い妹にしても，ことの事情はわからずとも，家族全員で粘土遊びができる家族面接での体験は好ましいものと受け止められていたはずである．

　このような家族の絆と心の拠りどころを得たG子にとって，もはや「盗癖の物語」は過去のものとなり，「希望の物語」の幕開けを目にすることができるようになった．最終回で家族は，一人の青年がヨットに乗り，イルカの家族の見送りを受けて海原に船出していく粘土像を作成したが，それはまさにG子と家族の姿を象徴していた．

終章
これからの家族臨床心理学

1 複雑系の心理臨床

　人の心が，無意識的活動を含むきわめて複雑な働きを持つものでありながら，系（システム）としてのまとまった仕組みを備えたものであることは，いまさら言うまでもない．その人と人が密接な関係を結び，生活を共にすることで成立している家族は，まさに生きている「複雑系」そのものである．本書ではそのような観点から，人間系（human system）としての「家族」がかかえる心理的問題の解決をはかる，家族臨床心理学を体系的に紹介してきた．これまで述べてきた理論や技法および実践には，伝統的な臨床心理学の守備範囲を越えた，多種多様で互いに異質な専門領域における「臨床の知」や「実践の知」が，積極的に導入されている．その多様さに驚いたり，違和感を感じた読者もいたのではないだろうか．

　本書を読み進むうちに家族問題に対する視野が拡散してしまい，むしろ不安や混乱が増したというのでは，所定の目的を達成したことにはならない．とりわけ初学者にとって，家族臨床への希望が失われるようであっては，筆者の意図に反する．そこで本書を閉じるにあたり，家族臨床における複雑性との「付き合い方」についてのポイントを，改めて整理しておきたい．これまで消化不良であった個所があれば，これを参考にして再読し，理解を深めていただきたい．

　まず，家族臨床における複雑性は避けるべきものではなく，親しむべきものであるとの認識に立つことをお勧めしたい．とくに理論の部分では，耳慣れな

い多くの専門用語——それも外来語——になじめない場合があったかもしれない．しかし，それらの言葉を十分に理解できなければ学習が進まないと考える必要はない．学習の初期段階では，そのような各種の用語が，知的道具として用いられることさえ理解されていればよい．それらの道具の必要性と使い勝手のよさが分かるようになるには，ある程度学習が進み，多少の実践や臨床の経験を経ることが必要だからである．

次に，家族臨床においては柔軟な視点の転換がきわめて重要であり，必須のものであることを理解していただきたい．一般社会での人間関係と比べても，家族内の人間関係は，各成員の先入観や思いこみによってより強く支配されている．したがって，これまでのようなクライエント個人の内的世界に深く焦点化する臨床的手法のみに頼っていたのでは，セラピストは特定の家族成員の心理的支援はできても，系としての「家族全体」を支援することはできない．家族臨床では，時にセラピストが共感・受容することが困難な家族成員に対してさえ，あえてその視点に立った理解が必要な場面も少なくない．つまり，セラピスト自身にとって「異質で違和感のある他者の視点」に，とりあえず立ってみる腰の軽さや好奇心が求められる．もしそうでなければ，家族全員で知らずに作り上げている「家族的無意識」の全体像と，各家族成員に及ぼすその影響力を正確に把握することはできないからである．

同様の意味で，第2章で触れたピアジェの指摘する「脱中心化」やミラノ派における「中立性の重視」が，家族臨床では重要な鍵を握ることになる．その習得にあたって大きな壁となるのが，「アイデンティティ重視論」の立場である．心理的危機に立つクライエントのアイデンティティ確立を援助しようとする，伝統的な臨床心理学を学んだ者にとっては，この指摘はまさに違和感を与えるだろう．ただし，筆者はここで，積極的なアイデンティティ否定論を展開しようとしているのではない．へたをすると浅薄な自己中心主義につながりかねない，西欧由来の狭義のアイデンティティ論や自己形成論の危険性や限界を指摘しておきたいだけのことである．日本的な表現を用いれば，いかにして「小我」を脱して「大我」に至ることができるかである．家族臨床では，われわれ自身が家族とともにこの課題を常に共有していることを自覚しておくことが求められる．いかに有能なセラピストであっても，当の問題をかかえた家族

にとっては「部分知」にしかすぎないという，セラピスト側の自己認知の必要性である．

ここで，日本における家族臨床の優位性についても指摘しておきたい．戦後55年にわたり，主に個人の内界を理解し，その問題を解決するに当たって，わが国で圧倒的な影響力を及ぼしてきたのが，欧米から導入された数多くの臨床心理学や精神医学の理論や技法であった．しかし，欧米の社会変動や急速な家族の変化は，従来型の心理臨床の前提となってきた発想や臨床実践の形態に変革を迫ってきた．その具体的な成果が，システム論的な家族療法を先端とする家族臨床心理学の理論や技法として，徐々に体系化されてきたのである．その誕生と発展の過程で，実はMRIグループ，ウィタカー，そしてミニューチンなどの家族療法のパイオニアたちが，「禅の公案」や「道教」に象徴されるような東洋的発想に多くのヒントを得ていたのである．

とくにミニューチンは，宮本武蔵の『五輪書』に啓示を受けて，あたかも二刀流のように複数の治療的焦点を多重に調節する技法を洗練させ，さらにはスーパーヴィジョンにおける独自の境地を開くまでに至っている（Minuchin et al., 1996）．アジアの一国であるわが国の歴史風土や文化の基底には，欧米の心理臨床の限界を突破するいくつもの潜在的な可能性が潜んでいるのではないだろうか．家族臨床の特性でもある複雑性と息長く付き合うためにも，これらの埋もれた臨床的資源を活用しない手はないだろう．

筆者が本書で述べた家族粘土法や家族イメージ法などの非言語的な技法を開発する必要性を感じたのも，「不立文字」などの禅的思想を育んだ日本人の心的特性を無視できないと考えたからであった．不登校や家庭内暴力など，日本の子どもや家族に特有ともいえる問題の解決には，これらの技法がとりわけ有効性を発揮した．おそらく，今後はわが国で独自の発展を遂げつつある動作法，イメージ法，風景構成法，内観法，箱庭療法などの諸技法が，家族臨床の分野でさらに積極的に試みられるようになるのではないだろうか．もし，それが現実のものとなれば，わが国の心理臨床が欧米のものとは一味違った，東洋的「臨床の知」を提供できるようになることも，夢物語ではないだろう．

2 予防科学・予防研究の時代における家族臨床

　家族臨床の母体を形成してきた家族療法が，従来の臨床的接近法に比べて未来への強い志向性を特徴としてきたことは，読者にすでに理解されたものとしておきたい．その家族療法の誕生の地であり，わが国とは比較にならないほど多様な臨床的接近法が発展しているアメリカにおいてさえ，精神保健の促進や精神疾患の予防については，心理学者はあまり積極的な関心を向けていなかった．しかし，急増する社会的あるいは心理的問題に対するアメリカ国民の苛立ちが強まるにつれ，ごく最近では効果的な予防プログラムを切望する気運が心理学界にも高まってきている（亀口，1998）．

　この社会的状況の中で，しだいに「予防科学」(prevention science) と称される科学の新分野が登場しはじめている．この用語は，1991 年に開催されたアメリカ精神保健研究所（NIMH）主催の全国予防会議で提案され，「危機的要因や保護的要因と呼ばれる障害や健康の前兆について組織的に研究することに主眼を置く研究領域」と定義された．基礎的な危機的要因研究と統制された介入的実践との間で，相補的な役割分担が必要だとも指摘された．基礎研究は予防的な介入のデザインに有効な情報を提供し，かたや介入を意図した臨床実践の成果は危険性や抵抗に関わる要因について，何らかの洞察を与えてくれるだろうと期待されるようになってきたのである．

　障害の前兆としての危機的要因や保護的要因に研究の焦点を当てることについては，異論がないわけではない．ランズマン (Landsman, 1994) は，個人の危機的要因に方向づけられた障害予防のモデルは，行動に埋め込まれた生態学的要因を無視していると指摘している．ペリーら (Perry & Albee, 1994) は，予防モデルが社会的な不正義，貧困あるいは社会階層と，精神障害の発生率とを関連づける疫学的な証拠を無視していると批判している．しかし，ヘラー (Heller, 1996) は，予防科学が政治的な論争に巻き込まれてしまわないためにも，実証的な研究が不可欠だと主張している．

　ライスら (Reiss & Price, 1996) は，心理学の各分野が，来るべき予防科学の時代に大いに活躍するだろうと予言している．それらの分野は，臨床，コミ

ュニティ，発達，社会，組織，そして健康心理学だと指摘している．同様に，他の広範な心理学の専門領域も，それぞれに独自の展望や科学的な技能を予防科学の推進のために提供することができるだろうと予想されている．さらに，1994年に新設されたAPA（アメリカ心理学会）附属の学校・教育心理学センター（CPSE）は，学校問題の改善にも心理学が大きな貢献を果たしうると主張している（Talley & Short, 1995）．

　予防の分野は，心理学の科学者側にもまた実践家側にも，豊富な機会を提供できるだろうと期待されている．実践家にとっては，有効な予防プログラムの開発によって新たな予防的サービスをコミュニティに提示できることになる．研究を主とする心理学者にとっては，試験的な介入の効果を測定することが，発達過程や因果メカニズム，そして人生設計や幸福の形成において社会的文脈が果たす役割についての新たな洞察を得ることができるだろう．NIMH報告（NIMH Prevention Research Steering Committee, 1994）は，予防科学が将来的にはきわめて広範な目標に向かって発展するだろうと予測し，①人間発達についての最良の科学的研究，②介入の科学における最も効果的なアプローチ，そして③人間社会の望ましい機能に必要な諸条件に関する啓発的研究，の3領域を連結させることが，その目標になるだろうとみている．

　以上のように，予防研究を始めとする今後の心理学研究の方向性を考えた場合に，臨床心理学の果たすべき役割はさらに重要性を増すと予想される．しかし，それが基礎研究から遊離したものであってはならないことは，明白である．両者の相補的な発展が何よりも望まれる．その意味で，家族研究と家族療法の連携によって形成されつつある家族臨床心理学は，21世紀における予防研究や予防科学の一翼を担うものと期待される．

　やがて，これらの研究・実践成果を土台として「予防臨床」と総称される専門領域のなかに，家族臨床が位置づけられるようになるのではないかと，筆者は予想している．予防臨床の一つの目的は，未来を生きる子どもたちのために生存可能な「環境」を，先行世代の役割として整えておくことであろう．この目的を達成するために，家族臨床心理学は子どもが抱え込んだ「問題」を彼らに責任転嫁せず，彼らを生み出した大人の責任において，解決に向けた不断の努力を傾注していく必要がある．

文　献

序　章

Bateson, G. 1979 *Mind and nature.* New York: Dutton.
Hoffman, L. 1993 *Exchanging voices.* London: Karnac Books.
亀口憲治　1997　現代家族への臨床的接近　ミネルヴァ書房.
亀口憲治　1998　家族心理学研究における臨床的接近法の展開　心理学研究, **69**, 53-65.
久保ゆかり　1995　発達心理学　伊藤隆二・松本恒之(編)　現代心理学 25 章　八千代出版　Pp. 7-17.
中村雄二郎　1992　臨床の知とは何か　岩波書店.

第1章

安藤延男　1998　家庭, 学校, 社会の連携　日本家族心理学会(編)　家族心理学年報 16　パーソナリティの障害　金子書房.
新井実曉ほか　1969　家族集団療法の非行事例への適用　調研紀要, 16 号, 36-52.
Bateson, G., Jackson, D. D., & Weakland, J. 1956 Toward a theory of schizophrenia. *Behavioral Sciences,* **1**, 251-264.
Bousha, D. M., & Twentyman, C. T. 1982 Abusing, neglectful and comparison mother-child interactional style : Naturalistic observations in the home setting, Unpublished manuscript, University of Rochester.
Boyce, W., Kay, M., & Uitti, C. 1988 The taxonomy of social support: An ethnographic analysis among adolescent mothers. *Social Science and Medicine,* **26**, 1079-1085.
Brown, G., Birley, J., & Wing, J. 1972 Influence of family life on the course of schizophrenic disorders: A replication. *British Journal of Psychiatry,* **121**, 241-258.
Burgess, R. S., & Conger, R. D. 1977 Family interaction patterns related to child abuse and neglect: Some preliminary findings. *Child Abuse and Neglect,* **1**, 269-277.
Caplan, G. 1961 *An approach to community mental health.* New York: Grune & Stratton.　山本和郎(訳)　加藤正明(監修)　1968　地域精神衛生の理論と実際　医学書院.
Carter, E., & McGoldrick, M. 1980 *The family life cycle.* New York: Gardner.
Disbrow, M. A., Doerr, H., & Caulfield, C. 1977 Measuring the components of parents' potential for child abuse and neglect. *Child Abuse and Neglect,* **1**, 279-296.

Erikson, E. 1950 *Childhood and society*. New York: W. W. Norton. 仁科弥生(訳) 1977, 1980 幼児期と社会1, 2 みすず書房.
Falloon, I. 1985 Behavioral family therapy. In J. Leff & C. Vaughn (Eds.), *Expressed emotion in families*. New York: Guilford Press. 三野善央・牛島定信(訳) 1991 分裂病と家族の感情表出 金剛出版.
ファーレフェルト, H. W.(著)出水宏一(訳) 1992 儒教が生んだ経済大国 文芸春秋.
Friedman, M. 1992 *Family nursing*. Stanford, CA: Appleton & Lange.
古川孝順 1991 児童福祉改革 誠信書房.
Gilligan, C. 1982 *In a different voice*. Canbridge, MA: Harvard University Press.
Gould, R. 1978 *Transformations*. New York: Simon & Schuster.
波田あい子 1986 私であること／母親であること、そして家族 斎藤学・波田あい子(編) 女らしさの病 誠信書房 Pp. 3-44.
Hartman, A. 1983 Theories for producing change. In A. Rosenblatt & D. Waldfogel (Eds.), *Handbook of clinical social work*. San Francisco: Jossey-Bass.
長谷川浩 1998 患者家族の臨床心理 岡堂哲雄(編) 系統看護学講座別巻15 家族論・家族関係論 医学書院.
Hill, R. 1949 *Families under stress*. New York: Harper & Brothers.
Hirsch, B. 1981 Social networks and the coping process: Creating personal communities. In B. Gottlieb (Ed.), *Social networks and social support*. Beverly Hills, CA: Sage.
Hyman, C. A. 1977 Preliminary study of mother/infant interaction. *Child Abuse and Neglect*, **1**, 315-320.
池田美彦 1991 司法心理臨床とは 竹江孝・乾吉佑・飯長喜一郎(編) 司法心理臨床 星和書店.
乾吉佑 1993 産業心理臨床を実践するために 乾吉佑・飯長喜一郎(編) 産業心理臨床 星和書店.
石黒彩子 1993 アメリカにおける小児看護 小児保健研究, **52**, 495-499.
石原邦雄 1983 家族ストレス論 加藤正明・藤縄昭・小此木啓吾(編) 家族の診断と治療・家族危機 弘文堂.
石原邦雄・小林晋・坂本弘 1978 地域環境の変化と住民の健康度(2) 精神衛生研究(国立精神衛生研究所紀要), **25**, 21-31.
Kahn, R., & Antonucci, T. 1980 Convoys over the life course: Attachments, roles, and social support. In P. Baltes, & O. Brim (Eds.), *Life-span development and behavior*, Vol. 3. New York: Academic Press.
影山任佐 1997 エゴパシー 日本評論社.
亀口憲治 1992 家族システムの心理学 北大路書房.
亀口憲治 1998 家族と学校の連携は可能か？ 家族療法研究, **15**(3), 198-202.
亀口憲治・堀田香織 1999 家族と学校の連携を促進するスクール・カウンセリングの開発 I──理論的枠組を中心に 東京大学大学院教育学研究科紀要, **38**, 451-465.

文　献

亀口憲治・岡堂哲雄　1998　家族関係論――心理・社会的視点　岡堂哲雄(編)　家族論・家族関係論　医学書院.
加藤正明　1976　都市生活における精神健康に関する総合研究　科学技術庁研究調整局.
河合隼雄　1976　母性社会日本の病理　中央公論社.
喜多等　1989　団塊の世代，上昇停止症候群，過当競争　延島信也(編)　サラリーマン・アパシー　同朋舎.
小林晋・石原邦雄・坂本弘　1977　地域環境の変化と住民の健康度 (1)　精神衛生研究(国立精神衛生研究所紀要), **24**, 1-48.
小松源助　1989　直接的援助技術の性格と内容　福祉士養成講座編集委員会(編)　社会福祉士養成講座9　社会福祉援助技術各論Ⅰ　中央法規出版.
河野貴代美　1995　フェミニスト・カウンセリング　柏木恵子・高橋惠子(編)　発達心理学とフェミニズム　ミネルヴァ書房　Pp. 223-246.
Leff, J., & Vaughn, C. 1985　*Expressed emotions in families.* New York : Guilford Press. 三野善央・牛島定信(訳)　1991　分裂病と家族の感情表出　金剛出版.
Levinson, D. 1978　*The seasons of a man's life.* New York : Alfred A. Knopf. 南博(訳)　1980　人生の四季　講談社.
Litz, T., Cornelison, A., Fleck, S., & Terry, D. 1957　The intrafamilial environment of schizophrenic patients Ⅱ Marital schism and marital skew. *American Journal of Psychiatry*, **114**, 241-248.
MacIver, R. 1924　*Community.* New York : Macmillan. 中久郎・松本通晴(監訳)　1975　コミュニティ　ミネルヴァ書房.
牧野カツコ　1995　教育における性差別　柏木恵子・高橋惠子(編)　発達心理学とフェミニズム　ミネルヴァ書房　Pp. 247-271.
McCubbin, H. 1981　Family stress theory. In H. McCubbin, & J. Patterson (Eds.), *Systemic assessment of family stress, resources and coping.* St Paul : Univ. of Minnesota.
箕浦康子　1995　結婚――比較文化考　東京大学公開講座「結婚」　東京大学出版会.
三戸公　1994　「家」としての日本社会　有斐閣.
森谷寛之　1993　企業内カウンセリング・センターでの実践　乾吉佑・飯長喜一郎(編)　産業心理臨床　星和書店.
守谷慶子　1995　自立を助け合う家族の創造　柏木恵子・高橋惠子(編)　発達心理学とフェミニズム　ミネルヴァ書房　Pp. 102-113.
村松励　1991　法との境界で少年の心を見つめ　竹江孝・乾吉佑・飯長喜一郎(編)　司法心理臨床　星和書店.
岡本祐子　1998　成人期の発達　下山晴彦(編)　教育心理学Ⅱ　東京大学出版会.
越智浩二郎　1970　人格の成熟と精神的健康　佐治守夫(編)　講座心理学10　人格　東京大学出版会.
荻野恒一・上谷博宣・久場政博　1973　躁鬱病の精神病理と社会病理　精神医学, **15**, 93-101.

岡堂哲雄 1986 あたたかい家族 講談社.
Olson, D., Russell, C., & Sprenkle, D. (Eds.), 1988 *Circumplex model: Systemic assessment and treatment of families.* New York: The Haworth Press.
大田堯 1995 なぜ学校へ行くのか 岩波書店.
Parks, C., Benjamin, B., & Fitzgerald, R. 1969 Broken heart: A statistical study of increased mortality among windowers. *British Medical Journal,* **1,** 740-743.
Reid, J. G., & Taplin, P. S. 1976 A social interactional approach to the treatment of abusive families, Paper presented to the American Psychological Association, Washington, D. C.
斎藤浩子 1998 高齢化社会と少子化 岡堂哲雄(編) 系統看護学講座別巻15 家族論・家族関係論 医学書院.
坂野憲司 1989 中年の危機, 心理的離婚, 父権の失墜 延島信也(編) サラリーマン・アパシー 同朋舎.
仙田正夫ほか 1970 ファミリー・ケースワークの研究 法務総合研究所研究部紀要, **13,** 125-158.
Sheehy, G. 1974 *Passages.* New York: Dutton. 深沢道子(訳) 1978 パッセージ プレジデント社.
下見隆雄 1997 孝と母性のメカニズム——中国女性史の視座 研文出版.
生島浩 1999 悩みを抱えられない少年たち 日本評論社.
杉下智子 1994 家族看護からみた育児, 介護支援 母子保健情報, **30,** 30-36.
立木茂雄 1994 登校ストレスと家族関係 日本家族心理学会(編) 家族における愛と親密 金子書房.
飛田操 1998 配偶者選択 岡堂哲雄(編) 系統看護学講座別巻15 家族論・家族関係論 医学書院.
徳田克巳ほか 1988 未婚女性における恋人選択基準と配偶者選択基準 (1)——2つの基準の差異と因子分析による討論 桐花教育研究所研究紀要, **1,** 25-32.
東京都生活文化局 1994 女性問題に関する国際比較調査.
富田拓 1998 攻撃性の源泉としての家族 日本家族心理学会(編) 家族心理学年報16 パーソナリティの障害 金子書房.
Turner, B. 1981 Some practical aspects of qualitative analysis: One way of organizing the cognitive processes associated with the generation of grounded theory. *Quality and Quantity,* **15,** 225-247.
Turner, R., Grindstaff, C., & Phillips, N. 1990 Social support and outcome in teenage pregnancy. *Journal of Health and Social Behavior,* **31,** 43-57.
Unger, R., & Crawford, M. 1996 *A feminist psychology.* New York: Mcgraw-Hill.
Vaughn, C. 1977 Interaction characteristics in families of shizophrenic patients. In H. Katschnig (Ed.), *Die andere seite der schizophrenie.* Vienna: Urban & Scharzenberg.
ウォルフレン, K. V. (著) 篠原勝(訳) 1994 人間を幸福にしない日本というシステ

ム 毎日新聞社.
渡邊恵子 1998 女性・男性の発達 柏木恵子(編) 結婚・家族の心理学 ミネルヴァ書房 Pp. 233-292.
Wynne, L., Ryckoff, I., Day, J., & Hirsch, S. 1958 Pseudo-mutuality in the family relations of schizophrenics. *Psychiatry*, **21**, 205-220.
Wynne, L., Singer, M., Bartko, J., & Toohey, M. 1977 Schizophrenics and their families: Research on parental communication. In J. Tanner (Ed.), *Developments in psychiatric research*. London: Hodder & Stroughton.
やまだようこ 1998 生涯発達 下山晴彦(編) 教育心理学Ⅱ 東京大学出版会.
山本和郎 1986 コミュニティ心理学 東京大学出版会.
山本和郎・渡辺圭子 1985 核家族の3歳児とその母親の母子分離度におよぼす住居環境の影響 昭和60年度日本建築学会大会学術講演梗概集 環境工学 4343.
湯沢擁彦 1972 家族ストレスと生活構造 森岡清美(編) 講座社会学3 家族社会学 東京大学出版会.

第2章

アッカーマン, N. (著) 1958 小此木啓吾・石原潔(訳) 1965 家族関係の理論と診断——家族生活の精神力学(上) 岩崎書店 Pp. 26-27.
Auerswald, E. 1985 Thinking about thinking in family therapy. *Family Process*, **24**(1), 1-12.
Bateson, G. 1972 *Steps to an ecology of mind*. New York: Ballantine.
Bertalanffy, L. 1968 *General systems theory, foundations, development, applications*. New York: Braziller.
Bettelheim, B. 1976 *The uses of enhancement: The meaning and importance of fairy tales*. New York: Alfred Knopf.
Boscolo, L., Cecchin, G., Hoffman, L., & Penn, P. 1987 *Milan systemic family therapy*. New York: Basic Books.
Briggs, J., & Peat, F. D. 1989 *Turbulent mirror: An illustrated guide to chaos theory and the science of wholeness*. New York: Harper & Row.
Bütz, C. M. 1992 Chaos, an omen of transcendence in the psychotherapy process. *Psychological Reports*, **71**, 827-843.
Bütz, C. M., Chamberlain, L., & McCown, W. 1997 *Strange attractors*. New York: John Wiley & Sons.
Dell, P. 1985 Understanding Bateson and Maturana: Toward a biological foundation for the social sciences. *Journal of Marital and Family Therapy*, **11**(1), 1-20.
Di Blasio, P., Fischer, J., & Prata, G. 1986 The telephone chart: A cornerstone of the first interview with the family. *Journal of Strategic and Systemic Therapies*, **5**, 31-44.
Elkaïm, M., Goldbeter, A., & Goldbeter-Merinfeld, E. 1987 Analysis of the dynam-

ics of a family system in terms of bifurcations. *Journal of Social and Biological Structures*, **10**, 21-36.
福島章 1990 心理療法の歴史と比較研究 臨床心理学大系 (7) 心理療法1 金子書房 p. 3.
Gelcer, E. 1981 Systemic understanding and systemic work. Unpublished manuscript.
Gelcer, E., MacCabe, A., & Smith-Resnick, C. 1990 *Milan family therapy: Variant and invariant methods*. Northvale, NJ: Jason Aronson. 亀口憲治(監訳) 1995 初歩からの家族療法——ミラノ派家族療法の実践ガイド 誠信書房.
Gibney, P. 1987 Co-evolving with anorectic families, difference is a singular moment. *Australian, and New Zealand Journal of Family Therapy*, **8**(2), 71-80.
Goolishian, H., & Anderson, H. 1987 Language systems and therapy: An evolving idea. *Psychotherapy*, **24**, 529-538.
Haley, J. 1959 The family of the schizophrenic: A model system. *Journal of Neuroses and Mental Diseases*, **129**, 357-374.
Haley, J. 1973 *Uncommon therapy*. New York: Norton.
ホーキング, S. (著) 1984 林一(訳) 1989 ホーキング,宇宙を語る 早川書房.
Hazelrigg, M., Cooper, H., & Borduin, C. 1987 Evaluating the effectiveness of family therapies: An integrative review and analysis. *Psychological Bulletin*, **10**, 428-442.
平木典子 1999 一般システム理論 日本家族心理学会(監) 家族心理学事典 金子書房 Pp. 12-13.
Hoffman, L. 1981 *Foundations of family therapy*. New York: Basic Books. 亀口憲治(訳) 1986 システムと進化——家族療法の基礎理論 朝日出版社
Jordan, J. R. 1985 Paradox and polarity: The tao of family therapy. *Family Process*, **24** (2), 165-174.
亀口憲治 1984 家族セラピストの養成と研修の方法 日本家族心理学会(編) 心の健康と家族(家族心理学年報2) 金子書房 Pp. 79-104.
亀口憲治 1985a 家族療法における認識論 九州大学心理臨床研究, **4**, 107-112.
亀口憲治 1985b 家族療法におけるパラドクシカル・アプローチ 日本家族心理学会(編) 家族カウンセリングの実際(家族心理学年報3) 金子書房 Pp. 45-65.
亀口憲治 1987 家族療法におけるパラドックスの多面性 九州大学心理臨床研究, **6**, 159-167.
亀口憲治 1989 登校拒否の家族療法事例 家族心理学研究, **3**(1), 45-54.
亀口憲治 1991a 教育臨床の新たな動向 教育心理学年報, **30**, 100-108.
亀口憲治 1991b 「家族境界膜」の概念とその臨床的応用 家族療法研究, **8**(1), 20-29.
亀口憲治 1992 家族システムへの臨床的接近 博士論文(九州大学).
亀口憲治 1996a 家族療法による登校拒否問題解決のためのエキスパート・システム

の開発　文部省科学研究費補助金・研究成果報告書.
亀口憲治　1996b　家族療法の体験過程モデル　福岡教育大学紀要, **45**（第4分冊), 271-278.
亀口憲治　1997　現代家族への臨床的接近　ミネルヴァ書房.
亀口憲治　1998　家族における父親役割の変遷と機能　家族療法研究, **15**(2), 71-79.
亀口憲治・萩原たみ子　1987　家族療法における円環的質問法の展開　福岡教育大学紀要, **36**（第4分冊), 177-191.
亀口憲治・池田純子・浦部雅美　1990　家族システム図法による家族療法の効果測定　家族心理学研究, **4**(1), 25-36.
Karmiloff-Smith, A., & Inhelder, B. 1975　If you want to get ahead, get a theory. *Cognition*, **3**, 195-212.
Keeney, B. 1983　*Aesthetics of change*. New York: Guilford Press.
Keeney, B., & Ross, J. 1985　*Mind in therapy*. New York: Basic Books.
北山修　1985　錯覚と脱錯覚　岩崎学術出版社.
李御寧　1984　「縮み」志向の日本人　講談社.
Liddle, H. A. 1982　On the problems of eclecticism: A call for epistemologic clarification and human-scale theories. *Family Process*, **21**, 243-250.
Mahoney, M. 1991　*Human change processes: The scientific foundations of psychotherapy*. New York: Basic Books.
牧原浩　1998　精神分裂病者と辿る世界　金剛出版.
Maturana, H. 1980　Autopoiesis: Reproduction, heredity and evolution. In M. Zeleny (Ed.), *Autopoiesis, dissipative structures and social orders*. Boulder, CO: Westview.
Maturana, H., & Varela, F. 1987　*The tree of knowledge, biological roots of human understanding* (2nd ed.). Boston, MA: Shambhala.
McLeod, W. 1988　Epistemology and constructivism, some implications for therapy. *Australian and New Zealand Journal of Family Therapy*, **9**(1), 9-16.
Minuchin, S., Rosman, B., & Baker, L. 1978　*Psychosomatic families: Anorexia nervosa in context*. Cambridge, MA: Harvard University Press.
Minuchin, S., Wai-Yung, L., & Simon, G. 1996　*Mastering family therapy: Journeys of growth and transformation*. New York: Wiley. 亀口憲治（監訳）2000　ミニューチンの家族療法セミナー　金剛出版.
森野礼一　1995　臨床心理学の歴史　森野礼一・村山正治(編)　臨床心理学第1巻　原理・理論　創元社　Pp. 31-71.
中村秀吉　1972　パラドックス　中央公論社.
中村雄二郎　1992　臨床の知とは何か　岩波書店.
中村雄二郎他　1989　ファジィ――新しい知の展開　日刊工業新聞社.
ナピア, A., & ウィタカー, C.(著)　1978　藤縄昭(監訳)　1990　ブライス家の人々　家政教育社.

Nicolis, G., & Prigogine, I. 1989 *Exploring complexity*. New York: Freeman. 安孫子誠也・北原和夫(訳) 1993 複雑性の探求 みすず書房.
小笠原滋瑛 1967 心理学の定義 八木冕(編) 心理学I 培風館 Pp. 1-18.
岡堂哲雄 1967 家族関係の臨床心理 新書館.
岡堂哲雄 1991 家族心理学講義 金子書房.
Papp, P. 1980 The Greek chorus and other techniques of paradoxical therapy. *Family Process*, 19, 45-57.
Penn, P. 1982 Circular questioning. *Family Process*, 21, 267-279.
Rosenbaum, R. 1982 Paradox as epistemological jump. *Family Process*, 21, 85-90.
佐々木節 1990 重力理論 別冊・数理科学 サイエンス社 Pp. 20-27.
Seltzer, L. 1986 *Paradoxical strategies in psychotherapy*. New York: John Wiley & Sons.
Selvini Palazzoli, M. 1972 The family of the anorectic and the family of the schizophrenic: A transactional study. First published in German in Ehe. *Zentralblatt für Ehe und Familienkund*, 3, 107-116.
Selvini Palazzoli, M. 1974 *Self-starvation: From the intrapsychic to the transpersonal approach to anorexia nervosa*. London: Chaucer.
Selvini Palazzoli, M. 1985 The problem of the sibling as the referring person. *Journal of Marital and Family Therapy*, 11, 21-34.
Selvini Palazzoli, M. 1986 Toward a general model of psychotic family games. *Journal of Marital and Family Therapy*, 12, 339-349.
Selvini Palazzoli, M., Boscolo, L., Cecchin, G., & Prata, G. 1974 The treatment of children through the brief therapy of their parents. *Family Process*, 13, 429-442.
Selvini Palazzoli, M., Boscolo, L., Cecchin, G., &Prata, G. 1977 Family rituals: A powerful tool in family therapy. *Family Process*, 16, 445-453.
Selvini Palazzoli, M., Boscolo, L., Cecchin, G., & Prata, G. 1978 *Paradox and counterparadox*. New York: Aronson.
Selvini Palazzoli, M., Boscolo, L., Cecchin, G., & Prata, G. 1980 Hypothesizing-circularity-neutrality: Three guidelines for the conductor of the session. *Family Process*, 19(3), 3-12.
Selvini Palazzoli, M., & Prata, G. 1983 A new method for therapy and research in the treatment of schizophrenic families. In H. Stierlin, L. Wynne, & M. Wirsching (Eds.), *Psychosocial intervention in schizophrenia: An international view*. Berlin: Springer.
下見隆雄 1997 孝と母性のメカニズム――中国女性史の視座 研文出版.
Stevens, B. 1991 Chaos: A challenge to refine systems theory. *Australian and New Zealand Journal of Family Therapy*, 12(1), 23-26.
末永俊郎 1971 序論 末永俊郎(編) 心理学1 歴史と動向 東京大学出版会 Pp.

1-52.
鈴木浩二　1991　家族に学ぶ家族療法　金剛出版.
Tomm, K. 1985　Circular interviewing: A multifaseted clinical tool. In D. Campbell and R. Draper (Eds.), *Applications of systemic family therapy: The Milan approach.* New York: Grune and Stratton, Inc. Pp. 33-46.
十島雍蔵　1997　第三世代システム論と自己創出的応答　家族心理学研究, **11**(1), 43-56.
上野正子・亀口憲治　1987　家族療法におけるシステム図の役割　日本家族心理学会(編)　親教育と家族心理学（家族心理学年報5）　金子書房　Pp. 175-191.
氏原寛　1992　臨床心理学基礎論（総論）　氏原寛他（編）　心理臨床大事典　Pp. 36-40.
Viaro, M., & Leonardi, P. 1983　Getting and giving information: Analysis of family-interview strategy. *Family Process*, **22**, 27-42.
我妻洋　1985　家族の崩壊　文藝春秋.
Weeks, G., & L'Abate, L. 1982　*Paradoxical psychotherapy.* New York: Brunner/Mazel.
吉川悟　1993　家族療法　ミネルヴァ書房.
遊佐安一郎　1984　家族療法入門　星和書店.
Zadeh, L. A. 1965　Fuzzy sets. *Information Control*, **8**, 338-353.
ゼイク, J.(著)　1987　成瀬悟策（監訳）　1989　21世紀の心理療法 I　誠信書房　Pp. xxx-xxxii.

第3章

秋谷たつ子　1982　家族診断テスト　加藤正明・藤縄昭・小此木啓吾（編）　講座家族精神医学4　家族の診断と治療・家族危機　弘文堂.
Aponte, H. 1976　Underorganization in the poor family. In P. Guerin (Ed.), *Family therapy: Therapy and practice.* New York: Gardner.
Barker, P. 1986　*Basic family therapy* (2nd ed.). Oxford: Blackwell Science. 中村伸一・信国恵子(監訳)　1993　家族療法の基礎　金剛出版.
Bernal, G., & Baker, J.　1980　Multi-level couples therapy. *Family Process*, **19**, 367-376.
Burns, R. C. 1990　*A guide to Family-Centered Circle Drawings with symbol probes and visual free association.* New York: Brunner/Mazel. 加藤考正・江口昇勇（訳）　1991　円枠家族描画法入門　金剛出版.
Burns, R. C., & Kaufman, S. H. 1972　*Actions, styles and symbols in Kinetic Family Drawings.* New York: Brunner/Mazel.
Erickson, M. 1980　*A teaching seminar with Milton H. Erickson, M. D.* (ed. J. Zeig). New York: Brunner/Mazel.
Frankl, V. 1960　Paradoxical intention: A logotherapeutic technique. *American Journal of Psychotherapy*, **40**, 520-535.

Gil, E. 1994　*Play in family therapy.* New York: The Guilford Press.
Grunebaum, H. et al., 1969　Diagnosis and treatment planning for couples. *International Journal of Group Psychotherapy*, **19**(2).
Haley, J. 1976　*Problem-solving therapy.* San Francisco: Jossey-Bass. 佐藤悦子 (訳)　1985　家族療法　川島書店.
Hammer, E. 1968　Projective drawings. In Rabin, A. (Ed.) *Projective techniques in personality assessment.* New York: Springer. Pp. 366-393.
Handler, L. 1991　Personality characteristics and task approach in Draw-A-Person Test interpretation. 臨床描画研究, **6**, 70-83.
Hulse, W. 1952 Childhood conflict expressed through Family Drawings. *Journal of Projective Techniques*, **16**, 66-79.
石川元　1983　家族絵画療法　海鳴社.
伊藤俊樹　1992　芸術療法　氏原寛・小川捷之(編)　心理臨床大事典　培風館.
亀口憲治　1989　粘土・絵画を導入した家族療法　石川元(編)　家族療法と絵画療法 (現代のエスプリ)　至文堂　Pp. 110-119.
亀口憲治　1992　家族療法と動作法　成瀬悟策(編)　臨床動作法の理論と治療 (現代のエスプリ別冊)　至文堂　Pp. 143-151.
亀口憲治　1999　家族イメージ法　福西勇夫・菊池道子(編)　心の病の治療と描画法 (現代のエスプリ)　至文堂.
Keeney, B. 1991　*Improvisational therapy: A practical guide for creative clinical strategies.* New York: The Guilford Press. 亀口憲治(訳)　1992　即興心理療法——創造的臨床技法のすすめ　垣内出版.
国谷誠朗　1998　ナレイティヴ・セラピィの技法的側面　日本家族心理学会(編)　パーソナリティの障害 (家族心理学年報 16)　金子書房.
水島恵一　1993　図式的投影法　岡堂哲雄(編)　心理検査学　垣内出版.
中井久夫　1976　"芸術療法"の有益点と要注意点　芸術療法, **7**, 55-59.
Napier, A., & Whitaker, C. 1978　*The family crucible.* New York: Jason Aronson. 藤縄昭(監訳)　1990　ブライス家の人々——家族療法の記録　家政教育社.
野末武義　1999　ジョイニング　日本家族心理学会(監修)　家族心理学事典　金子書房 p. 166.
小此木啓吾　1983　家庭のない家族の時代　ABC出版.
Penn, P. 1982　Circular questioning. *Family Process*, **21**, 267-280.
Rogers, C. 1957　The necessary and sufficient conditions of therapeutic personality change. *Journal of Counseling Psychology*, **21**, 95-103.
Rubin, J., & Magnussen, M. 1974　A family art evaluation. *Family Process*, **13**, 185-200.
佐藤悦子　1999a　夫婦療法　金剛出版.
佐藤悦子　1999b　離婚療法　日本家族心理学会(監修)　家族心理学事典　金子書房 Pp. 289-291.

Shearn, C. R., & Russell, K. R. 1969 Use of the Family Drawing as a technique for studying parent-child interaction. *Journal of Projective Techniques*, **3**, 35-44.
高野清純・古屋健治　1966　遊戯療法　日本文化科学社.
田中留里　1998　家族面接過程における家族イメージの変化　福岡教育大学教育学研究科修士論文（未公刊）.
Watzlawick, P., Weakland, J., & Fisch, R. 1974 *Change: Principles of problem formation and problem resolution.* New York: Norton. 長谷川啓三（訳）　1992　変化の原理——問題の形成と解決　法政大学出版局.
White, M., & Epston, D. 1990 *Narrative means to therapeutic ends.* New York: Norton. 小森康永（訳）　1992　物語としての家族　金剛出版.
横尾摂子・亀口憲治　1995　家族システムの治療的変化に及ぼす粘土造形法の効果　福岡教育大学紀要, **44**（第4分冊）, 285-293.
遊佐安一郎　1984　家族療法入門　星和書店.

第4章

Ahrons, C. 1994 *The good divorce.* New York: Harper Collins.
Boscolo, L., & Bertrando, P. 1993 *The times of time.* New York: W. W. Norton.
Hoffman, L. 1981 *Foundations of family therapy.* New York: Basic Books. 亀口憲治（訳）　1986　システムと進化——家族療法の基礎理論　朝日出版社.
亀口憲治　1984　家族セラピストの養成と研修の方法　日本家族心理学会（編）　心の健康と家族（家族心理学年報2）　金子書房　Pp. 79-104.
亀口憲治　1985　家族療法におけるパラドクシカル・アプローチ　日本家族心理学会（編）　家族カウンセリングの実際（家族心理学年報3）　金子書房　Pp. 45-65.
亀口憲治　1989a　登校拒否の家族療法事例　家族心理学研究, **3**(1), 45-54.
亀口憲治　1989b　粘土・絵画を導入した家族療法　石川元（編）　家族療法と絵画療法（現代のエスプリ）　至文堂　Pp. 110-119.
亀口憲治　1998　変化しつつある父親　家族看護学研究, **4**(2), 99-103.
亀口憲治・上野正子　1985　家族システムの評定法に関する研究Ⅰ——システム・モデルの検討　福岡教育大学紀要, **35**（第4分冊）, 147-152.
亀口憲治・浦部雅美・池田純子　1990　家族システム図法による家族療法の効果測定　家族心理学研究, **4**(1), 25-36.
Kantor, D., & Lehr, W. 1975 *Inside the family.* New York: Jossey-Bass.
笠原嘉　1984　アパシー・シンドローム　岩波書店.
河野誠哉　1991　近代学校の中の「時間」　青年心理, **90**, 154-156.
尾方真樹　1986　健康な家族システムの研究　日本家族心理学会（編）　ライフサイクルと家族の危機（家族心理学年報4）　金子書房　Pp. 67-83.
小野直広　1984　子供の家庭内暴力と家族関係　日本家族心理学会（編）　心の健康と家族（家族心理学年報2）　金子書房　Pp. 25-49.
下坂幸三　1988　神経性無食欲症に対する常識的な家族療法　下坂幸三・秋谷たつ子

(編)　摂食障害　金剛出版.
総務庁青少年対策本部　1993　青少年白書平成五年度版　大蔵省印刷局.
Weeks, G.　1986　Individual-system dialectic. *The American Journal of Family Therapy*, **14**(1), 5-12.

終　章

Heller, K. 1996 Coming age of prevention science. *American Psychologist*, **51**, 1123-1127.
亀口憲治　1998　家族心理学研究における臨床的接近法の展開　心理学研究, **69**, 53-65.
Landsman, M. S. 1994　Needed: Metaphors for the prevention model of mental health. *American Psychologist*, **49**, 1086-1087.
Minuchin, S., Wai-Yung, L., & George, S. 1996 *Mastering family therapy*. New York: John Wiley.
NIMH Prevention Research Steering Committee 1994 *The prevention of mental disorders: A national research agenda*. Washington, DC: Author.
Perry, M. J., & Albee, G, W. 1994　On "The science of prevention". *American Psychologist*, **49**, 1087-1088.
Reiss, D., & Price, R. 1996　National research agenda for prevention research. *American Psychologist*, **51**, 1109-1115.
Talley, R. C., & Short, R. J. 1995　*Reforming America's schools: Psychology's role*. Washington, D. C.: American Psychological Association Center for Psychology in Schools and Education.

あとがき

「現代は心の時代だ」などと言われながら，他方ではリストラによる失業の恐れや子育て不安，あるいは環境悪化によるストレスの増大などが短期間に改善される見通しは少なく，人々が明るく健康な生活を維持するのは容易なことではない．このような状況認識は，専門家の指摘を待つまでもなく，すでに一般市民に広く行きわたったものになっている．心が通じ合わなくなった夫婦が，「仮面夫婦」を演じたり，「家庭内離婚」で表面を繕うことでは済まされなくなりつつある．若い世代のカップルにとっても，希望を持って子育てに取り組むには阻害要因が多く，結果として少子化は進行するばかりである．

子どもたちが置かれた状況も深刻である．親などの養育者による児童虐待，小学校低学年でさえ授業が成立しない学級崩壊，幼稚園から大学まで広がった不登校，少年非行，いじめによる自殺などの増加は，いずれも子どもの心の危機を示している．世界でも最長寿を誇るまでになったわが国の高齢者にとっても，心の問題は決して楽観視できるものではない．新たな介護保険制度も始まったばかりであり，高齢者の介護をめぐる家庭内での葛藤や争いは，今後の福祉領域における主要な課題になるにちがいない．

本書で概説した家族臨床心理学は，これらの山積する家族がかかえる心の問題へのささやかな処方箋でもある．筆者が，臨床心理学における新たな学問領域として，家族臨床心理学を構想した直接のきっかけは，すでに述べたように20年前のニューヨークでの生活体験であった．1980年当時，30歳前半で2人の幼児の父親でもあった筆者は，臨床心理学者としてアメリカの家族崩壊の実状に衝撃を受けた．その鮮明な記憶が，2000年の日本の家族の現状にそっくり重なって見える．懸念していた家族の崩壊が，日本でも現実になった感がある．

しかし，本書で紹介したカオス理論や複雑系の理論の発想に見られるように，「崩壊」は新たな秩序の始まりでもある．筆者は，崩壊や混沌の状態をむやみ

に恐れず，家族の心の深層構造を真摯に見据えることによって，新たな秩序や安定，あるいは癒しを体得することは可能だと確信している．むろん，その道筋は平坦なものではなく，多くの苦難や障害に満ちていることだろう．本書は，家族再生のためのてがかりにすぎない．

　本書の企画段階から，東京大学出版会編集部の伊藤一枝さんには何かとご苦労いただいた．当初は小ぶりの概説書を意図していたものが，執筆途中でしだいに筆者にとっての20年分の集大成の色彩を帯びるようになったからである．そのため，初学者の方々には，本書はいささか難解であったり，重すぎるきらいもあるかもしれない．しかし，著者としては手軽に読み飛ばされるよりは，たびたび立ち止まりつつ，繰りかえし読み進んでいただくほうがありがたい．本書の主題である「家族」は，「水や空気」のように，失って初めてその大切さに気づくような不思議な代物だからである．普遍的で素朴に見えるものほど，その奥底は深い．歯ごたえの硬さに恐れをなさず，ぜひ熟読，再読いただきたい．

　また，本書の企画にあたっては，これまで臨床心理学や心理療法，あるいはカウンセリングといった分野の書物になじみがなかった福祉や看護あるいは生涯学習など関連領域の読者にも，家族臨床心理学についての理解を深めていただくことをねらった．これらの領域の読者の方々には，本書で引用した文献を参考にして，さらに学習を深めていただければ幸いである．

　最後になってしまったが，福岡から東京への転勤・転居に心よく応じ，筆者を陰で支え続けてくれた妻節子とわが子尚代，啓晃の二人に深く感謝したい．また，文献検索では東京大学教育学部図書室の職員の方々に何かとお世話になった．御礼申し上げたい．

2000年4月10日

本郷にて

亀　口　憲　治

人名索引

我妻 洋　65
アッカーマン（Ackerman, N.）　84
アポンテ（Aponte, H.）　130
アンダーソン（Anderson, H.）　78
石川 元　156
石黒彩子　22
石原邦雄　18
ウイークス（Weeks, G.）　107
ウィタカー（Whitaker, C.）　60, 84, 146
ウィン（Wynne, L.）　20
ヴォーン（Vaughn, C.）　20
ウォルバーグ（Wolberg, L. R.）　60
ウォルピ（Wolpe, J.）　60
ウォルフレン（Wolferen, K. V.）　36
氏原 寛　106
エプストン（Epston, D.）　160
エリクソン（Erikson, E.）　8
エリクソン（Erickson, M.）　60, 86, 164
エリス（Ellis, A.）　60
エルケイム（Elkaim, M.）　78
岡堂哲雄　101
荻野恒一　50
オルソン（Olson, D.）　19

カーター（Carter, E.）　9
カーン（Kahn, R.）　51
笠原 嘉　213
加藤正明　50
亀口憲治　108, 113-118, 141, 167
キーニー（Keeney, B.）　111
北山 修　114
キャプラン（Caplan, G.）　14
ギリガン（Gilligan, C.）　53
グーリシャン（Goolishian, H.）　78
グールディング夫妻（Goulding, R.&M.）　60
グールド（Gould, R.）　15
国谷誠朗　162
グルーンバウム（Grunebaum, H.）　173

ゲルサー（Gelcer, E.）　89
河野貴代美　57
ゴールドビーター（Goldbeter, A.）　78
コンガー（Conger, R. D.）　32

サズ（Szasz, T. S.）　60
サティア（Satir, V.）　60, 66, 67, 84
ザデー（Zadeh, L. A.）　113
シーヒー（Sheehy, G.）　15
下見隆雄　35
シャーン（Shearn, C. R.）　157
シンガー（Singer, M.）　20
杉下智子　22
鈴木浩二　102
スティーブンス（Stevens, B.）　78
ゼイク（Zeig, J.）　60
セルヴィニ－パラツォーリ（Selvini Palazzoli, M.）　86, 92, 99

ターナー（Turner, R.）　52
立木茂雄　19
ダンラップ（Dunlap, K.）　107
ツェキン（Cecchin, G.）　94, 98
ディスブロウ（Disbrow, M. A.）　32
デュール（Duhl, B.）　166
デル（Dell, P.）　76
トゥエンティーマン（Twentyman, C. T.）　32
十島雍蔵　113
富田 拓　43
トム（Tomm, K.）　112

中井久夫　159
中村雄二郎　5, 103
ナピア（Napier, A.）　146
ニコリス（Nicolis, G.）　105

パークス（Parks, C.）　14
バーゲス（Burgess, R. S.）　32

人名索引

バーンズ (Burns, R. C.)　156
ハイマン (Hyman, C. A.)　32
長谷川浩　25
波田あい子　54
パップ (Papp, P.)　108, 166
ハマー (Hammer, E.)　155
ハルトマン (Hartman, A.)　28
ハンドラー (Handler, L.)　155
ビッツ (Bütz, C.)　71
ヒル (Hill, R.)　17
ヒルシュ (Hirsch, S.)　51
ファーレフェルト (Vahlefeld, H. W.)　36
ファルーン (Fallon, I.)　20
ファレリー (Farrelly, F.)　107
ブーシャ (Bousha, D. M.)　32
プラタ (Prata, G.)　94, 99
フランクル (Frankl, V.)　107, 164
フリードマン (Friedman, M.)　22
プリゴジン (Prigogine, I.)　105
フルセ (Hulse, W.)　155
フロイト (Freud, S.)　60
ヘイゼルリッグ (Hazelrigg, M.)　114
ベイトソン (Bateson, G.)　5
ヘイリー (Haley, J.)　60, 72, 85
ベック (Beck, A. T.)　60
ベッテルハイム (Bettelheim, B.)　60
ベルタランフィー (Bertalanffy, L.)　74
ペン (Penn, P.)　150
ボウエン (Bowen, M.)　60, 84
ホーキング (Hawking, S.)　124
ボスコロ (Boscolo, L.)　93, 98, 186
ホフマン (Hoffman, L.)　2, 70, 189

ポルスター夫妻 (Polster, E. & M.)　60
ホワイト (White, M.)　160, 163
マーマー (Marmar, C.)　60
マクゴールドリック (McGoldrick, M.)　9
マスターソン (Masterson, J. F.)　60
マダネス (Madanes, C.)　60, 86
マッカバン (McCubbin, H.)　18
マッキーバー (MacIver, R.)　49
マホニー (Mahoney, M. J.)　76
三戸　公　36
ミニューチン (Minuchin, S.)　60, 84, 129
メイ (May, R.)　60
モレノ (Moreno, J. L.)　60

山本和郎　51
湯沢擁彦　18

ラザルス (Lazarus, A.)　60
ラッセル (Russell, B.)　73
ラバーテ (L'Abate, L.)　107
リッツ (Litz, T.)　20
リドゥル (Liddle, H. A.)　106
レイン (Laing, R. D.)　60
レヴィンソン (Levinson, D.)　15
ローゼン (Rosen, R. C.)　107
ロジャース (Rogers, C.)　60, 129
ロッシー (Rossi, E. L.)　60

渡辺圭子　51
ワツラウィック (Watzlawick, P.)　60

事項索引

あ 行

愛情飢餓　201
アイデンティティ　15
アカウンタビリティ　141
アサーション訓練　88
アセスメント　→査定
遊び　164
アトラクター　115
アパシー問題　213
アメリカ社会　64
家の論理　36
生きる力　44
依存度　197
一般システム論　74
癒し　166, 171
　──の学習　45
インターネット　40
迂回攻撃型　137
迂回保護型　137
渦　121
　──ソリトン　123
　──抜けの技法　122
内なる家族像　199
ABCX公式　17
MRI　81, 107
エリクソン学派　62
円環性　111
円環的質問法　110, 111, 150
円環的認識論　3, 150
円枠家族描画法　156
オートポイエーシス　75
幼い子どものいる家族　11
親の祖父母化　13

か 行

介護　22
外在化　162, 166
開放システム　74

カウンセリング心理学　60
カオス状態　115
カオスの時代　1
カオス理論　6, 77
科学研究　103
核家族化　13
かくれたカリキュラム　179
家族アセスメント　141
家族イメージ　154
　──法　141
家族関係　19
家族看護　23
　──学　22
　──臨床家（FNP）　22
家族危機療法　82
家族機能　27
家族境界膜　121, 230
家族儀礼　96
家族研究　66, 69
家族コミュニケーション　130
家族システム　2, 34, 48
　──図　114, 189
　──の発達段階　10
　──の類型　136
　──論　68, 71
家族社会学　19
家族集団療法　42
家族ストレス（論）　17
家族生活　13
家族造形法　166
家族適応モデル　17, 18
家族的無意識　242
家族動作法　172
家族内コミュニケーション　68
家族粘土技法　167
家族の時間　179
家族の誕生　9
家族描画法　154
家族病理　43, 50

家族崩壊　64
家族物語　160
家族遊戯療法　165
家族ライフ・サイクル（家族人生周期）　9
家族療法　2, 7, 62, 66
　——専門誌　82
　——の起源　70
家族臨床　1, 242
　——心理学　5, 7, 101, 106
学級崩壊　34
学校教育　33
学校システム　34, 182
学校の時間　180
カップル・セラピー　57
家庭裁判所　101
家庭生活　46
家庭内暴力　187
可変法　95
看護　22
　——ケア　25
患者家族　25
感情表出　19
　——研究　20
キーワード　151
危機状態　14
偽相互性　20
偽敵対性　20
奇妙なアトラクター　122
逆説的意図　107
逆説的介入　86
逆説的な関係　110
逆説的リフレーミング　96
逆転法　108
教育委員会　184
教育ママ　37
境界設定　121
境界膜　121, 222
拒食症　92
均衡型　141
緊張度　173
ゲシュタルト学派　62
ゲシュタルト療法　107
結婚カウンセリング　57
原家族学派　63
言語的および類推的情報　151

現在の同盟関係　151
孝　35
交互作用的シンボル・ドラマ　63
構造（学）派　63, 87
構造的変化　145
肯定的な意味づけ　86
行動学派　87
合同家族描画法　156
合同家族療法　81
行動主義的家族療法　21
行動の連鎖　152
行動療法　60, 87
校内暴力　43
交流分析学派　62
高齢化社会　22
高齢者　23
高齢世帯　24
国立精神・神経センター精神保健研究所　50
心を癒す技法　164
個人　3, 8
異なる連鎖　150
子どもの自立と家族　12
個別援助技術（ケースワーク）　28
コミットメント　173
コミュニケーション学派　85
コミュニティ（地域社会）　49, 88
　——意識　49
　——心理学　49
五輪書　241
混合家族　233
コントロール理論　74
コンボイ（護衛隊）　52

さ 行

差異　111, 151
再婚家庭　232
在宅介護　22
在宅看護　22
在宅ケア　25
査定　174
　——技法　153
サティア・モデル　63
サブシステム　87
　——の比較　152
サポート・システム　20

事項索引

産業心理臨床　48
産業・労働　45
三世代同居　222
三世代の家族関係　118
ジェットコースター・モデル　17, 18
ジェンダー　53
　　──・バイアス　57
　　──論　55
時間意識　186
時間体験　186
自己組織化　77
指示の与え方　149
思春期の子どもと家族　11
システミック・アプローチ　86
システミック学派　86
システム論的家族療法　69
実演化技法（エナクトメント）　130
実存学派　62
実存分析　107
児童虐待　30
児童相談所　30
児童福祉　28
司法・矯正　40
社会的支援（ソーシャル・サポート）　51
社会的ネットワーク学派　88
社会福祉　26
社交的段階　148
集団援助技術（グループワーク）　28
儒教社会　35
儒教的文化　35
ジョイニング　87, 129, 134, 181
上位システム　111
生涯発達心理学　7
少子化　55
象徴的動作　172
少年刑法犯　44
初回面接　148, 174
職業指導運動　60
女性の視点　54
人生危機　15, 16
人生の転回点　16
人生の晩年　13
人物画法　155
シンボリック催眠療法　62
親密度　197

心理教育的アプローチ　26
心理劇学派　62
心理的母子家庭　137
心理療法　59
心理臨床　40, 57, 242
スクール・カウンセリング　39
ストレス　11
ストレンジ・アトラクター　78
生活環境　50
精神医学的評価　21
精神症状の再現法　107
精神分析的学派　62
精神保健　12, 15
生態系　6
責任転嫁　34
世代関係図　188
世代性　8
世代断絶型　138
摂食障害　205
説明的質問　153
全体としての家族　8
センタリング　157
戦略（学）派　63, 85
双核家族　6, 232
造形活動　166
相互依存性　59
相互交渉段階　148
相互作用的アプローチ　63
祖父母層　13
ソリトン（孤立波）　123

た　行

体験過程モデル　120
体験的アプローチ　63
第二世代の家族療法家　77
多世代的関係　81
多相的学派　62
脱施設収容化　92
多面的衝撃療法　81
父親孤立型　136
父親の不在　45
中学生不登校　183
中立性の重視　240
調節　134
挑発療法　107

直線的認識論　5
治療的パラドックス　110
通過儀礼　222
抵抗　166
定常法　99
低身長児　201
点アトラクター　116, 122
同意の質問　152
東京大学学校臨床総合教育研究センター　38, 39
登校拒否の家族療法事例　109
統合失調症　19
動作法　171
動的家族画法　156
盗癖　168
同胞階層の逆転　87

な　行

ナラティヴ・アプローチ　160
二重 ABCX モデル　18
二重拘束　71
　──理論　20
二重メッセージ　109
日本家族カウンセリング協会　82
日本家族研究・家族療法学会　82, 102
日本家族心理学会　82, 102
日本の家族　116
日本の家族療法　82
入院医療　25
認識論的基盤　106
認識論的申告　106
認識論的なジャンプ　111
認知構造　150
認知的行動療法　88
認知療法　62
ネットワーク・アプローチ　52
ネットワーク・システム　88
ネットワーク療法　81

は　行

パッセージ　15
発達心理学　7
母親不在　45
パラドックス　106
伴走　134

ピアジェ理論　89
ピア・ヘルパー（ピア・カウンセリング）　40
非行少年処遇　41
非行事例　232
非行問題　41
非行臨床　42, 101
ヒューマニスティック学派　62
比喩的動作　172
病気　16
ファジィ理論　113
ファミリー・プロセス　81
夫婦関係　57
夫婦療法　57, 173
フォローアップ面接　185
複合家族療法　81
複雑系　2, 6, 106, 108, 239
　──の科学　6, 104
福祉ニーズ　27
不登校事例　179, 222
負の練習法　107
ブラックホール　124
振り付け技法　172
不立文字　241
分類と比較の質問　152
分裂型　138
ペアレンタル・チャイルド　202
米国家族療法アカデミー（AFTA）　2
ベイトソン・グループ　71
変化 (change)　74
変容 (transform)　74
報告メッセージ　72
母原病論　6
母子分離　185
母子並行面接　167
ホスピス・プログラム　26
ホテル家族　138

ま　行

膜理論　121
密着型　140
ミラノ学派　86, 186
ミラノ家族療法チーム　91
ミラノ派家族療法　88
無気力　212

命令メッセージ　72
メタファー　168
メディア心理学者　62
面接の行き詰まり　175
面前でのうわさ　152
盲検的評価　21
目標設定段階　149
模倣　134
問題解決能力　147
問題確認段階　148
問題・症状の所在　173
問題の吟味　147
問題の定義　151

　　　　や　行

遊戯療法　165
誘導イメージ　63
ユーモア　62, 164
歪み　20
ゆとり　182
ユング学派　62
予防科学　242
予防研究　242
予防臨床　242

　　　　ら　行

離婚期療法　177

離婚原因　65
離婚後療法　177
離婚式　177
離婚前療法　177
離婚療法　57, 177
離散型　138
リフレーミング（技法）　129, 153
両親連合　87
理論モデル　103
臨床心理学　7
臨床心理士　183
臨床ソーシャルワーク　28
臨床的接近法　106
臨床の知　5, 103
恋愛関係　56
連携　34, 182
　　──の促進　39
老人ケア　23
老親扶養　24
労働環境　48
ロジャース学派　62
論理階型理論　73
論理情動学派　62

　　　　わ　行

ワームホール　124

著者略歴
1948　福岡県に生れる
1975　九州大学大学院博士課程単位取得退学，同助手
1980　福岡教育大学助教授
1980-82　フルブライト研究員（ニューヨーク州立大学）
1998　東京大学大学院教育学研究科教授
1999　東京大学附属心理教育相談室室長
2004　東京大学学生相談所所長　臨床心理学コース主任
役職　国際家族心理学会日本代表，日本家族心理学会常任理事，家族心理士・家族相談士認定機構常任理事，NPO法人システム心理研究所代表
専攻　臨床心理学，家族心理学（博士，臨床心理士，家族心理士）

主要編著書
『家族療法』（編著，ミネルヴァ書房，2006）
『家族力の根拠』（ナカニシヤ出版，2004）
『心理臨床大事典』（共編，培風館，2004）
『家族療法的カウンセリング』（駿河台出版社，2003）
『家族のイメージ』（河出書房新社，2003）

家族臨床心理学――子どもの問題を家族で解決する

　　　2000年5月22日　初　版
　　　2006年12月20日　第4刷

　　　　［検印廃止］

著　者　亀口憲治（かめぐちけんじ）

発行所　財団法人　東京大学出版会
代表者　岡本和夫
　　　　113-8654　東京都文京区本郷7-3-1 東大構内
　　　　電話 03-3811-8814　Fax 03-3812-6958
　　　　振替 00160-6-59964

印刷所　株式会社理想社
製本所　誠製本株式会社

Ⓒ2000 Kenji Kameguchi
ISBN 4-13-012033-6　Printed in Japan

Ⓡ〈日本複写権センター委託出版物〉
本書の全部または一部を無断で複写複製（コピー）することは，著作権法上での例外を除き，禁じられています．本書からの複写を希望される場合は，日本複写権センター(03-3401-2382)にご連絡ください．

書名	著者	判型・価格
臨床心理学の倫理をまなぶ	金沢吉展著	A5・3200円
カウンセリングを学ぶ	佐治守夫・岡村達也・保坂亨著	A5・2800円
教師と子どもの関係づくり	近藤邦夫著	46・2700円
エリクソンの人間学	西平 直著	A5・5200円
魂のライフサイクル	西平 直著	46・2800円
コミュニティ心理学	山本和郎著	A5・3000円
心理検査TATかかわり分析	山本和郎著	A5・3800円
臨床心理学研究の理論と実際	下山晴彦著	A5・6800円
子どもの自分くずしと自分つくり	竹内常一著	46・1800円
認知臨床心理学入門	ドライデン・レントゥル編著／丹野義彦監訳	A5・4000円
自己注目と抑うつの社会心理学	坂本真士著	A5・3500円
多文化間カウンセリングの物語（ナラテイヴ）	S.マーフィ重松著	46・2900円
発達心理学入門Ⅰ ―乳児・幼児・児童	無藤・高橋・田島編	A5・2400円
発達心理学入門Ⅱ ―青年・成人・老人	無藤・高橋・田島編	A5・2400円
教育心理学Ⅰ ―発達と学習指導の心理学	大村彰道編	A5・2500円
教育心理学Ⅱ ―発達と臨床援助の心理学	下山晴彦編	A5・2900円

ここに表示された価格は本体価格です．御購入の際には消費税が加算されますので御了承下さい．

シリーズ　人間の発達　全12巻

46判　平均230頁

発達研究の広がりと深まりによる
人間の可能性・人間のすばらしさの再認識

1	子どもの文章 —書くこと・考えること　内田伸子著	定価 2900 円
2	非行の原因　麦島文夫著	定価 2600 円
3	家族のゆくえ —人口動態の変化のなかで　岡崎陽一著	定価 2600 円
4	成人(おとな)になること —生育史心理学から　西平直喜著	定価 2700 円
5	子どもの個性 —生後2年間を中心に　三宅和夫著	定価 2700 円
6	文化のなかの子ども　箕浦康子著	定価 2700 円
7	ことばと認知の発達　中島・岡本・村井著	定価 2700 円
8	発達とはなにか　永野重史著	定価 2600 円
9	仕事の中での学習 —状況論的アプローチ　上野直樹著	定価 2700 円
10	サルの行動発達　南　徹弘著	定価 2700 円
11	子どもと音楽　梅本堯夫著	定価 2500 円
12	日本人のしつけと教育　東　洋著 —発達の日米比較にもとづいて	定価 2500 円

ここに表示された価格は本体価格です．御購入の
際には消費税が加算されますので御了承下さい．

シリーズ 学びと文化 全6巻

佐伯 胖・藤田英典・佐藤 学編　46判　平均256頁

1　学びへの誘い　　　定価2000円

目次　1　文化的実践への参加としての学習（佐伯 胖）／2　学びの対話的実践へ（佐藤 学）／3　学習の文化的・社会的文脈（藤田英典）／4　学びの文化的領域（佐藤 学）／終章　「学び」をどう学ぶか（佐伯 胖）／補章　真正の学びを創造する（ランパート／秋田喜代美訳・解説）

2　言葉という絆　　　定価1800円

目次　1　言葉で結ばれる人間関係（鹿島和夫）／2　"学級"で読むということ（松野由子）／3　文章を読むこと・表わすこと（紅野謙介）／4　悪文のすすめ（小森陽一）／5　教室の言語経験［座談］（小森・紅野・佐藤）／終章　言葉と出会うこと（佐藤 学）

3　科学する文化　　　定価1800円

目次　1　科学はいかにして学ばれるか（村山 功）／2　科学観と科学教育（佐藤勝彦）／3　子どもが科学に感動するとき（平林 浩）／4　自然誌教育の実践と構想（山岡寛人）／5　科学の文化を創る：広中平祐氏に聞く（美馬のゆり・佐伯）／終章　「科学を教える」ということ（佐伯 胖）

4　共生する社会　　　定価1800円

目次　1　メディア環境のなかの子ども文化（吉見俊哉）／2　歴史を通して社会をみつめる（保立道久）／3　子どもたちの「社会」と「歴史」（南 哲朗）／4　新しい家族文化をもとめて：異質共存世界からの学習（吉田和子）／5　社会の認識・倫理の形成（藤田英典）

5　表現者として育つ　　　定価1800円

目次　1　音楽の表現と教育（三善 晃）／2　歌う歓びと楽しみを探る（中村昌子）／3　子どもたちの表現を求めて（西岡陽子）／4　芸の伝承（松岡心平）／5　創造という経験［座談］（三善・松岡・佐藤）／終章　「表現」の教育から「表現者」の教育へ（佐藤 学）

6　学び合う共同体　　　定価2200円

目次　1　学びの共同性（藤田英典）／2　学びの場としての学校（佐藤 学）／3　学びのネットワーク（佐伯 胖）／4　［提言］学び合う共同体の構築へ（佐伯・佐藤・藤田）／5　教室から学校を変える（満川尚美・竹内常一）／6　高校の中心文化と周辺文化（占部慎一・竹内常一）

ここに表示された価格は本体価格です，御購入の際には消費税が加算されますので御了承下さい．

講座　臨床心理学［全6巻］

下山晴彦・丹野義彦=［編］

1巻　臨床心理学とは何か

臨床心理学の専門性／日本の臨床心理学の発展に向けて／臨床心理学と他の専門領域との関連性／臨床心理学と隣接領域との連携／援助の方法と方法論／臨床心理的査定法／心理臨床家の職業倫理

2巻　臨床心理学研究

援助の理念と方法／臨床心理的面接法／心理臨床的援助の課題研究／因果関係を探る科学的研究

3巻　臨床心理学Ⅰ

発病と心理学的機構／不安に関連した症状と臨床／発達過程に関連した症状と臨床

4巻　臨床心理学Ⅱ

人格障害に関連した症状と臨床／抑うつに関連した症状と臨床／精神分裂病に関連した症状と臨床

5巻　発達臨床心理学

発達臨床心理学／発達の時期／発達危機／関係性の発達と臨床心理学

6巻　社会臨床心理学

社会臨床心理学／各領域における臨床心理学の役割とモデル／社会における臨床心理学の展開

ここに紹介された価格は本体価格です。御購入の際には消費税が加算されますので御了承下さい。